AIROSA
BAYONNE

ROADTRIPS
FRANKREICH

Unvergessliche Traumrouten für den perfekten Urlaub mit Auto, Camper & Motorrad

Klaus Simon · Hilke Maunder

ROADTRIPS
FRANKREICH

Unvergessliche Traumrouten
für den perfekten Urlaub
mit Auto, Camper & Motorrad

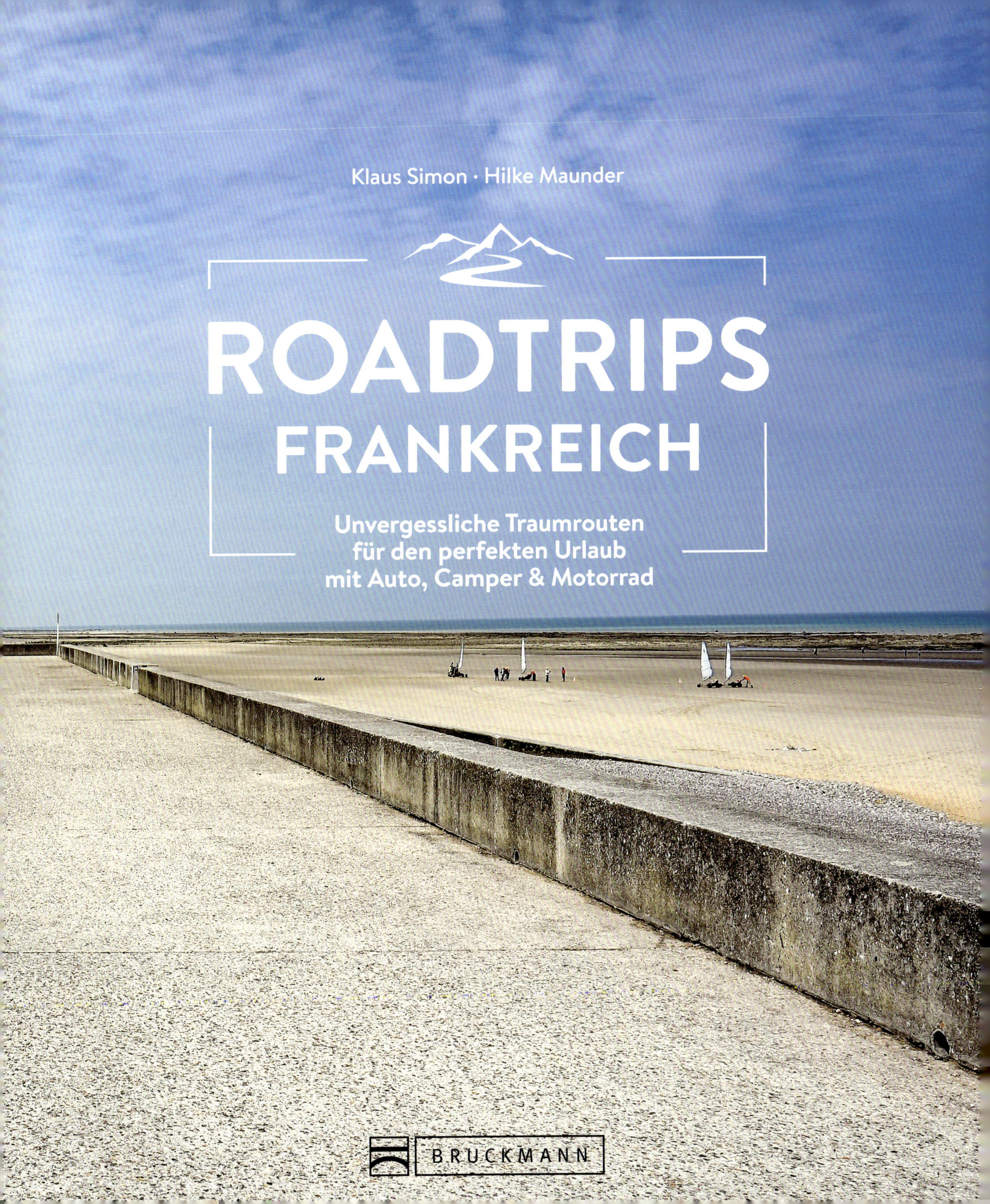

BRUCKMANN

INHALT

← Katalanische Barken in Collioure ← Im Hochtal des Pont d'Espagne bei Cauterets sprudeln zahlreiche Quellen
↑ Museen wie der Louvre sind von statuarischer Schönheit. ↑ In elsässischen Weindörfern wie Riquewihr ist das Fachwerk imposant.

↑ Von Linden gesäumt: die Allee am Champs de Mars ↑ Denk- und Mahnmal zugleich: das Walmonument von Guéthary im Baskenland → Treffpunkt für Canyoning: die Gorges de Galamus

Fécamp ist berühmt für seinen Kräuterlikör: In der ehemaligen Brennerei befindet sich heute auch ein Museum.

IM LAND DER LEBENSFREUDE

Frankreich verspricht Genuss für alle Sinne: von seinen vielfältigen Landschaften bis zum Charme seiner Städte und Dörfer, vom unnachahmlichen Savoir-vivre bis zu seiner einzigartigen Esskultur, die zum Welterbe gehört. Bienvenue!

FRANKREICH QUERBEET

Frankreich ist mit 543 940 Quadratkilometern der größte Flächenstaat Europas und das einzige Land Europas, das auf drei Kontinenten vertreten ist. Mit seinen Überseegebieten in Ozeanien, Nord- und Südamerika sowie der Antarktis ist Frankreich sogar insgesamt 632 734 Quadratkilometer groß. Sein höchster Punkt ist europaweit Spitze: der Mont Blanc (4808 m). Im Süden bilden die Pyrenäen einen trutzigen Riegel zu Spanien; im Landesinnern erhebt sich das Massif Central mit Vulkanbergen, weiten Hochebenen und tiefen Schluchten. Flach oder wenig hügelig ist Frankreich nur im Westen und Norden, wo steile Klippen die Küste säumen. Mit endlosen Sandstränden lockt das Languedoc. Doch keine Küste ist so legendär wie die Côte d'Azur!

11 NATIONALPARKS

– acht in Kontinentalfrankreich und drei in den Überseedépartements – schützen acht Prozent der Landesfläche Frankreichs. Hinzu kommen 58 regionale Naturschutzgebiete sowie 1753 Natura-2000-Schutzgebiete und sieben Meeresschutzgebiete.

1500 KÄSESORTEN

soll es in Frankreich geben: darunter nussige Bergkäse, schimmelige Stinker und cremige Gaumenschmelzer. Doch nur 46 von ihnen tragen das AOP-Siegel der geschützten Herkunftsbezeichnung. Neben 28 Käsesorten aus Kuhmilch, 14 aus Ziegenmilch, drei aus Schafsmilch gehört dazu auch ein Käse aus Molke: der korsische *Brocciu*.

996 KILOMETER

lang ist die berühmte Route National 7. Die legendäre Fernstraße, die von Paris nach Menton führt, war in den 1950er- bis 1970er-Jahren für die Franzosen die Sprintstrecke in den Süden.

1 KILOMETER

lang ist die Veules. Frankreichs kürzester Fluss bietet Forellen beste Lebensbedingungen, bewässert eine Kresseplantage und trieb einst elf Mühlräder an. Die Mühlradwelle der Moulin de Marché wurde 1910 von einem findigen Ingenieur an einen Generator gekoppelt. Das winzige Seebad Veules-les-Roses besaß so lange vor Paris bereits eine elektrische Beleuchtung.

49 WELTERBESTÄTTEN

besitzt Frankreich – 42-mal schützt die Auszeichnung der UNESCO eine weltweit einzigartige Kultur, sechsmal die Natur sowie den Mont Perdu in den Pyrenäen als gemischtes Welterbe in Natur und Kultur. 23-mal einzigartig ist Frankreichs immaterielles Welterbe. Auch die französische Esskultur gehört dazu!

168 DÖRFER

gehören zu den *plus beaux villages* de France, und damit zu jenem prestigeträchtigen Club der schönsten Dörfer Frankreichs, die im Sommer die Besucherscharen anlocken.

480 000 KUNSTWERKE

birgt der Louvre. Doch nur ein Bruchteil ist im größten Kunstmuseum der Welt tatsächlich zu sehen. Das Gros des Kulturerbes ruht gut gesichert im Fundus. Andere Werke reisen um die Welt, sind in den Dependancen des Louvre in Lens oder Abu Dhabi oder als Leihgaben in anderen Museen weltweit zu sehen. Ausgestellt am Stammsitz in Paris sind rund 35 000 Gemälde, Zeichnungen, Drucke und Skulpturen.

BIENVENUE IN UNSEREM FELD-, WALD- UND WIESENFRANKREICH

... WO DAS GLÜCK IN DER WIESE LIEGT

Ein Roadtrip durch Frankreich bedeutet großes Landschaftskino. Es geht durch für Europa ungewöhnliche Weiten. Selbst in menschenleeren Gegenden sind die Sehenswürdigkeiten zahlreich. Dann wieder reiht sich Dorf an Dorf, oder es brummt in einer Stadt, die über die Jahrhunderte gewachsen ist. Anhalten und genießen! Schon geht es munter weiter. Das nächste Kultur-Highlight, das nächste Naturwunder kommt bestimmt.

Der erste Roadtrip nach Frankreich führte vor vielen Jahren schnurstracks vom Bahnhof in Autun in eine Wiese. Allerdings erst nach einer Nacht auf einer Bahnhofsbank der burgundischen Kleinstadt. Die Gastgeber hatten sich glatt im Tag vertan. *Ça arrive.* Kommt vor. Unser Rendezvous fand folglich mit 24 Stunden Verspätung statt. Was die in beeindruckend großer Formation zum Empfang angetretene Familie der bis dahin nur aus Briefen bekannten Brieffreundin nicht daran hinderte, die übermüdeten jungen Deutschen statt ins Bett in die Wiese zu schicken. Denn dort liegt laut einem Sprichwort für jeden Franzosen das Glück: *Le bonheur est dans le pré*, das Glück liegt in der Wiese.

Die Église Notre-Dame-des-Anges von Collioure: Glaubensfestung und Seezeichen zugleich

Die erste französische Wiese blieb allerdings in erster Linie als ein klammes Vergnügen in Erinnerung. Es hatte geregnet an jenem Junitag. Das Gras stand bereits hüfthoch, die Hose war bis in die entsprechende Höhe im Nu klatschnass. Die muntere Truppe von Franzosen war besser ausgerüstet. Man trug Gummistiefel, landgängige Jacken und hatte Tüten dabei. Überhaupt, der Regen sei ein Glück, weil *favorable* für das Unterfangen, angesichts dessen von den vorderen Sitzen bis auf die Rückbank des klapprigen Renault 4 eitel Vorfreude herrschte. Für den Rest reichten die zwei Jahre Leistungskurs Französisch nicht.

Eine Landschaft wie ein Gemälde

Wir fuhren durch eine *campagne*, der Flurbereinigung und Aussiedlerhöfe nicht jeglichen Charme geraubt hatten, irgendwo im tiefsten Feld-, Wald- und Wiesenfrankreich, auf der Grenze von Burgund und Auvergne. Echtes Land rollte bis an den Horizont davon, verbummelt und wie dahingemalt. Charles de Gaulle hatte von Gegenden wie dieser als *France profonde* geschwärmt. Gemeint ist ein Frankreich, das sich seit 2000 Jahren als resistent gegen die Vereinnahmung durch römische Legionen und angelsächsisch-germanische Globalisierungsversuche erweist.

Die schmale *Route départementale* schien nur zu dem Zweck angelegt zu sein, in möglichst vielen Schlenkern zur nächsten, im Zweifelsfall romanischen Dorfkirche zu führen. Sofort wurde das Gemäuer mit Ausrufen des Entzückens bedacht und dazu passende Anekdoten, Sagen, kunsthistorische Fakten ausgetauscht. Dann war das Ziel erreicht: ein Wiesenhang, in dessen regentriefendem Gras nun Schnecken gesucht werden sollten.

Auf den ersten, unfreiwilligen Roadtrip durch Frankreich folgten im Laufe vieler Jahre immer wieder Neue. Dieses Buch stellt 14 Routen vor, die besonders im Gedächtnis bleiben. Jeder einzelne Roadtrip ist eine Herzensangelegenheit, jeder vorgeschlagene Stopp ein *coup de cœur*, von der Elsässischen Weinstraße im Osten bis zum Fenouillèdes im Westen, von der Klippenküste der Normandie im Norden bis zur Luberon-Rundtour im Süden.

Schnecken werden noch immer in französischen Wiesen gesucht. Auf Überlandfahrten sieht man die Suchtrupps mit etwas Glück im sommerlichen Schauer ausrücken. Dicht gestreut sind zudem die zahlreichen Sehenswürdigkeiten, die jeder Roadtrip durch Frankreich unweigerlich mit sich bringt. Wer etwa das Logo »der schönsten Dörfer Frankreichs« erblickt, weiß, dass ein Zwischenstopp Pflicht ist. Auf unseren Roadtrips wären etwa das elsässische Riquewihr oder das normannische Veules-les-Roses zu nennen. Anhalten empfiehlt sich auch in Orten, die die von höchstministeriellen Weihen verliehene Auszeichnung *Site remarquable du goût* tragen. Es handelt sich um Orte, die für einen besonderen Geschmack stehen, etwa für Austern im bretonischen Cancale oder für kandierte Früchte im provenzalischen Apt. Ganz zu schweigen von einem *Grand Site de France*. Zu den großen Stätten Frankreichs zählen in diesem Buch etwa die Vulkane der Auvergne oder der Golf von Saint-Florent auf der Insel Korsika.

Natürlich-dramatisch:
die Alabasterküste bei Le Tilleul

Die Eleganz des Unperfekten

Vielleicht liegt es an der unglaublich hohen Zahl, aber der Umgang mit *châteaux*, *musées* und *monuments* bleibt in Frankreich ungezwungen. Mut zu Patina, die Größe, die Schönheit des Verfalls währen zu lassen, der Blick für die Eleganz des Unperfekten, dazu eine Prise urfranzösischen Lottercharmes bewahren die in Jahrhunderten gewachsenen Stadtbilder von Le Puy-en-Velay, Avignon, Nizza oder Grenoble vor der Musealisierung.

Auch das Neue darf sein. Mit einer Einschränkung: *Le Moderne* ist so lange genehm, wie es schön ist. In Colmar katapultiert der von Herzog und de Meuron entworfene Neubauflügel das zuvor nur in einem mittelalterlichen Kloster untergebrachte Musée Unterlinden ins 21. Jahrhundert. Für die Renaturalisierung der Bucht des Mont-Saint-Michel hat ein Team von Designern und Landschaftsarchitekten Hand in Hand gearbeitet. Eine auf Stelzen über Watt und Sandbänke tänzelnde hypermoderne Brücke verbindet Kontinent und Klosterberg. Oder erst der Pont de Normandie: 200 000 Tonnen Beton, 20 000 Tonnen Stahl, die an Stahlseilen hängend die Seinemündung zwischen Le Havre und Honfleur überbrücken. *Harpe de l'estuaire*, »Harfe der Mündung« heißt die Schrägseilbrücke in Anspielung auf die nach unten wie die Saiten einer Harfe gespreizten Stahlseile im Volksmund. Als ob man es nicht längst geahnt hätte: Der wahre Romantiker ist Franzose.

Apropos Seinemündung. Der vorerst letzte Roadtrip endete im letzten Sommer auf einer Restaurantterrasse an der Côte d'Albâtre, mit Blick auf den gegen die Kreidefelsen Amok laufenden Ärmelkanal. Wir bestellten ein *plateau de fruits de mer*, das in einem auf einem kleinen Eismeer thronenden, bunten Plastikschiff serviert wurde. Tranken dazu ein Glas Chablis. Wohlgemerkt, eins.

Nach ausgiebiger Pause am Strand gerieten wir Stunden später an einer Autobahnmautstelle bei Paris in eine Verkehrskontrolle. Ob wir im Laufe des Tages Alkohol getrunken hätten, wollte der streng dreinblickende Polizist wissen. *Oui*, lautete die ehrliche Antwort, auf die wir die Frage nachschoben, ob es vorstellbar sei, eine Meeresfrüchteplatte ohne ein Glas Chablis zu verzehren. *Mais non, Monsieur*, antwortete der Beamte ohne eine Sekunde des Zögerns und wünschte uns *Bonne route!* Genau das wünschen wir Ihnen auf unseren Roadtrips durch Frankreich auch: Gute Fahrt!

UNSER NACHHALTIGKEITSKODEX

Die Welt birgt viele Wunder, Abenteuer und spektakuläre Aussichten, die wir gerne erkunden möchten. Doch sie ist auch leicht aus dem Gleichgewicht zu bringen. Hier ein paar Tipps, wie wir unsere Welt nachhaltig entdecken können:

- **Die Hauptsaison meiden:** Wenn wir nicht gerade auf die Ferienzeiten angewiesen sind, können wir der Umwelt einen großen Gefallen tun, indem wir in der Nebensaison verreisen. Damit tragen wir zu einer gleichmäßigeren Auslastung der Umwelt und der Infrastruktur bei und der Urlaub wird dazu auch noch wesentlich entspannter.

- **Die Aufenthaltsdauer dem Reiseziel anpassen:** Je weiter das Reiseziel ist, desto länger sollte der Aufenthalt sein. Dadurch lernen wir die Region nicht nur intensiver kennen, sondern stärken sie ganz nebenbei noch durch unsere Ausgaben vor Ort. Anfahrtsintensive Tagesausflüge sollten besser vermieden werden, das bedeutet nur Stress, sowohl für die Umwelt als auch für uns selbst.

- **Umweltbewusst fahren:** Reisen mit dem Auto oder Womo sind grundsätzlich umweltfreundlicher als mit dem Flugzeug, dennoch können wir noch mehr tun und zum Beispiel den Kraftstoffverbrauch minimieren, indem wir vorausschauend fahren, so wenig Last wie möglich mit uns führen und die Umgebung vor Ort mit dem Fahrrad oder zu Fuß erkunden.

- **Nur dort parken und campen, wo es erlaubt ist:** Selbst, wenn wir uns noch so vorbildlich verhalten und unseren Aufenthaltsort so hinterlassen, wie wir ihn vorgefunden haben, stören wir den Lebensraum von Wildtieren und hinterlassen Spuren und Gerüche. Auch Lagerfeuer entzünden wir ausschließlich an den dafür vorgesehenen Stellen und achten dabei auf Waldbrandstufen und Naturschutzgebiete.

- **Ressourcen gewissenhaft nutzen:** Manche Umweltressourcen sind bereits knapp, endlich sind auf jeden Fall alle. Um sie zu schonen, sollten wir sparsam mit ihnen umgehen, gerade in Gegenden, in denen zum Beispiel Wasser oder Strom nicht im Überfluss vorhanden sind.

- **Ein guter Gast sein:** Nachhaltig unsere Umgebung zu erkunden bedeutet auch, der hiesigen Flora und Fauna mit Respekt zu begegnen. Pflanzen sollten auf keinen Fall gepflückt werden, doch stehen sie uns gerne Modell für das eine oder andere Foto. Das Gleiche gilt auch für wilde Tiere: Wir füttern sie nicht, halten Abstand und beobachten sie aus der Ferne.

- **Auf den Wegen bleiben:** Wer die vorgegebenen Wege verlässt, dringt nicht nur in die Rückzugsräume heimischer Arten ein, sondern trägt auch dazu bei, dass sich neue Wege bilden, was zur Erosion des Bodens führt.

- **Abfall wieder mitnehmen:** Plastikverpackungen jeglicher Art, Dosen, Flaschen und Papiertaschentücher (es dauert Jahre, bis sich ein einzelnes Taschentuch vollständig abgebaut hat!) gehören nicht in die Natur, sondern artgerecht entsorgt. Am besten gleich eine wiederverwendbare Brotdose oder Trinkflasche mitnehmen. Dazu zählen natürlich auch Toilettenpapier und der Inhalt von (Chemie-)Toiletten. Entsprechende Entsorgungsstationen finden sich überall.

- **Lokal kaufen:** Dadurch lernen wir Land und Leute besser kennen und unterstützen die regionale Wirtschaft, außerdem sind regionale Produkte meist auch preisgünstiger und qualitativ hochwertiger.

So wie wir die Umwelt respektieren, wollen wir auch unseren Mitmenschen und deren Kultur Respekt entgegenbringen, gerade im Hinblick auf deren Traditionen, Religion oder typische Gebräuche. So können ein Lächeln oder ein paar Worte in der Landessprache Berge versetzen!

70 JAHRE UND KEIN BISSCHEN LEISE

1953 wurde die Route des Vins d'Alsace offiziell eröffnet. Was damals nicht in den kühnsten Träumen zu erahnen war, ist sieben Jahrzehnte später Wirklichkeit geworden. Die elsässische Weinstraße hat sich zu Frankreichs – ach was: Europas! – beliebtester Weinstraße gemausert. Darauf heben wir das Glas.

Auf den Plural kommt es an: Route des Vins d'Alsace, die Straße der elsässischen Weine. Schon im Namen wird eine Vielfalt signalisiert, die sich in den sieben großen Rebsorten des Elsass, 51 Grand Cru-Spitzenlagen und fast tausend Weingütern offenbart. Vielfalt ist auch das Stichwort für die gut 70 Weindörfer, durch die sich die Weinstraße schlängelt. Darunter zählen eine ganze Reihe zum handverlesenen Kreis der »schönsten Dörfer Frankreichs« – in zwei davon, **2 Riquewihr** und **4 Éguisheim**, schauen wir uns genauer um.

INFO

Start: Marlenheim
Ziel: Thann
Länge: 170 Kilometer
Dauer: 2–3 Tage
Beste Reisezeit: Mai–Oktober

Ansonsten gilt: Probieren geht wie so oft über Studieren. Gelegenheit hat man dazu bei einer Weinprobe im Keller des Winzers seiner Wahl. Warum nicht gleich zu Anfang in der Crémant-Kapitale Marlenheim? Dazu gibt es eine Fülle weiterer Gelegenheiten, sich mit den elsässischen Weinen vertraut zu machen. Als da wären ein bunter Reigen von Weinfesten oder coole Events wie das »slowUp Alsace«, bei dem die Weinstraße für ein langes Wochenende auf einem jährlichen wechselnden Abschnitt zum autofreien Megapicknick mit Livekonzer-

Die Luft ist lau, das Fachwerk bunt, und die Geranien blühen üppig: Willkommen im Elsass!

ten, Rad- und Wandertouren und Weinproben wird. Gäste sind immer herzlich willkommen, ganz wie es im Elsass üblich ist.
Gut möglich, dass die Offenheit das Erbe einer Region ist, die seit fast zwei Jahrtausenden mit ihrer Grenzlage gut zurechtkommt. Sich vor Fremden abschotten, vor Neuem die Augen verschließen? Ist die Sache der Elsässer nicht, und erst recht nicht die ihrer Winzer. Um zu verstehen, was damit gemeint ist, genügt es, ein beliebiges Weindorf an der Route des Vins d'Alsace zu besuchen. Man kommt leicht ins Gespräch. Ob es eine Weinstube gibt? Natürlich, gleich um die Ecke. Ebenso zuverlässig findet man einen Winzer, der sein Gut mit frischem Schwung führt, was nicht selten mit einem Zertifikat für Bio-Anbau einhergeht.

Weinbau mit Höhen und Tiefen

Die Genusskultur des Elsass hat Wurzeln, die so tief sind wie die mancher Reben. Römer haben die ersten Trauben an den sonnenverwöhnten Ausläufern der Vogesen gepflanzt. Von nun an ging's bergauf. Bereits vor dem Jahr 1000 wurden in 160 Orten der Region Weinberge bearbeitet. Im Mittelalter

Ein goldener Abend an der Route des Vins, passend zur Weinlese.

dann zählten die elsässischen Weine zu den teuersten in Europa, wovon die prachtvollen Dorfbilder längs der elsässischen Weinstraße bis heute künden. Ab dem 16. Jahrhundert kam der große Einbruch. Das Elsass wurde von Kriegen heimgesucht, viele Weinberge verwüstet: Von nun an ging's bergab. Der Neuanfang nach dem Ersten Weltkrieg war umso beeindruckender. Erst die phänomenalen Qualitätssprünge in den vergangenen Jahrzehnten aber ließen die elsässischen Weine international Furore machen. Und wieder ging's bergauf.
1962 wurden die Anstrengungen im Weinberg und im Keller von der kontrollierten Herkunftsbezeichnung AOC »Alsace« belohnt. 1975 folgte die AOC Alsace Grand Cru, ein Jahr darauf die AOC Crémant d'Alsace für Schaumweine. »Klasse statt Masse« lautet die Parole der elsässischen Qualitätsoffensive. Mit der Weinstraße wurde zudem bereits in den Pioniertagen des Weintourismus ein Band zwischen Winzern und Elsass-Reisenden geknüpft. Eine Traube, zu der sich ein schwungvolles Band schlängelt, dazu ein Glas, fertig ist das Logo der Route des Vins d'Alsace. Man darf den Schildern vertrauensvoll folgen. Der Rest ergibt sich. Glückliches Elsass!

Viel Fachwerk, aber kein Freilichtmuseum

Glücklich auch, weil man bei allem Erneuerungswillen das kulturelle Erbe pflegt. So hat sich auf den ersten Blick seit der Eröffnung der Weinstraße 1953 wenig am Straßenrand getan. Gut so! Trutzige Burgen lugen über den Weindörfern hervor. Die Kirchen sind mal romanisch wie Saint-Pierre-et-Saint-Paul in Rosheim, mal gotisch wie Saint-Thiébaut in Thann, der südlichen Endstation der Weinstraße, wo die Vogesen ganz nah an die Steillagen heranrücken. Manchmal glucken sie wie die Wehrkirche von Hunawihr postkartengerecht im Weinberg. In Städtchen wie **1 Obernai** machen sich stattliche Renaissancehöfe wichtig. Das Kopfsteinpflaster ist krumm und das Fachwerk mit Geranien geschmückt. Hinter der Stadtmauer berechtigen Weinstuben zu den schönsten aller Hoffnungen jedes Elsass-Reisenden: ein gutes Glas Wein und ein köstliches Essen, das dank erstklassiger regionaler Produkte den Geschmack des Elsass trägt.
Soweit die ersten Eindrücke. Von musealer Starre aber keine Spur. Vorbei sind die Zeiten, da sich der schwarzglänzende Wolfberger-Keller am Ortsrand von Colmar wie ein Fremdkörper zwischen Geranienseligkeit und Storchenidyll ausnahm. Hypermoderne Weingüter gehören heute längst zum Elsass. Eine junge Winzergeneration sendet mit lichten Probierräumen oder von Künstlern entwickelten Etiketten entschieden moderne Signale.
Noch ein Wort zum Klima: **3 Colmar** gilt dank ganzer 520 Millimeter Niederschläge im Jahresmittel als Frankreichs »trockenste« Stadt, und schlägt mit durchschnittlich 1745 Stunden pro Jahr alle Rekorde. In der Hauptstadt des elsässischen Weinbaus wird im August die größte Weinmesse der Region ausgetragen. Die »Foire aux Vins d'Alsace« ist nicht nur eine Leistungsschau der elsässischen Winzer, sondern ebenfalls eine Konzertbühne. Zur Messe traten bereits Joe Cocker, Deep Purple, Sting, Lenny Kravitz oder Marilyn Manson auf. Natürlich Open air.
www.weinstrasse.alsace

RESTAURANTS / ÜBERNACHTUNGEN

EINKEHREN

QUAI 21
Gelernt hat Frédéric Tagliani bei den großen Köchen des Elsass. Sein Traum blieb das eigene Restaurant in Colmar. Das hat er nun.
www.restaurant-quai21.fr

L'ÉPICURIEN
Das Weinbistro in Colmar hat 200 Weine im Angebot. Auf der Karte erfreuen etwa ein Salat mit in der Pfanne kurz angebratenen Jakobsmuscheln, Pilzen, eingelegten Tomaten und Sojasauce.
www.epicurien-colmar.com

AUBERGE DU CAROLA PARC
Ein Hauch Sommerfrische weht über dem Gartenrestaurant in Ribeauvillé. Serviert wird eine leichte Regionalküche, bereichert durch asiatische Einflüsse.
www.auberge-parc-carola.com

FLAMME & CO
Clubbing mit Flammkuchen – das Rezept kommt gut an. Auf der Karte des Restaurants in Kaysersberg stehen zwei Dutzend verschiedene Flammkuchen.
www.flammeandco.fr

AU VIEUX PORCHE
Regionale Klassiker in einem Gasthaus von 1707 in Éguisheim. Der Koch ist zugleich Winzer!
www.auvieuxporche.fr

A L'AGNEAU D'OR
Eine Weinstube in Obernai, wie sie im Buche steht. Aufgetischt wird klassische elsässische Küche wie Zander auf Riesling-Sauerkraut.
www.alagneaudor.e-monsite.com

ÜBERNACHTEN

JAMES
Neubau mit modern gestylten Zimmern in Colmar. Zum Rumlümmeln lädt die mit Sofas, Magazinen und Bildbänden ausgestattete Lobby ein.
www.james-hotel.com

CAMPING MUNICIPAL PIERRE DE COUBERTIN
Der städtische Campingplatz etwas außerhalb des zauberhaften Winzerstädtchen Ribeauvillé liegt hübsch im Grünen. Die Rasenplätze haben oft Schatten und sind von Hecken getrennt. Das Schwimmbad liegt um die Ecke.
https://camping-alsace.com/camping-pierre-coubertin-ribeauville

LE B. ESPACE SUITES
Zimmer in einer Mischung aus modernem Design und alten Mauern. Von der Holzgalerie um den Innenhof schaut man in die *open kitchen* der d'Brendelstub, dem Zweitrestaurant von Jean-Luc Brendel in Riquewihr, einem der innovativsten Köche an der Weinstraße. Wer noch mehr Hideaway möchte, mietet sich im B. Cottage in Brendels Garten vor dem Dorf oder im B. Vintage mit Fifties-Look ein.
www.jlbrendel.com

LE GOUVERNEUR
Die farbenfrohen Zimmer um einen vierflügeligen Fachwerkhof in Obernai sind heimelig. Besonders still sind die nach hinten zur Stadtmauer.
www.hotellegouverneur.com

LE VALLON DE L'EHN
Campingplatz in stiller Lage, 15 Fußminuten außerhalb der Stadt Obernai. Nette Atmosphäre, viel Grün, viele Bäume, und in der Épicerie ist das Angebot gut.
www.camping-obernai.fr

CAMPING MUNICIPAL
Der kleine Vier-Sterne-Platz an einer Schleife der Weiss in Kaysersberg bietet schattige Plätze unter Bäumen. Hecken trennen die Parzellen ab.
www.camping-kaysersberg.fr

Auf den Plural kommt es an! Die Weine des Elsass sind so verschieden wie die Rebsorten und Terroirs.

1

Dank der alten Stadtmauer hält Obernai Figur.

OBERNAI

JEDE WOCHE WIEDER

Es geht um die Wurst. Aber auch um Käse, Brot, Hechtklößchen und Zwetschgen. Praktisches wie Geschirrtücher und Unterhaltsames wie eine CD mit den Hits von Helene Fischer runden das Angebot ab. Auf dem Wochenmarkt von Obernai wird jeder glücklich!

Donnerstagmorgen, an einem Markttag wie so vielen anderen. *Rien ne va plus* zwischen dem neogotischen Gebirge der Pfarrkirche Saints-Pierre-et-Paul, der Kornhalle von 1554 und dem Sechs-Eimer-Renaissancebrunnen. Zwischen spätmittelalterlichem Rathaus und alter Kornhalle ist ebenfalls kein Durchkommen mehr. Fußgänger strömen übers Pflaster, den Einkaufskorb am Arm, einen Beutel in der Hand. Man kennt sich, schwätzt miteinander, und das ganz ungestört: Am Markttag ist die Altstadt für den motorisierten Verkehr gesperrt.

Unter den Linden vor dem Hôpital duftet es verführerisch. *Grumbeerkiechle* brutzeln im Fett. Die Karoffelreibekuchen schmecken am besten warm und auf der Hand. Beim Maraîcher Muhr aus Sélestat gibt es knackfrisches Gemüse: Radieschen leuchten zartrot, Karotten haben ihr Grün noch, Lauchzwiebeln glänzen seidenmatt. Ein paar Stände weiter wächst bei Metzger Schlotter die Schlange. *Tourte vigneronne* im Blätterteig – Fleischpastete nach Winzerinnen Art – und *Saucisson sec aux noisettes* – Hartwurst mit Haselnüssen – gehen weg wie warme Semmeln. Hechtklößchen und Hasenrücken gibt es hingegen beim Fisch- und Wildhändler gegenüber. Hinter dem mittelalterlichen Kappelturm ist alles bio. Die Ferme Chênesire aus Steige verkauft Munsterkäse und Bergkas aus Rohmilch. Und die Bäckerei Turlupain aus Orbey ist weit über ihren Heimatort für knusprige Bio-Brote bekannt.

TIPP

STADTMAUERN

Ein Spaziergang längs der Stadtmauern führt an 31 Türmen vorbei. Die Tour (1,2 km) startet an der Kirche Saints-Pierre-et-Paul.
www.tourisme-obernai.fr/de

2

Und nun ein Glas auf Riquewihr – Santé!

RIQUEWIHR

BESUCHERMAGNET MIT DENKMALSCHUTZ

Es geht hoch her in der »Perle des Weinbergs«. Plüschstörche lüpfen das Bein, Kunsthandwerker stellen aus, Wein fließt in Strömen. Noch etwas vergessen? Ja, Riquewihr ist zauberhaft, das Ensemble von Stadttoren, wuchtigen Winzerhäusern, Adelspalais – einmalig.

So einmalig, dass das Dorf zum handverlesenen Kreis der *plus beaux villages de France* zählt. Nach Straßburg und Colmar lockt das kleine Riquewihr mit den meisten denkmalgeschützten Bauwerken des Elsass. Kurzum, das von mittelalterlichen Mauern beschützte Dorf steht quasi unter flächendeckendem Denkmalschutz.

Unter der Herrschaft der aufgeklärten Herzöge von Württemberg-Mömpelgard erlebte Riquewihr, das damals Reichenweiher hieß, im Spätmittelalter und in der Renaissance glanzvolle Zeiten. Durch den Weinbau kam Wohlstand, der sich in zahlreichen prachtvollen Bürgerhäusern längs der Rue du Général-de-Gaulle spiegelt. Das Haus Zum Schwarzen Bären ziert ein geschnitzter Eckbalken mit Manneken Pis. Zum Truchsesshof mit seiner Sonnenuhr auf der Fassade muss man eine Stichgasse betreten (Nr. 38). In Haus Nr. 16, der Maison au Nid de Cigogne verbreitet das Musée Hansi mit bunten Illustrationen Elsassfolklore.

Im 17. Jahrhundert rühmte man die Reichenweiher Tropfen als »edelsten wein dises lands«, der in die Schweiz, nach Schweden und Russland sowie ins Baltikum exportiert wurde. Apropos Wein: Voltaire war Besitzer eines Weinbergs in Riquewihr, den der Herzog von Württemberg dem Philosophen in seinen späten Jahren vermacht hatte. Bevor er von den Erträgen profitieren konnte, verstarb Voltaire allerdings.

TIPP

DOLDER

Der Wehr- und Wachturm von 1291 ist das Wahrzeichen von Riquewihr. Toller Blick von der 4. Etage! www.musee-riquewihr.fr

EIN PLATZ AN DER SONNE

Colmar ist nicht nur bezaubernd, sondern hat auch eine Menge mehr als klassisches Sightseeing zu bieten, und dies auf fußläufiger Fläche. Das knapp 70 000 Einwohner zählende Städtchen ist ein Paradies für Flaneure. Die freuen sich zudem über das sprichwörtlich gute Klima. Und staunen über den städtebaulichen Neustart rund ums Musée Unterlinden.

Colmarianité heißt das besondere Lebensgefühl dieser Stadt. Gemeint ist ein heiteres, leicht berauschtes Lebensgefühl, das auch Reisende spätestens dann ergreift, wenn sie sich auf flachen Nachen durch die Wasserarme der Petite Venise schunkeln lassen oder bis spät in die Nacht auf dem Kopfsteinpflaster sitzen. Und elsässischen Wein trinken, am besten von einem Winzer aus Colmar. Davon gibt es tatsächlich noch ein paar, sogar mitten in der Altstadt. Auch einige der besten Lagen des Elsass reichen bis ans Zentrum.

Pack die Sonnenbrille ein!

Knapp 1800 Sonnenstunden im Jahr machen Colmars Ruf als Sonnenterrasse des Elsass aus. Bei den Niederschlägen hängt Colmar mit rekordverdächtigen Niedrigwerten sogar

3

die südfranzösische Konkurrenz von Arles bis Nizza ab, von Straßburg ganz zu schweigen. Südliches Flair stellt sich auf den sonnenverwöhnten Trottoirs und Terrassen wie von selbst ein. Und die Nächte sind lau und viel zu lang, um früh ins Bett zu gehen. Der Rest ist Staunen über eine Stadt, die Straße für Straße, Platz für Platz mit grandiosen Baudenkmälern verblüfft.

Dabei entpuppt sich Colmar trotz des makellosen, von Kriegen und Bränden verschonten Stadtbilds als modern und aufgeschlossen. Was schon Voltaire gefiel. Der Philosoph, der hier 1753 ein Jahr verbrachte, stimmte ein Loblied auf die Einwohner und den Wein an, beanstandete jedoch, dass kein guter Kaffee in der Stadt zu bekommen sein. *Fini*. Schöner als mit einem perfekt geröstetem Expresso im Café 1924 kann der Tag in Colmar nicht beginnen. Das Café im ersten Stock eines schmucken Fachwerkbaus in der Rue des Têtes ist fast ein Geheimtipp, die Rösterei im Erdgeschoss eine der kleinen, feinen Art.

Nur ein paar Meter weiter erhebt sich mit der Maison des Têtes eins der prachtvollsten Palais der Altstadt. 106 skurrile Köpfe bevölkern das Paradebeispiel elsässischer Renaissancearchitektur. Hinzu kommt ein über drei Stockwerke reichender, über und über verzierter Prachterker und der mit Voluten und Obelisken beladene Giebel, auf dessen Spitze seit 1902 eine Figur des »elsässischen Fassbinders« thront – schließlich tagte die Colmarer Weinbörse einst in der Maison des Têtes. Heute dürfen Colmar-Besucher ihr Haupt im perfekt sanierten, und zum Luxushotel umgebauten Palais betten.

Dass Colmar nicht nur für die Touristen lebt, sondern sein eigenes Leben hat, zeigt sich beim Besuch in der in den 1860er-Jahren erbauten Markthalle im Süden der Altstadt. *Tout Colmar* macht hier seine Einkäufe. Nicht nur wegen der vielen Bioprodukte, die unter ihrem Dach angeboten werden, ist der Besuch ein Muss, sondern auch wegen der Lage am Rand des Viertels Petite Venise (Klein-Venedig). Donnerstags zum großen Wochenmarkt erweitert sich das Markttreiben bis an den Rand des ehemaligen Viertels der Fischer und Gemüsebauern.

Mitten durch die Petite Venise schlängelt sich das Flüsschen Lauch. Ein Schlenker über die Rue du Manège führt zum Boulevard Saint-Pierre. Stadtauswärts breitet sich ein nobles Gründerzeit-Villenviertel aus, stadteinwärts aber bietet sich von der Brücke am Boulevard Saint-Pierre der schönste Blick auf die verwinkelte Fachwerkheimeligkeit am Fluss. Wo früher die flachen Nachen der Gemüsebauern anlegten, steigen heute Gäste ins Boot. Im Hintergrund überragt die Stiftskirche Saint-Martin die romantische Szenerie: Colmars meistfotografiertes Postkartenmotiv.

Davon gibt es allerdings reichlich, die Kamera kann man also getrost in der Hand behalten. Colmar zählt nur etwas mehr als 70 000 Einwohner, was die Stadt nicht davon abhält, sich unter gezieltem Einsatz von herausgeputztem Fachwerk und überbordender Geranienflut als die heimliche elsässische Hauptstadt zu präsentieren.

Früher als in anderen Städten des Elsass wurde in Colmar saniert und sich herausgeputzt. Von 1968 bis 1974 schien die gesamte Altstadt, insbesondere das Fischer- und Gerberviertel sowie die Petite Venise, umgekrempelt zu werden. Neubauten mussten sich wie Chamäleons *(edifices passe-partout)* an die historische Umgebung anpassen. Selbst das preußisch-wilhelminische Erbe blieb bewahrt. Der 1906 begonnene Bahnhof erinnert mit seinem Ziegelbelfried an den von Danzig. Originell ist hingegen die Schauseite, deren Umrisse eine Lokomotive andeuten. Die unverkennbar wilhelminische Cour d'Appel (1902–1906) an der Avenue Raymond Poincaré erinnert an die Straßburger Universität. Im angrenzenden Park ragt ein pastellfarbener neogotisch-maurischer Turm 53 Meter empor. Es ist der älteste und zugleich höchste

← Bunt ist das Leben in der Petite Venise von Colmar. Und lauschiger sitzt man in der ganzen Stadt nicht. Spielt das Wetter dann noch mit, ist das Glück kaum auszuhalten.
↗ So hoch wie ein Kirchenschiff sind die Ausstellungsräume im Ackerhof, dem Neubau des Musée Unterlinden.

CHARCUTERIE
ZIMMERLIN

Wasserturm des gesamten Elsass, zwischen 1884 und 1886 von dem Baseler Ingenieur Grüner erbaut.

Trubel und Stille

Zurück ins Herz der Altstadt. Mit der stattlichen *Ancienne Douane*, dem Koifhus aus dem 15. Jahrhundert, der mit Fassadenmalereien verzierten Maison Pfister und der Kathedrale Saint-Martin ist Colmars touristisches Epizentrum wieder erreicht. Feine, kleine Boutiquen, charmante Cafés und immer wieder umwerfend schöne Bauwerke wechseln auf Schritt und Tritt. Auf den Terrassen brummt es. Vor der Dominikanerkirche, wo Martin Schongauers symbolschwere *Madonna im Rosenhag* die Massen anzieht, nimmt die Schlange kein Ende.

Ein Schlenker in die Rue Berthe Molly aber genügt, und es herrscht eine fast dörfliche Stille. Vor der auf *vins naturels* spezialisierten Weinbar L'Un des Sens haben es sich ein paar Bewohner des Viertels auf der winzigen Terrasse bequem gemacht. Ein Portal steht weit auf und gibt den Blick auf eine hölzerne Renaissanceloggia frei. Schwalben schwirren um einen Erker. Eine Katze huscht durch eine Holzluke. Prompt wirkt die Stadt wie aus der Zeit gefallen.

Der ganz große städtebauliche Wurf

Erst an der Place Unterlinden werden Besucher zurück in die Zukunft geworfen. Mit der Neugestaltung des Musée Unterlinden und des dazugehörigen Viertels läutete die Hauptstadt des Département Haut-Rhin ein neues Zeitalter ein. Für den größten städtebaulichen Coup seit der Stadterweiterung im 19. Jahrhundert wurde das über jeglichen Verdacht von Provinzialität erhabene Basler Architektenbüro Herzog & De Meuron verpflichtet.

Das gotische Kloster, in dem die Sammlungen, darunter der weltberühmte *Isenheimer Altar* von Matthias Grünewald, seit 1853 untergebracht sind, wurde beherzt umgebaut. Ein benachbartes wilhelminisches Stadtbad von 1909 ist seit der Neugestaltung Teil der Ausstellungslandschaft. Auf dessen Rückseite erhebt sich der Ackerhof, ein an das ehemalige Stadtbad gesetzter himmelstürmender moderner Hallenbau. Ein abstraktes Muster kleiner roter Ziegel ummantelt die Fassade. Wo zuvor die Tristesse des Colmarer Busbahnhofs geherrscht hat, spenden Apfelbäume Schatten im Patio, der dem Café Schongauer als Terrasse dient.

Rund ums Museum ist ein lichtes Viertel entstanden, das durch das von seiner Überdeckelung befreite Flüsschen Sinn mit der Altstadt verbunden wird. Colmar, wo man die Welt bisher als geordnetes Fachwerk zu begreifen lernte, steht jetzt ganz oben auf der Liste der Orte, die eine Internationale von Architekturfans gesehen haben muss.

↖ Es geht um die Wurst, wie das Aushängeschild dieser Metzgerei in der Altstadt von Colmar unmissverständlich kundtut. Und nebenan? Das Bretzelschild liefert auch hier die Antwort.
↙ Die Nächte sind lau und folglich lang in Colmar. An Terrassen zum Verweilen mangelt es nicht.

TIPP

MUSÉE UNTERLINDEN
Das in Popfarben explodierende Werk, von Grünewald im frühen 16. Jahrhundert geschaffen, ist die Hauptattraktion des Kunstmuseums. Nach dem radikalen Umbau zeigt es das, was vorher aus Platzmangel im Depot bleiben musste: Werke der Moderne von Soulages, Pablo Picasso, Otto Dix, in Sonderausstellungen auch Zeitgenössisches.
www.musee-unterlinden.com

DOMINIKANERKIRCHE
Der gotische Bau ist Showroom für ein Hauptwerk der spätmittelalterlichen Malerei, die *Madonna im Rosenhag* des Colmarers Martin Schongauer (1448–1491). In leuchtendes Rot gewandet sitzt die Muttergottes versonnen im Rosengarten, das Jesuskind im Arm, ein stilles, zärtliches Bild.
www.tourisme-colmar.com

PETITE VENISE
Balkone hängen über Ufern. Weiden beugen sich tief. Kais sind nur über ein Treppchen zu erreichen. Von der Brücke in der Rue de Turenne eröffnet sich eine Postkartenansicht auf das ehemalige Gerber- und Fischerviertel. Mehr Romantik geht nur noch in der Barke. Die Bootstouren durch Colmars Idylle starten unterhalb des Pont de la Lauch.
www.barques-colmar.fr

RUE DES MARCHANDS
Colmars fotogene Altstadtmeile steht für feine, kleine Läden und prachtvolle Stadtpalais wie die Maison Pfister von 1537 mit Erker, Erdgeschossarkaden, elegantem Treppenturm, Holzgalerien und Wandmalereien.
www.tourisme-colmar.com

4

ÉGUISHEIM

HABEMUS PAPAM

Zwei Grands Crus, ein Papst, eine ganze Reihe hervorragender Winzer machen den Ruf von Éguisheim aus. Es blüht auf jeder Fensterbank. Besucher staunen und drehen noch eine Runde. 2013 wählten die Franzosen Éguisheim zu ihrem Lieblingsdorf. Gründe genug vorbeizuschauen.

Schnurgerade ist in Éguisheim allenfalls die Grande Rue, die sich auf halber Strecke zur Place du Marché mit dem Rathaus von 1364 und dem Brunnen von 1542 öffnet. Der Rest ist dazu geeignet, einem den Kopf zu verdrehen. *La Ronde*, die Runde, wird Eguisheim genannt, weil sich die *Remparts*, die mittelalterlichen Wallgassen mit ihren herrschaftlichen Zehnthöfen und charmant geduckten Fachwerkkaten, wie in einem Schneckenhaus um den achteckigen Burgbezirk winden. Giebel an Giebel, Fachwerk an Fachwerk, bis einem schwindelig wird. Ab und zu erlaubt eine schulterbreite Stichgasse den Absprung vom Karussell. Es nützt nichts. Irgendwann trudelt man wieder auf der Place du Château ein, und startet zur nächsten Runde.

Noch eine Runde, bitte!

Parallel zu den herausgeputzten Remparts verlaufen ebenfalls immer im Kreis der Allemend Sud und Allemend Nord. In den beiden Hinterhofgassen bedecken Kiesel statt Pflaster den Boden. Häuser sind so klein wie Puppenstuben. Geranienkästen borden über. Mit einem Mal scheint die Zeit wie angehalten. Noch vor einer Generation standen viele spätmittelalterliche Katen und selbst prachtvolle Zehnthöfe leer. Die nachbarschaftliche Nähe in den enggestauchten Wallgassen war nicht mehr zeitgemäß und der Traum vom Bungalow irgendwo draußen groß. Die beiden Halbkreise von Rue du Rempart Nord und Rue du Rempart Sud sind bis auf den letzten Erker herausgeputzt. Deutsche, Belgier, Niederländer haben sich den günstig erworbenen Leerstand zu Zweitdomizilen ausgebaut, Alt-Eguisheimer den Familienbesitz zu schmucken Ferienwohnungen umgebaut.

↑ Als ob man es im Elsass nicht längst wüsste: Platz ist in der schmalsten Fachwerkkate.

← Drei Burgen sollt ihr sein! Auch wenn von den *trois châteaux* oberhalb von Éguisheim nur Ruinen blieben, als Wahrzeichen taugen die alten Gemäuer noch immer.

Päpstliche Wiege

Irgendwann trudelt man auf der Place du Château ein, die von der Burg der Grafen von Eguisheim beherrscht wird. Im achteckigen Gemäuer soll der zukünftige Papst Leo IX. (1002–1054), geboren als Bruno, Sohn Helwiges von Dagsburg und Hugos von Eguisheim, 1002 das Licht der Welt erblickt haben. Der Bau aus gelbem Sandstein hat nach Umbauarbeiten im neoromanischen Stil des 19. Jahrhunderts wenig mit dem mittelalterlichen Original gemein. Einerlei: Für jeden Éguisheimer bleibt die Burg die Wiege des einzigen Papsts, der aus dem Elsass kommt. Einwände, dass Klein-Bruno auch in Dagsburg im Heimatort der Mutter das Licht der Welt erblickt haben könnte? Zwecklos!

Auf dem Platz davor blubbert ein Brunnen mit der Statue von Leo IX. Der Elsässer auf dem Papstthron war von Reformeifer beseelt, was ihm in Rom nicht nur Freunde einbrachte. Leo IX. starb nach monatelanger Gefangenschaft in Unteritalien, entkräftet, so heißt es.

Umso lebendiger wirkt Éguisheim. Weinstuben laden zum Verweilen ein. Fachwerk ist bunt getüncht. Galerien und Kunsthandwerkerateliers säumen die Gassen. Vom Ruhm als päpstliche Wiege lebt der schmucke Weinort bis heute nicht schlecht. Mit den Lagen Eichberg und Pfersigberg entfallen zudem gleich zwei Grands Crus auf Éguisheim. Und die Cave Coopérative Wolfberger bringt gut sieben Prozent aller elsässischen Grand Cru-Weine in die Flasche. Zur »Semaine des Vins«, der Weinwoche, die im Juli mit der Nacht der Grands Crus endet, darf man sich durch die Spitzenlagen probieren. Mit der »Fête du Vin« Ende August, dem ältesten Weinfest an der elsässischen Weinstraße, geht es weiter, diesmal mit viel Musik und Umzug. Und das ganze Jahr über laden 34 Winzer zu Weinproben und Kellerbesichtigung ein.

TIPP

LA ROUTE DES 5 CHÂTEAUX

Die »Straße der fünf Burgen« führt von Husseren-les-Châteaux bis Wintzenheim, mit Blick auf die Rheinebene. An der Höhenstraße liegen die drei Donjons der im 15. Jahrhundert zerstörten Burgen von Éguisheim, das gewaltige Château du Hohlandsbourg, und die Ruine der Pflixbourg.
www.tourisme-eguisheim-rouffach.com

SENTIER VITICOLE DES GRANDS CRUS

Der knapp vier Kilometer lange Weinlehrpfad startet an der Ecke Rue du Bassin/Rue de Hautvillers. Im Sommer übernehmen die Winzer von Eguisheim regelmäßig Führungen.
www.ribeauville-riquewihr.com

DOMAINE BEYER

Aus Éguisheim kommt der beste Riesling der Welt! So entschied die Jury beim »Concours international de Strasbourg« und verlieh der Domaine Beyer den ersten Preis. Schon vor über zehn Jahren hat das Gut auf biodynamischen Anbau umgestellt. Tipp: Der Grand Cru Pfersigberg ist ein Riesling von großer Finesse und Eleganz.
www.emile-beyer.fr

LES DIVINES D'ALSACE

EINFACH GÖTTLICH!

Um die 50 Winzerinnen, Sommelières, Önologinnen, Weinjournalistinnen und Weinhändlerinnen haben sich im April 2011 zu den DiVINes d'Alsace zusammengeschlossen. Gemeinsam räumen die Frauen mit angestaubten Bildern im Weinbau auf. Und beweisen, dass die Verbindung von Wein & weiblich einfach göttlich ist.

Die »Göttlichen des Elsass« lautet die deutsche Übersetzung der Vereinigung. Eine Prise Selbstironie schwingt im Namen mit, wie Mélanie Pfister, ehemalige Präsidentin der DiVINes, vergnügt erklärt. Dass es in erster Linie um Wein geht, wird an den drei Großbuchstaben im Namen deutlich: VIN bedeutet schließlich Wein. Die Rede ist natürlich nicht von irgendeinem, sondern vom elsässischen Wein. Gemeinsames Ziel der »Göttlichen« ist es, dem Wein in ihrer Heimatregion zu noch größerem Erfolg zu verhelfen.

Neue Winzerinnen braucht das Elsass

»Unsere Stärke ist die Vielfalt der Betätigungsfelder«, fährt Mélanie Pfister fort, »dadurch sind alle Aspekte des elsässischen Weins vom Anbau bis zur Vermarktung vertreten«.

← Bei einer Weinprobe ist die volle Konzentration gefragt.
↙ Ein perfektes Duo: gute Küche, gute Weine. Wer wüsste es besser als die DiVINnes d'Alsace?
↓ Göttlich, diese Trauben. Die Lese kann beginnen. Dass auch später in der Flasche alles stimmt, ist für die DiVINes Ehrensache.

Die 40-jährige Winzerin aus Dahlenheim an der nördlichen Route des Vins hat den 1780 gegründeten Familienbetrieb vor ein paar Jahren übernommen. Ihr Werdegang ist typisch für eine Winzerin ihrer Generation. Das Weinbaustudium vollzog sich in Etappen von Bordeaux über Dijon bis nach Geisenheim im Rheingau, und umfasst damit drei der führenden europäischen Lehranstalten in diesem Bereich.
Aude Olive, die ehrenamtliche Sekretärin der DiVINes, arbeitet hingegen für verschiedene Winzer an der südlichen Route des Vins im Bereich Marketing und Vertrieb, so etwa für die Cave vinicole von Hunawihr. Die 44-Jährige lebt erst seit 13 Jahren im Elsass, stammt jedoch »aus den Weinbergen«, genauer gesagt den südfranzösischen Corbières.
Beide gehören dem neunköpfigen Gremium an, das den Kurs der DiVINes vorgibt. Entstanden ist die Idee bei einem lockeren Zusammentreffen auf der Weinmesse VINEXPO in Bordeaux. Vergleichbare Verbände existierten bereits im Beaujolais, in Burgund, im Languedoc. Warum also nicht auch im Elsass?

Netzwerken bei einem Glas Riesling

»Als Frau ist man sofort beim Du, und verhält sich nicht wie berufliche Konkurrenten. Bei den von uns organisierten Workshops etwa zum Thema Riesling wird nicht gemauert, wenn es um Tipps oder Informationen geht«, blickt Aude Olive zurück. Es geht den Frauen vor allem ums Netzwerken bei den Treffen. Cook Shows mit der elsässischen Köchinnenvereinigung der Femmes Chefs, After Work-Weinproben in Straßburg oder Colmar, Sommerfeste auf dem Weingut lockern die Atmosphäre und schweißen zusammen. Mitglieder, die mit den neuen Medien noch wenig vertraut sind, werden für ihren Auftritt in den Social Networks geschult. »Wir sind keine feministische Vereinigung mit Abgrenzungstendenz«, betont Mélanie Pfister. Von vornherein haben die DiVINes bewusst den Kontakt mit dem Conseil Interprofessionnel des Vins d'Alsace (CIVA) gesucht. Ihr Büro haben die »Göttlichen« daher im Gebäude des Verbands zur Förderung des Elsässischen Weins eingerichtet.
Eine der bislang erfolgreichsten Aktionen war die Betreuung von Schulklassen im Weinberg. Kinder erfahren so, was es bedeutet, in und mit den Reben zu arbeiten. Selbst bei der Lese durften Schulklassen bereits mithelfen. »Wir erklären den Winzerinnen, die dazu bereit sind, was es dabei an verwaltungstechnischen Formalitäten zu beachten gibt«, erklärt Mélanie Pfister. Dass Frauen im Umgang mit Kindern in der Regel geduldiger sind und den Unterschied zwischen reifer und unreifer Traube gern ein zweites Mal erklären, empfinden die DiVINes zudem als Tugend ihres Geschlechts. Und scheuen ansonsten den Vergleich mit ihren männlichen Kollegen nicht.
www.divinesdalsace.com

NORMANNISCHE KLIPPENTRÄUME IN WEISS

Zwischen Le Tréport und Le Havre bricht das Kalkplateau des Pays de Caux mit mehr als 100 Meter hohen Klippen kreidebleich in den Ärmelkanal ab. Wind und Wellen haben faszinierende Felsformationen in die 120 Kilometer lange Kreideküste gefräst. Landein leuchtet blau der Flachs auf den Feldern.

Die Alabasterküste erschließt ein Netzwerk von Landstraßen, die mal näher, mal weiter weg vom Meer verlaufen. Stichstraßen führen hin zu versteckten Buchten, Häfen, Fischerdörfern und Städtchen, die bis heute im Rhythmus des Meeres leben.

Start der 140 Kilometer langen Klippenroute durch den Norden der Normandie ist in Le Tréport, wo seit 1908 ein Schrägseilaufzug vom ehemaligen Fischerviertel Cordiers in zwei Minuten hinaufsaust zum Klippenrand. Dort stellt ein Glasbläser seine filigrane Kunst aus. Genauso grandios ist die Aussicht von der Bergstation des Funiculaire in 120 Metern Höhe auf die Küste und den benachbarten Badeort Mers-les-Bains. Beim Abstieg eröffnen sich immer wieder neue Blickwinkel auf Le Tréport, seinen Hafen und die Küste.

Wir verlassen Le Tréport auf der D925. Bis Dieppe ist die Küste touristisch wenig erschlossen. Bei Petit Caux jedoch lohnt sich ein Abstecher. Am dortigen Kreisel führt

INFO

Start: Le Tréport
Ziel: Le Havre
Länge: 140 Kilometer
Dauer: 2–3 Tage
Beste Reisezeit: Mai–September

Die normannische Klippenküste bei Le Tilleul ist heute ein *Grand Site de France*.

die D113 hin zum Musée d'Histoire de la Vie Quotidienne, das die Alltagsgeschichte des Pays de Caux mit historischen Gerätschaften und Maschinen wieder lebendig werden lässt. Die Dorfkirche zeigt die typische Architektur: Nur im Pays de Caux paart sich der Feuerstein auf den Fassaden mit Backstein. Wer noch einen Blick auf die Klippen werfen möchte, folgt der Rue de la Mer, die in die Rue du 19 Aout 1942 und den Impasse de Morvan übergeht, bis zum Meer. Die Küste säumt der Wanderweg GR21. Gen Norden führt er zum zwei Kilometer entfernten Kernkraftwerk Penly. Es liefert etwa 80 Prozent des jährlichen Stromverbrauchs der Normandie und kann besichtigt werden. Über Berneval-le-Grand, wo Camille Pissarro im Grand Hôtel logierte und die Klippen in Öl auf die Leinwand bannte, geht es zurück zur D113, die als »Route du Littoral« hinein nach **1 Dieppe** führt. Der Fährhafen mit Seebad vor der Haustür hat so viel zu bieten, dass man dort den restlichen Tag und eine erste Nacht verbringen kann. Am nächsten Morgen geht auf der D75 ins acht Kilometer entfernte Varengeville-sur-Mer, wo der französische Maler Georges Braque auf dem Seemannsfriedhof der Dorfkirche Saint-Valery hoch auf der Klippe eine letzte Ruhestätte gefunden hat. Die englische Gärtnerin

Bunte Badekabinen wie hier in Saint-Aubin-sur-Mer sind typisch für die Badeorte am Ärmelkanal.

Gertrude Jekyll und der Architekt Edwin Lutyens schufen in Varengeville 1898 mit dem Bois des Moutiers ein Idyll der Arts & Crafts-Bewegung, in dem Kamelien, Japan-Ahorn, Zierkirschen, Hortensien und riesige Rhododendren wachsen. Hortensien in allen Farben und Formen präsentiert der Jardin Shamrock als nationale Hydrangea-Sammlung. Nur wenige Schritte entfernt erhebt sich das wohl größte Taubenhaus Frankreichs im Innenhof des Manoir d'Ango: ein mächtiger Bau mit geometrischen Mustern aus farbigen Steinen und 1600 Nistlöchern für jeweils ein Taubenpaar. Von Varengeville geht es auf der D75 vorbei an Quiberville-sur-Mer nach Saint-Aubin-sur-Mer, das sich rühmt, den einzigen Sandstrand der Alabasterküste zu besitzen – bei Ebbe Rennbahn der Strandsegler.

Die D925 bringt uns zu Frankreichs kürzestem Fließgewässer: der Veules. Nach nur gut einem Kilometer mündet sie bei Veules-les-Roses ins Meer. Auf ihrem kurzen Lauf bietet sie Forellen beste Lebensbedingungen, bewässert eine Kresseplantage und trieb einst elf mächtige Mühlräder wie den Moulin du Marche an. 1910 koppelte ein findiger Ingenieur ihre Mühlradwelle an einen Generator. Dadurch konnte das kleine Seebad an der Kreideküste lange vor Paris eine elektrische Beleuchtung vorweisen.

Himmlische Tropfen

Dort, wo das Flüsschen Valmont eine Senke in die Klippen gefräst hat, schwemmte vor mehr als tausend Jahren die See in einem Feigenbaum eine Reliquie an den Strand, die Fécamp zum »Tor des Himmels« machte: einige Blutstropfen Christi – heute ruhen sie in einem Tabernakel aus weißem Marmor in der Abteikirche Sainte-Trinité. Hochprozentiger sind die Tropfen, die Bruder Bernardo im 958 gegründeten Benediktinerkloster Fécamp erfand. Der Mönch hatte im Jahr 1510 ein Elixier aus 27 Kräutern zum hochprozentigen Kräuterlikör Bénédictine komponiert. Im Palais Bénédictine, den Firmengründer Camille Albert im 19. Jahrhundert im Stilmix aus Neugotik und Neorenaissance errichten ließ, wird er vor den Augen der Besucher in riesigen Kupferkesseln hergestellt. Fécamp war jahrhundertelang der Heimathafen der Neufundlandfischer, die vor dessen weit entfernter Küste Kabeljau fischten, bis die Überfischung den einst so ertragreichen Wirtschaftszweig zerstörte. In der früheren Fischfabrik hält heute das Musée de Pêcheries das Andenken an jene Männer lebendig – und eröffnet von der obersten Etage Ausblicke auf den Hafen. Die D940 ist die Sprintstrecke zum nächsten Highlight, **2 Étretat**. Wer mehr Zeit hat, folgt zunächst ebenfalls der D940, hinter Saint-Léonard dann der D211 und der D11 über Bénouville nach Étretat, Etappenort des zweiten Tages.

Wir verlassen Étretat auf der D940 und halten in Le Tilleul, wo ein Wanderweg durch eines der letzten nicht urbanisierten Täler an der Alabasterküste zum L'Œil du Panda führt, einem riesigen Auge in der Klippenwand. Die Bucht begrenzt das Kap Antifer, mit 130 Metern eine der höchsten Klippen der Alabasterküste. Die Route endet in **3 Le Havre** an der fünf Kilometer breiten Mündung der Seine. In seinem Hafen malte Claude Monet seine *Impression, Soleil Levant* – und begründete damit einen neuen Kunststil: den Impressionismus.

RESTAURANTS / ÜBERNACHTUNGEN

EINKEHREN

LA TAVERNE PAILLETTE
Seit 1596 braut die Brasserie im Herzen von Le Havre süffigen Gerstensaft und serviert ihn zu Sauerkraut in vielen Variationen und Meeresfrüchten.
www.taverne-paillette.com

LE BOUT DU MONDE
Die Lieblingsbar der Einheimischen von Le Havre: lässiges Ambiente, köstliche Sangria und Sunset vor der Küste – perfekt für einen Aperitif!
www.facebook.com/LE-BOUT-DU-MONDE-150797532318120

LA FRITERIE D'OR
Muscheln satt am Klippenstrand! Flo serviert ihre *moules frites* mit Cidre oder Curry, Weißwein oder Roquefort im hübschen Terrassenrestaurant von Saint-Jouin-Bruneval.
https://restaurant-la-frite-d-or.webnode.fr

MARIE ANTOINETTE
Das nostalgische Lokal ist in Étretat die beste Adresse für feine Fischküche, raffiniert und topfrisch aus dem eigenen Handel – von der Meeresfrüchteplatte bis zur Fischsuppe, vom Fisch-Carpaccio bis zum Thunfisch-Tatar.
www.marieantoinette-etretat.fr

LA MARÉE
In diesem Restaurant gibt es den Blick auf den Hafen von Fécamp gratis zum Fang des Tages der Fischhandlung La Nouvelle Vague im Erdgeschoss.
https://restaurant-la-maree-fecamp.fr

LE CAFÉ DES TRIBUNEAUX
Treffen wir uns im Tribs: Seit Jahrhunderten verabreden sich dort Bewohner und Besucher von Dieppe – und genießen drinnen oder draußen ein Getränk oder lokale Küche.
www.facebook.com/cafedestribunaux

LA CALYPSO
Stylish schick schlemmen mit Blick auf die alte Fischhalle von Le Tréport.
www.facebook.com/Restaurant-la-Calypso

ÜBERNACHTEN

LE VENT OUEST
Mitten im Welterbe-Viertel Le Quartier Perret von Le Havre liegt dieses Spa-Hotel.
https://ventdouest.fr

DOMAINE ST-CLAIR LE DONJON
Seit 1862 lädt das Anwesen in Étretat zur edlen Nacht in stilvollen Zimmern und Suiten. Seine Feinschmeckerküche garniert Le Donjon mit Ausblicken auf die Bucht.
www.hoteletretat.com

CHÂTEAU DE SASSETOT
Kaiserin Sissi verbrachte 1875 ihre Sommerferien in diesem Schloss aus dem 18. Jahrhundert mit großem Park. Heute logiert man hier feudal in 26 Zimmern und zwei Suiten.
www.chateaudesissi.com

CAMPING HUTTOPIA LES FALAISES
Im Zelt, Zigeunerwagen, Holzhütte, Womo oder Caravan: Huttopia lockt mit Naturcamping hoch auf den Kreideklippen von Saint-Pierre-en-Port.
https://europe.huttopia.com/site/les-falaises-normandie

LOGIS HÔTEL LES ARCADES
Direkt am Hafen von Dieppe verwöhnt das Hotel mit guter Küche und 21 ruhigen, modernen Zimmern.
www.lesarcades-dieppe.fr

HÔTEL DE CALAIS
In diesem Zwei-Sterne-Haus mit 26 Zimmern und Ausblick auf den Hafen nächtigte im Jahr 1835 Nationaldichter Victor Hugo in Le Tréport.
www.hoteldecalais.com

Bis heute wird in Fécamp der berühmte Kräuterlikör »Bénédictine« hergestellt.

1

DIEPPE

FRANKREICHS ERSTES SEEBAD

An der Mündung des Arques liegt zwischen hohen Kreidefelsen Frankreichs ältestes Seebad Dieppe, zugleich ein traditionsreicher Fährhafen ins englische Newhaven. Nach den Badegästen kamen die Künstler: Camille Pissarro, Eugène Delacroix, Guy de Maupassant, Marcel Proust und Camille Saint-Saëns.

Im Jahr 1824 eröffnet Marie Caroline, Herzogin von Berry und unerschrockene Schwimmerin, in Dieppe das erste »Zentrum für Warmbäder« Frankreichs. In einem kleinen Holzbau direkt am Strand standen einige Badewannen, und Bademeister aus England halfen den Kranken, ihr Meeresbad zu nehmen. Das Eintauchen ins Meer wurde damals besonders für Deprimierte, Asthmatiker und Schwindsüchtige empfohlen. Bereits 1835 kurierten so 400 Gäste jede Saison ihre Leiden. 2006 investierte Dieppe rund 20 Millionen Euro in ein Pilotprojekt, das damals völlig neue Badeerlebnisse bot. Erstmals vereinte eine Schwimmhalle Meereskuren und Erlebnisbad unter einem Dach.

Doch bevor sich Dieppe das Gesicht eines mondänen und eleganten Seebades zulegte, bestimmte ein geschützter Tiefwasserhafen die Geschichte der Küstenstadt an der Côte d’Albâtre. Entdecker brachen mit ihrer Flotte zu unbekannten Ufern auf. 1402 gründete Jean de Béthencourt aus Dieppe ein Königreich auf den Kanaren. 1488 entdeckte Jean Cousin Brasilien. 1562 nahm Jean Ribault für Frankreich in Florida Land in Besitz. Berühmtester Bürger der Stadt ist jedoch der Reeder Jean Ango, der in Westafrika einen Handelshafen anlegte und die Reise eines Florentiner Kapitäns finanzierte, der 1524 die Hudson Bay entdeckte.

Korsaren und Künstler

Im 17. Jahrhundert wichen die Entdecker den Korsaren, die im Auftrag der Krone Handelsschiffe kaperten. Berühmt wurde besonders der Pirat Pierre Le Grand, der die Karibikinsel Tortuga als Basis wählte und dort 1602 mit einem geschickten Schachzug eine spanische Galeone, vollbeladen mit Schätzen aus Südamerika, eroberte. In einer tollkühnen Aktion ließ Le Grand das eigene Schiff anbohren, bevor er mit seinen 28 Mannen die Galeone enterte. Die Spanier waren völlig überrascht, als sie die Piraten plötzlich an Bord auftauchen sahen. Da deren Barke zwischenzeitlich gesunken war, hielten sie die Freibeuter für vom Himmel gefallene Teufel mit übernatürlichen Kräften. *Jesús, son demonios estos!* (»Jesus, da sind Gespenster!«) riefen die Spanier entsetzt und sprangen von Bord. Pierre Le Grand segelte nach Frankreich und setzte sich als gemachter Mann zur Ruhe. Hoch auf der Klippe stellt das Stadtmuseum von Dieppe Le Grand als Prototyp der karibischen Piraten vor.
Von ihren Reisen brachten die Kapitäne aus Dieppe neben Stoffen, Silber und Gewürzen auch Stoßzähne von Elefanten und Nilpferden mit. Aus diesem damals noch ganz legalen Rohstoff schufen Kunsthandwerker wie Pierre André Graillon filigrane Skulpturen und Schmuck. Damals bildete der Elfenbeinhandel einen wichtigen Erwerbszweig der Stadt. Heute zeigt das Schlossmuseum die schönsten Arbeiten der Elfenbeinschnitzer. Seit jenen Jahren ist die Place du Puits Salé mit dem Café des Tribuneaux der Treffpunkt von Dieppe. Dort erlebte auch der britische Maler Walter Richard Sickert (1860–1942) glückliche Stunden. 1890 stellte er seine Staffelei vor dem Café auf und malte die Szenerie – samt Friseurschild in englischer Sprache auf der rechten Seite.
Sickerts Gemälde hängt heute in der Londoner Tate Gallery. Vor ihm hatte bereits der Brite William Turner den See- und Fährhafen als Sujet entdeckt und ihn auf Zeichnungen und Aquarellen festgehalten. 1901 kam schließlich Camille Pissarro nach Dieppe und malte am Kai. Sein schönstes Motiv fand er am Bassin Duquesne. Dort zeigt eine Tafel sein Werk. Bis heute hat die Szenerie nichts von ihrem reizenden Charme verloren.

↑ Die Strandpromenade von Dieppe – im Februar bildet sie die Laufstrecke für den Urban Trail
← Die Burg von Dieppe bewacht die Kreideklippen des Fährhafens. Drinnen berichtet das Stadtmuseum von Korsaren und Elfenbeinschnitzern.

TIPP

URBAN TRAIL DIEPPE
Alljährlich im Februar können Freizeitsportler bei diesem Trail wandernd und laufend Strand und Klippen, Altstadt und Hafen entdecken. Mehr als tausend Läufer sind dann auf den Strecken unterwegs, die jedes Jahr anders angelegt werden. (Streckenlängen für Läufer 12 und 21,5 km, für Wanderer 11 km). Der Start erfolgt am Strand, wo Kiesel und Sand sich im Schatten der Klippen abwechseln. Für Schweiß sorgt die Streckenführung, denn häufig geht es gleich mehrmals die Klippen hinauf und hinab.
www.urbantraildieppe.com

FESTIVAL INTERNATIONAL DU CERF-VOLANT
Beim größtes Drachenfest der Welt tanzen alle zwei Jahre im September unzählige Drachen in vielen Farben im Herbstwind und begeistern Hunderttausende Zuschauer. Auf der Strandwiese von Dieppe können sie zum Spektakel am Himmel noch Paraden, Shows, Konzerte und Wettbewerbe erleben. Jedes Festival widmet sich einem bestimmten Thema. Der »Tanz der Drachen mit dem Wind« ist ein Volksfest für die ganze Familie – alle Events sind kostenlos. Das Drachenfest am Ärmelkanal findet in allen ungeraden Jahren statt. In geraden Jahren steigt das Drachenfest in Dieppes gleichnamiger Patenstadt im kanadischen New Brunswick.
www.dieppe-cerf-volant.org

DIE HEIMAT DER BOVARY

Im Hinterland der Seine wechseln die lichten Buchenwälder von Eu, Arques und Eawy mit weiten Flachsfeldern, die ein Drittel des französischen Leinenbedarfs liefern. Auf den Weiden grasen normannische Milchkühe mit dem typischen braunen Fleck am Auge. In diesem Mosaik aus Feldern und Wäldern liegt die Heimat von Madame Bovary.

Als der Roman 1856 erschien, sorgte er für Furore. Ein Skandal, wetterten die Zeitgenossen von Gustave Flaubert, der 1821 in Rouen das Licht der Welt erblickt hatte. In seinem ersten gedruckten Werk verarbeitet Flaubert die tragische Geschichte der Arztgattin Delphine Delamare, die sich im kleinen normannischen Dorf Ry vergiftete. Sein Sittenbild aus der Provinz lässt die Stimmungen und Landschaften seiner normannischen Heimat lebendig werden.

Der fiktive Romanschauplatz Yonville-l'Abbaye heißt im Roman Ry. Ein Rundgang von einem Kilometer Länge lädt dort zu einer literarischen Träumerei an all jenen Orten ein, an denen die Figuren des Romans in der Fiktion lebten – von Bovarys Haus über das Arbeitszimmer von Meister Guillaumin bis zur Apotheke Homais.

Jede der zehn Tafeln des Rundgangs, die mit QR-Codes ausgestattet sind, lädt ein, die wichtigsten Stätten des Dorfes und des Werks zwischen Roman und Realität zu entdecken. Flaubert auf zwölf Kilometern.

Die Audio-Wanderung

In Vassonville beginnt eine Rundwanderung, die dazu verlockt, sogar akustisch in die Welt von *Madame Bovary* ein-

← Auch die *pies normandes*, die normannischen Kühe mit dem typischen braunen Fleck am Auge, fühlen sich im Pays de Caux wohl. ↙ Stattliche Schlösser wie das Château de Bosmelet, das der Schriftsteller Flaubert in seinem Roman *Madame Bovary* verewigt hat, und weite Felder mit Flachs, die erst am Horizont enden und im Sommer blaulila leuchten (unten): Bis heute ist das Pays de Caux Bauernland.

zutauchen. Die Route erschließt die Vallée de la Scie mit ihren ländlichen Landschaften und Buchenwäldern. Unterwegs informieren sechs Tafeln über den Dichter Flaubert und sein Werk. Während der Wanderung kann man sich fünf Passagen aus dem ersten Teil des Romans *Madame Bovary* vorlesen lassen, die diese Region widerspiegeln. Die Lesestücke von *Le Lire et le Dire* stellt das Fremdenverkehrsamt kostenlos als MP3-Download bereit. Unterwegs lohnt der Moulin de l'Arbalète einen Besuch. Die Wassermühle des kleinen normannischen Dörfchens Saint-Maclou-de-Folleville ist bis heute in Betrieb und kann besichtigt werden. In der angeschlossenen Bäckerei verkauft Thibault Georges vom Mühlenverein Brioches und Baguette, *Galette* und Brote wie das *Pain Patrimonial*, die er aus dem Mehl der Mühle gebacken hat. Der Gewinn wandert in den Erhalt der alten Mühle. Spannend ist auch der Besuch des Château de Bosmelet. Der frühbarocke Landsitz im Louis-Treize-Stil ist bis heute in Privatbesitz und wird von der Familie bewohnt. An ausgewählten Terminen öffnet sie die Türen zu ihrem Herrenhaus. 1940 besetzte die deutsche Wehrmacht den Backsteinbau und installierte im Schlosspark eine Rampe zum Abschuss von V1-Raketen. Die Betonplatten sind noch heute zu sehen.

Die große Runde

Der 66 Kilometer lange Circuit Bovary führt zu weiteren Orten und Landschaften, die als Kulisse für Gustave Flauberts Roman *Madame Bovary* gedient haben. Erstes Ziel ist das grüne Tal des Crevon, wo in Blainville-Crevon seit 1967 Freiwillige die Ruinen einer befestigten Stadt mit 1000-jähriger Geschichte freilegen, schützen und neu beleben. Vorbei an Buchy mit seinen beiden Markthallen wird die Domaine Bois-Héroult erreicht. Zum stattlichen Anwesen gehört neben Schloss, Taubenhof und Pfarrhof ein repräsentativer Garten, die der Priester und Botaniker Le Turquier de Longchamp (1748–1829) im französischen Stil anlegte. Bereits nach weiteren fünf Kilometern folgt das nächste Schloss: Château Bois-Guilbert. Sein sieben Hektar großer Park ist eine Hymne an die Natur und die Skulptur. Der Landschaftsbildhauer Jean-Marc de Pas hat auf dem Grundstück seiner Kindheit, das seit fast 400 Jahren seiner Familie gehört, einen riesigen Raum der Poesie geschaffen. Insgesamt 70 seiner Werke säumen dort die Promenade. Audio-Walk: www.quibervillesurmer-auffay-tourisme.com/decouvrir/la-campagne-cauchoise-et-ses-villages-de-caractere

2

Weltberühmt: die Felsnase Porte d'Aval von Étretat

ÉTRETAT

DIE KLIPPEN DER KÜNSTLER

Besonders malerisch zeigt sich die Alabasterküste bei Étretat. Seine Klippen und Kalknadeln, Bögen, Brücken und bizarren Formen haben schon früh Maler, Schriftsteller und Musiker begeistert – und Netflix zur Kultserie Arsène Lupin **inspiriert.**

Victor Hugo, der sich gerne und oft in der Normandie aufhielt, schrieb seiner Tochter Adèle am 10. August 1835 begeistert: »Was ich von Étretat gesehen habe, ist faszinierend. Die Klippe wird immer wieder von großen natürlichen Bögen durchbrochen, unter denen die Wogen des Meeres bei Flut hindurchschlagen. Das ist die gigantischste Architektur der Welt.« Eugène Delacroix, Camille Corot, Gustave Courbet, Eugène Boudin und Claude Monet bannten die Felsgestade in vielen Variationen auf ihre Leinwände. Der Komponist Jacques Offenbach war so begeistert, dass er sich hier in der Villa Orphée niederließ. Der französische Krimiautor Maurice Leblanc verlegte gar den Schlupfwinkel seines Meisterdiebs *Arsène Lupin* in die 70 Meter hohe Felsnase L'Aiguille vor der Porte d'Aval von Étretat, die angeblich hohl sei und das Gold aller Könige Frankreichs berge. Das Musée Arsène Lupin in der Villa von Maurice Leblanc präsentiert den Schriftsteller und sein Werk. Mit Kunsthandwerk und Souvenirs lockt im Herzen des Dorfs die Markthalle, die ein imposantes Holzdach bekrönt. Zurück am Kieselstrand, lässt sich bei Ebbe der Küste am Fuß der Klippen folgen. Bei Flut lockt ein ebenso spektakulärer Höhenweg hin zur Kapelle Notre-Dame-de-Garde auf der Falaise d'Amont. Die Aussicht ist filmreif!

TIPP

PRACHTVOLLE TAUBENHÄUSER

Rund um Étretat sind üppig ausgeschmückte *colombiers* zu sehen. Die Zucht der Tauben, die sowohl an den Tafeln der Könige als auch als Briefboten geschätzt wurden, galt seit dem Mittelalter als Privileg der Herrschenden.

3

Blickfang: die Glasfenster der Église Saint-Joseph von Marguerite Huré

LE HAVRE

POESIE IN BETON

»Mein Beton ist schöner als Stein.«: Nicht alle teilten die Ansicht von Auguste Perret, unter dessen Federführung Le Havre im Stil der klassizistischen Moderne neu entstand. Heute gehört die Stadt an der Seine-Mündung zum Weltkulturerbe.

Das alte Le Havre, mit Boulevards der Belle Époque ausgestattet, starb im Zweiten Weltkrieg. Die deutschen Truppen hatten es zum größten Kriegshafen am Atlantik gemacht, die Alliierten bei 132 Bombenangriffen zerstört. Die französische Regierung reagierte mit einem radikalen Plan: Le Havre sollte als Musterstadt der Moderne auferstehen. 1945 beauftragte sie den Architekten Auguste Perret mit dem Masterplan. Auf 130 Hektar sollte er für 60 000 Menschen eine neue Stadt schaffen, mit würdigen Lebensbedingungen für eine klassenlose Gesellschaft. Baumaterial war knapp, dafür gab es riesige Schuttberge. Perret ließ sie zermalmen, mit Glas oder Kieseln vermengen – und schuf daraus farbigen Beton. Perret konnte nicht mehr erleben, wie sein Gesamtkunstwerk vollendet wurde – und auch nicht die Diskussionen, die seine Neugründung hervorrief. Als »doppelte Zerstörung« kritisierten es viele Franzosen. Doch Perret war überzeugt: »Mein Beton ist schöner als Stein.«

TIPP

UN ÉTÉ AU HAVRE

Zum 500. Geburtstag von Le Havre im Jahr 2017 entwarf der französische Kulturmacher Jean Blaise ein Kulturfest, das seitdem jeden Sommer Kultur und Kunst an den Ufern der Seine und im Herzen der Hafenstadt fantasievoll inszeniert. Berühmte zeitgenössische Künstler werden dazu eingeladen, die Stadt aus ihrem ganz persönlichen Blickwinkel zu interpretieren. Die Arbeiten sind das ganze Jahr über im Stadtgebiet zu sehen. Zum Wahrzeichen des Seehafens wurde die Skulptur *Catène de Containers* von Vincent Ganivet. Der 288 Tonnen schwere Bogen aus bunten Schiffscontainern schmückt seitdem den Quai de Southampton.
www.uneteauhavre.fr

Von Le Tréports Altstadt führt ein Aufzug auf die berühmte Kreideklippe.

RESTAURANT
L'Aquarius
CAFE

GO WEST!

Tischtuchflach empfängt die Bretagne im Osten die Besucher. Bald schon aber tauchen die ersten Klippen auf. Ein paar Seebäder erinnern an die Zeiten, als das Baden im Meer Mode wurde. Dann wird es einsam. Je mehr es nach Westen geht, desto wilder wird die Küste, und umso mehr wird die Route zu einer Reise ans Ende der Welt.

Streng genommen erhebt sich der Mont-Saint-Michel über normannischen und nicht über bretonischen Prielen und Salzwiesen. Die Grenze zur Bretagne verläuft ein wenig weiter westlich in den Polderwiesen, doch welcher Reisende in die Bretagne schafft es schon, am Weltwunder vorbeizufahren? Möglich machte eine Sturmflut die Insellage des Klosterbergs zu Ehren des heiligen Michael. So geschehen im 8. Jahrhundert, danach war die Verbindung des 80 Meter hohen Granitkegels zum Kontinent verschwunden. Damals verlief der bretonisch-normannische Grenzfluss Couesnon noch östlich des Mont-Saint-Michel, der somit in der Bretagne lag. Später änderte der Fluss seinen Lauf in Richtung Westen: Der Mont-Saint-Michel liegt seitdem in der Normandie. *Le Couesnon dans sa folie a mis le Mont en Normandie*, so lautet der dazu passende Reim. Übersetzt: Aus einer Laune heraus hat der Couesnon den Mont-Saint-Michel in die Normandie verlegt.

Es geht immer an der Küste entlang weiter. Zum Meer wechselt die Aussicht auf heide-

INFO

Start: Mont-Saint-Michel
Ziel: Pointe Saint-Mathieu
Länge: 490 Kilometer
Dauer: 4–5 Tage
Beste Reisezeit: Mai–September

Lila blüht die Heide, blau leuchtet das Meer, und am Himmel schimmert es perlmuttrosa – das kann nur die Bretagne.

bewachsene Felsen, Strände und dichtes Ginstergebüsch.
1 Saint-Malo ist bis auf den letzten, nach den schweren Zerstörungen im Zweiten Weltkrieg wiederaufgebauten Stein ein Hingucker. Über die Rance, deren breite Mündungsbucht die barocke Korsarenstadt vom koketten Belle-Époque-Bad Dinard trennt, wurde 1961 das weltweit erste Gezeitenkraftwerk gebaut. Durch die gewaltige Strömung beim Wechsel von Ebbe und Flut werden bis zu 600 Millionen Kilowatt Energie pro Jahr erzeugt.
Auf dem Weg nach Saint-Cast-le-Guildo stehen Badeorte wie Saint-Lunaire und Saint-Briac noch ganz im Dunstkreis von Dinard. Vornehme Belle-Époque-Villen auch hier, deren Bewohner vom herrlichen Sandstrand profitieren. Debussy hat in Saint-Lunaire seine Komposition *La Mer* geschrieben. In Saint-Briac leben seit Anfang der 1920er-Jahre Nachfahren der russischen Zarenfamilie. An die Großherzogin Victoria Melitta von Russland erinnert ein Denkmal.
Rosa ist das Leben auch an der **2 Côte de Granit Rose**, und das nicht allein wegen des namensgebenden rosafarbenen Granits. Von Wind und Wetter sowie den Gezeiten zu seltsamen Formationen geschliffene Felsen, ein atemberaubender Küstenwanderpfad und leuchtendblau blühender Agapan-

Ein Fels von einem Leuchtturm! Unverwüstlich wie der rosa Granit.

thus machen den unwiderstehlichen Charme der Küste von Tréguier bis Locquirec aus.

Gemüse satt

Mit Locquirec ist das **3 Finistère**, bretonisch *Penn ar Bed*, erreicht. Steinkreuze ragen an Landsträßchen aus dem Gras. Rund um Saint-Pol-de-Léon reichen die Gemüsefelder der Ceinture Dorée bis nah an die Sandstrände. Im Laufe der Geschichte haben Sandstürme immer wieder fruchtbare Äcker verschluckt. Wie vernichtend die geballte Naturgewalt von Sand und Wasser sein kann, zeigt sich auf dem Weg gen Westen unweit von Brignogan-Plages im wieder ausgegrabenen Weiler Menez-Ham. Der natürliche Schutzwall haushoher Granitfelsen nützte den Bewohnern wenig, als Sand mehr und mehr ihre Häuser begrub. Die zwischen Felsen eingeklemmten Häuser wurden wieder freigelegt und sind heute eine Touristenattraktion. Wozu auch ein paar Schauermärchen beitragen. Den Dörflern wurde etwa früher nachgesagt, ihre Kühe nachts mit Windlichtern auf dem Schädel an die Küste zu treiben, um durch das Täuschungsmanöver Schiffe auf die Felsen und Riffs zu locken. Wer auf das vorgetäuschte Leuchtfeuer hereinfiel, wurde nach dem Schiffbruch erbarmungslos ausgeplündert.

Durch Rapsfelder und Farn folgt die Straße weiter dem zerklüfteten Küstenverlauf. Felsen und Klippen betten Traumstrände ein. Ein Menhir steht einsam im Feld, ein Herrensitz ist von Flechten und Moos bedeckt. Die tiefen, von Felsen gerahmten Mündungstäler der Abers sind die Heimat von Algenfischern und Austernzüchtern. Auf Höhe des Aber Ildut ist die Route bereits nach Süden abgeknickt. Mit der Pointe de Corsen erreichen wir Frankreichs westlichsten Punkt. 50 Meter stürzt die Küste in die Tiefe. Die Île de Molène scheint zum Greifen nah. Etwas abseits warnt der Leuchtturm von Trézien von einer Anhöhe Schiffe auf ihrem Weg durch die risikoreiche Passage de la Helle zwischen der von Stürmen gebeutelten Insel und dem Kontinent.

Seeleuten sagt Le Conquet vor allem etwas wegen des Centre Radio maritime auf der Pointe Sainte-Barbe. 2000 hat der Sender, der 1952 für die Seeleute im Golfe de Gascogne und in der Irischen See eingerichtet wurde, den Dienst eingestellt. Seitdem sitzt die Verwaltung des Meeresnaturparks Iroise in den Räumlichkeiten. Strände sind es, die den Ruf von Le Conquet als Sommerfrische begründet haben. Der Strand am für Hummer und Langusten bekannten Hafenstädtchen selbst mit seinen riesigen Felsblöcken und die nahe, kilometerlange Plage des Blancs Sablons laden zum Baden ein. 1558 brannten die Engländer Le Conquet nieder. Acht Häuser blieben stehen – sie gehörten Engländern, darunter die Maison des Anglais in der Rue Aristide Briand.

An der Pointe Saint-Mathieu übertrifft sich die Bretagne nochmals mit »Ende-der-Welt«-Stimmung. An mehr als 80 Tagen im Jahr herrscht an der Felszunge Nebel. Es gehört eine gehörige Portion Mut dazu, ausgerechnet hier ein Hotel zu planen. Genau den aber hat die Familie Corre 1954 mit der Eröffnung der Hostellerie de la Pointe de Saint-Mathieu bewiesen. Seit Nolwenn Corre vor ein paar Jahren die Küche des Familienbetriebs übernommen hat, kommen die Gäste sogar von sehr weit angereist. Denn die Enkelin des Gründers Milo Corre bekam in Windeseile einen Michelin-Stern. Die 32-jährige Erfolgsköchin kann jedoch auch eine Nummer kleiner. »1954« heißt das neben dem Haupthaus eröffnete Bistro mit günstigen Preisen und denselben hochwertigen bretonischen Produkten wie im Hauptrestaurant.

RESTAURANTS / ÜBERNACHTUNGEN

EINKEHREN

LE BISTRO 1954
Das flotte Bistro der jungen Sterneköchin Nolwenn Corre an der Pointe Saint-Mathieu. Auf der Karte steht das Beste, was der Ozean hergibt: Fisch und Meeresfrüchte.
www.pointe-saint-mathieu.com/de/bistro-1954.html

LE VIOBEN
Ein Geheimtipp versteckt in einem der Abers an der Nordküste des Finistère (Aber Wrac'h). Fisch und Meeresfrüchte von Fischern aus dem Hafen gegenüber.
www.vioben.com

LE BOUT DU QUAI
Das Neo-Bistro mit der austerngrauen Fensterfront und der Terrasse zur Bucht des Mont-Saint-Michel liegt an der legendären Restaurantmeile von Cancale, am Ende des Kais, so wie der Name sagt.
www.leboutduquai.fr

LA TABLE DU BREIZH CAFÉ
Japanisch-bretonische Spitzenküche, serviert im ersten Stock eines Granitgemäuers am Kai von Cancale. Tipp: Günstiger ist das Zweitrestaurant Le Comptoir Breizh Café im nahen Saint-Malo!
www.breizhcafe.com

AUTOUR DU BEURRE
Das Bistro des bretonischen Butterpapstes Yves Bordier liegt neben der berühmten Boutique in Saint-Malo.
www.lebeurrebordier.com

LA BUTTE
Legendärer Familienbetrieb in Plouider, gegründet 1952. Mit Michelin-Stern im Hauptrestaurant und günstigerem trendigem Zweitrestaurant Le Comptoir. Dank der Lage auf einem Hügel (*la butte*) Fernblick über Küste und Hinterland.
www.labutte.fr

ÜBERNACHTEN

LA BAIE DES ANGES
Die Lage oberhalb der Mündung des Aber Wrac'h ist umwerfend, der Blick aufs Meer betörend. Die Zimmer setzen auf klare Kante und Komfort.
www.baiedesanges.com

CAMPING DOMAINE DE LA VILLE HUCHET
Der Campingplatz rund um ein echtes Schloss bietet viel Grün und Schatten, einen Aquaparc mit beheiztem, bei schlechtem Wetter überdachtem Freibad, hübsche Chalets und geräumige Mobile homes. Nach Saint-Malo sind es nur ein paar Kilometer. Radverleih!
www.lavillehuchet.com

CASTEL BEAU SITE
Aus dem Erholungsheim für Marineangehörige ist ein Hotel mit poppigen Akzenten und atemberaubender Lage in Ploumanac'h an der Rosa-Granit-Küste geworden. Strand und Küstenwanderweg beginnen vor der Terrasse.
www.castelbeausite.com

CAMPING DU FOND DE LA BAIE
Größtes Plus bleiben die Lage am Strand und der Blick auf den Hafen von Locquirec. Schatten gibt es nur wenig. Toll: die Roulottes-Bungalows auf einer Anhöhe unter Kiefern. Es gibt einen Verleih von Rädern und Kajaks.
www.campinglocquirec.com

LE CHÂTEAU DE SABLE
Designhotel in Porspoder mit umwerfendem Seeblick. Im hauseigenen Restaurant revolutioniert Julien Marseault die bretonische Küche.
www.lechateaudesablehotel.fr

Wie überall in der Bretagne reimt sich auch in diesem Hafen Kai auf Kneipe. Und wie überall gibt es Austern, Meeresfrüchte, Crêpes ...

1

DER GOLF VON SAINT-MALO

ZWEI BUCHTEN SOLLT IHR SEIN!

Die Buchten von Saint-Brieuc und des Mont-Saint-Michel unterteilen den Golf von Saint-Malo. Die Trennlinie verläuft an der Mündung der Rance, mit der Korsarenstadt Saint-Malo am rechten und dem Badeort Dinard am linken Ufer. Publikumsmagnet Nummer eins aber ist der Mont-Saint-Michel. Der aber liegt genau genommen in der angrenzenden Normandie.

Majestätisch ragt der Mont-Saint-Michel über Poldern, Dünen und Prielen empor, wie eine Fata Morgana, und doch aus unverwüstlichem Granit wie für die Ewigkeit gebaut. Dabei ist es noch gar nicht lange her, dass dieses Wunder des christlichen Abendlands in seiner Einmaligkeit gefährdet war. Die Deichstraße, die von 1879 bis 2014 den Mont-Saint-Michel mit dem rechten Ufer der Couesnant-Mündung verbunden hat, behinderte das Spiel von Ebbe und Flut. In der Folge versandete der Klosterberg. Die Renaturisierung der Bucht war ein Projekt von pharaonischen Ausmaßen. In einem ersten Bauabschnitt wurde eine Brückenschleuse gebaut, um den Couesnon so zu regulieren, dass der Fluss die Bucht freispült. Dann wurden die Parkflächen am Fuß der Klosterinsel und die Deichstraße abgetragen. Heute verbindet eine filigrane, auf Pfeilern in der Bucht ruhende Brücke Klosterberg und Kontinent. Für den Rest sorgt das Meer mit einem so gewaltigen Tidenhub, der in Europa seinesgleichen sucht. Bis zu 14 Metern steigt und fällt der Atlantik im Golf von Saint-Malo.

Weiter westlich werben Bauern links und rechts der Straße mit Frühkartoffeln und *carottes de sable*, Karotten, die im sandigen Boden gut gedeihen. In Cherrueix rasen bei Ebbe die Strandsegeler in ihren dreirädrigen Kisten über die bis zum Horizont reichenden Sandpisten. Mühlen reihen sich an der Deichstraße, an der sich das Fischerdorf entlangzieht. Bei Cancale weichen die Strände ersten Klippen. Vor dem Hafenstädtchen tauchen bei Ebbe schwarze Austernbänke und Muschelzuchten aus dem Schlick auf. Die Austern aus Cancale gelten als die besten ganz Frankreichs, weswegen die Stadt zum *Site remarquable du Goût*, einen »für den Geschmack bemerkenswerten Ort«, erklärt wurde.

Korsaren und Kokotten

La Côte d'Emeraude, die Smaragdküste, heißt die zwischen Steilklippen, schwindelerregenden Kaps und Traumstränden vor- und zurückspringende Küste links und rechts der Rance-Mündung. In Saint-Malo verstecken sich hinter den Festungsmauern die nüchtern eleganten Reeder- und Korsarenpaläste der Altstadt Intra muros. Das Ensemble wird auf drei Seiten vom Atlantik umspült und ist nur durch einen schmalen Landstreifen mit dem Festland verbunden. Die schönste Möglichkeit zur Erkundung bietet ein Rundgang über die Festungsmauern, mit Blick auf den in allen Grüntönen changierenden Atlantik.

1879 gründeten englische Dauergäste in Dinard den ersten Tennis-Club auf französischem Boden. Vornehme Villen und Uferfronten erinnern an die Zeit, als das Baden noch jung war und elegante Kokotten die Promenaden bevölkerten. Rund um die pulverfeine Plage de l'Ecluse mit den typischen weiß-blau gestreiften Badezelten entstand damals ein Großbürgertraum vom Adelsschloss nach dem anderen.

↑ Auf festem Fels gebaut ist der Glaube der Bretonen. Verehrt werden sage und schreibe 7777 Heilige.

← Auf festem Fels gebaut ist auch die Abtei auf dem Mont Saint-Michel. Der Rhythmus von Ebbe und Flut bestimmt das Leben auf der Klosterinsel.

Majestätische Seekiefern und schroffe Felsen setzten die zinnen- und erkergekrönten Villen dramatisch in Szene.

Es geht noch dramatischer. Am Cap Fréhel leuchten die bis zu 70 Meter hohen rosa Granitklippen über dem aufgewühlten petrolblauen Meer. In den Felsen nisten Lummen, Papageientaucher und Tordapinguine. Kormorane plumpsen ins Wasser, Möwen segeln krächzend gegen die steife Brise. Über Erquy, dessen Spezialität Jakobsmuscheln sind, geht es nach Saint-Brieuc, pardon, in die »Stadt der Täler«. Die geschäftige Hauptstadt des Département Côtes d'Armor hangelt sich über tiefe Talschlünde hinweg, daher der Name.

TIPP

MONT-SAINT-MICHEL

Schon aus der Ferne sichtbar erhebt sich der Abteiberg über Poldern und Salzwiesen. Möglich machte das Wunder eine Sturmflut zu Beginn des 8. Jahrhunderts, bei der die Landverbindung weggespült wurde. Zum Kloster gehören der Wohntrakt der Äbte, La Merveille, ein gotischer Bau auf drei Etagen mit Refektorium und Kreuzgang, und die im Kern romanische Kirche mit gotischem Chor und Krypten aus dem 10. Jahrhundert.
www.bienvenueaumontsaintmichel.com

SAINT-MALO

Spätbarocke Reederpaläste und Festungsmauern prägen Intra muros, den historischen Kern von Saint-Malo, der auf drei Seiten vom Atlantik umspült wird. Im Nordosten schließen sich im Ortsteil Paramé Sandstrände, Uferpromenade und imposante Belle-Époque-Villen an.
www.saint-malo-tourisme.com

CAP FRÉHEL

Eine Wanderung zum Kap mit seinen bis zu 70 Meter hohen Klippen verspricht Wellen und Wind auf Rekordniveau. Am Parkplatz Fort La Latte geht es durch Eichenwald los. Dann tauchen in der Ferne die roten Granitmauern des 700 Jahre alten Forts auf (zu besichtigen!). Weiter geht es über den Küstenwanderweg GR 34 und entlang der Bucht Anse des Sévignés zum Cap Fréhel (3,5 km).
www.dinan-capfrehel.com,
https://de.lefortlalatte.com

2

Von wegen Grau! Rosa ist das Leben an der Côte du Granit rose.

DIE ROSA-GRANIT-KÜSTE

GRAU IST WOANDERS

Die Côte de Granit Rose widerspricht mit rosa- bis violettfarbenen Felsen und mediterraner Flora allen Bretagne-Klischees. Wind und Wetter haben die Felsen zu fantasieanregenden Formationen abgeschliffen. »Teufelsburg«, »Schildkröte«, »Napoleons Hut« heißen einige der bekanntesten.

Zwei gewaltige Felsblöcke nehmen das Haus an der Pointe du Château links und rechts in die Zange. Ein hüfthohes Mäuerchen soll neugierige Besucher abhalten. Nicht die Kathedrale von Tréguier oder die Villen von Perros-Guirec stehen an der Côte de Granit Rose in der Gunst fotografierender Urlauber an erster Stelle, sondern ein schlichtes Haus mit niedrigem Schieferdach, das zum Inbegriff der Côte de Granit Rose geworden ist.

In mehr als 130 000 Jahren entstand zwischen dem Reederstädtchen Paimpol und dem Badeort Locquirec ein natürlicher Skulpturenpark. Von Felsen und Kiefern beschirmt verführen kleine Buchten und Sandstrände zum Baden in den milden Fluten. Rund um Perros-Guirec wirken die roten Felsformationen mal wie moderne Skulpturen, mal wie Ritterburgen. Dank des Golfstroms sprießt es aus allen Felsritzen entlang des alten Zöllnerpfads, auf dem Wanderer die Schönheit dieses Küstenabschnitts erkunden. Bis Trébeurden heißt die an der Wasserkante verlaufende D788 Corniche bretonne und ist wie ein kilometerlanger Balkon angelegt.

TIPP

SENTIER DES DOUANIERS

Der Zöllnerpfad mit seinen bizarren Felsformationen gilt als schönster Küstenwanderweg der Nordbretagne, das Stück vom Hafen in Ploumanac'h bis zum Strand von Trestraou (8 km hin und zurück) als die Königsetappe. Die Maison du Littoral am Weg führt in Flora, Fauna und Geologie ein und veranstaltet auch Naturexkursionen.
http://tourisme.perros-guirec.com

3

Nur noch der Anker erinnert an den Untergang der *Amoco Cadiz*.

IM FINISTÈRE

3400 KILOMETER GERADEAUS: AMERIKA!

Nirgendwo ist die Bretagne so weit weg vom Rest der Welt wie in den Abers, den in den Fels geschnittenen Mündungstrichtern an der Nordküste des Finistère. Am Horizont läuft der Atlantik an Felsen und Riffen Sturm, die vielen Seeleuten zum Verhängnis wurden.

Fast 90 Prozent aller Artischocken, die in Frankreich geerntet werden, stammen aus der *Ceinture dorée*, dem goldenen Gürtel von Saint-Pol-de-Léon. Roscoff war früher der Hafen des wohlhabenden Ackerbürgerstädtchens. Hinter den Kais fallen die imposanten Reederhäuser auf. 20 Minuten benötigt das Boot zur Île de Batz. Hauptziel der Ausflügler sind die Dünenstrände im Norden, allen voran die Grêve Blanche und der Farah-Diba-Strand. Die Dünengebirge von Keremma reichen bis fast an Brignogan-Plages. Über dem Badeort weht der Hauch der guten alten Sommerfrische. Unter den Abers ist der Aber Benoît besonders malerisch: Acht Kilometer reicht der Mündungstrichter ins Land. Am linken Ufer duckt sich Saint-Pabu über der Wasserkante. 14 Prozent Gefälle!, warnt ein Schild an der Straße. Zahlreiche Wracks in den Gewässern vor Portsall zeugen von der Gefahr. Die Liste untergegangener Schiffe ist lang, ein Name in aller Welt bekannt: der Supertanker *Amoco Cadiz,* der im März 1978 an den gefürchteten Rochers de Portsall zerschellte. Jahrzehnte später fällt es schwer, sich die Bilder der Umweltkatastrophe hierherzudenken. Gischt schäumt um die Pointe de Saint-Mathieu. Wir sind am Ziel.

TIPP

POINTE DE SAINT-MATHIEU

An der Pointe de Saint-Mathieu scheinen die beiden Leuchttürme aus der Ruine eines nach der Französischen Revolution verfallenen Benediktinerklosters zu wachsen. Von seiner Spitze bietet sich ein schier unglaublicher Blick auf Riffs, die Inseln Molène und Ouessant, die Reede von Brest, die Halbinsel von Crozon sowie die Pointe du Raz.
www.iroise-bretagne.bzh

STÜRMISCHES GLÜCK

Unter den Klippen an der Westspitze von Ouessant läuft der Atlantik Amok. Schaumkämme tauchen im brodelnden Wasser auf und sinken nieder. Wellen heben zu Bergen an, und fallen fauchend zusammen. »Höchstens Stärke Sieben«, analysiert Ondine Morin mit Kennerinnenblick das Naturschauspiel.

Inselführungen bei Sturm gehören zum Programm der Fremdenführerin, die die Tochter eines Seemanns und Enkelin eines 1955 spurlos auf See verschwundenen Fischers ist. En passant wird man mit dem bretonischen Inselwettervokabular vertraut gemacht. *Un vent à décorner les bœufs* – ein Wind, der den Rindern die Hörner abreißt – nennen die Einheimischen die rasende Brise. Auch ohne Wind kann der Atlantik vor Ouessant in Fahrt kommen. Wenn in der Karibik die Saison der Tropenstürme beginnt, spürt man das zerstörerische Wüten bis nach Oussant. Meterhoch schlagen die Wellen dann ans Land. In Extremfällen geht gleichzeitig kaum ein Lüftchen. *Une mer sans vent*, ein Meer ohne Wind. Frankreichs am weitesten vom Kontinent entfernte Atlantikinsel zählt knapp 800 Einwohner, 300 Schafe, drei Supermärkte und drei Fischer. Hinzukommen fünf Strände und knapp 90 Nebeltage pro Jahr. Die Passage du Fromveur im Südosten der Insel gilt als einer der heikelsten Seewege der Welt. Fromveur ist bretonisch und bedeutet Schrecken. Entsprechend lang ist die Liste der Havarien. Unvergessen bleibt der Untergang des britischen Passagierdampfers *Drummond*

← Hitchcocks *Vögel*? Nein, nur die Réserve ornithologique des Archipel des Sept Îles!
↙ Still ist das Meer fast nie um die Inseln der Bretagne.
↓ Auch diese Robbe darf darauf vertrauen: Dank ausgeprägtem Naturschutz rückt ihr kein Mensch auf den Pelz.

Castle 1896, bei dem 234 Passagiere ertranken. Für den Einsatz der Insulaner bei der Rettung der wenigen Überlebenden stiftete Queen Victoria die Turmspitze der Kirche von Lampaul. *Qui voit Ouessant, voit son sang*, heißt es. Wer Ouessant sieht, sieht sein Blut.

Für jede Insel ein kluger Spruch

Elf bewohnte Inseln, Dutzende menschenleerer Eilande und unzählige nackte Felsinselchen zählt die Bretagne. Die schönsten liegen vor der Nordküste. Bréhat wurde zur blühenden Boutique-Insel aufgehübscht, der Glénan-Archipel ist eine Ansammlung von baum- und strauchlosen Sandbänken. Molène entvölkert sich. Der letzte Supermarkt hat geschlossen. An vier bis fünf Tagen im Jahr setzt die Fähre wegen zu heftigen Seegangs aus. *Qui voit Molène, voit sa peine*: Wer Molène sieht, sieht seinen Kummer, heißt es in der Sammlung bretonischer Inselsprichworte. Sein ist ein kleines Paradies mit Taka-Tuka-Land-Charme. Und manchmal stürmischer Überfahrt: *Qui voit Sein, voit son destin*, lautet das Sprichwort. Wer Sein erblickt, schaut auf sein Schicksal. Batz, knapp 600 Einwohner, davon zwölf Fischer, 17 Strände und 160 Hektar bewirtschafteter Felder, liegt mit der Fähre 20 Minuten vom Hafenstädtchen Roscoff entfernt. Die Nähe zum Kontinent und das milde Klima haben die Insel zum Zweitwohnsitz einer Internationale von Ferienhausbesitzern gemacht. Palmen lugen über Granitmauern und Magnolienhecken. Im Juni, wenn die ersten Feigen reifen, blühen auch die Schmucklilien und Madeira-Geranien.

Vogelparadiese mit Sonnenbank

Annähernd 23 000 Basstölpelpaare haben Ornithologen auf Rouzic ausgemacht. Die Insel gehört zum Archipel des Sept Îles und darf nicht betreten werden. »Sie nisten immer am selben Platz, immer mit demselben Partner«, erklärt Philippe Biarnez, während das Gekreische aus zigtausend Schnäbeln übers Wasser schallt. Der Segellehrer vom Centre Nautique in Perros-Guirec steuert den vor der Rosa-Granit-Küste versprengten Archipel regelmäßig mit der *Ar Jentilez* an. Der Nachbau eines historischen Algenfischerboots umschifft zunächst Rouzic, um Kurs auf die irischgrüne Île aux Moines zu nehmen. Es ist die einzige Insel des unter Naturschutz stehenden Archipels, die man betreten darf. Ein Felschaos unweit des Anlegers dient einer Robbenkolonie als Sonnenbank. Kameras klicken, Ferngläser gehen von Hand zu Hand. Die Tiere scheinen von der Aufregung an Bord keinerlei Notiz zu nehmen. Robbe auf dem Archipel des Sept Îles möchte man sein.
www.bretagne-reisen.de/reiseziele/die-inseln-der-bretagne

DAS GRÜNE HERZ FRANKREICHS

Burgund gilt als das Herz Frankreichs. Autun, wo die Route startet, liegt mittendrin, am Rand der regenreichen, sattgrünen Landschaft des Morvan. Eine Regenjacke gehört mit auf die Reise, denn noch grüner und noch regenreicher ist die Auvergne. Kommt jedoch die Sonne raus, was öfter geschieht, als der Wetterbericht erlaubt, ist das Glück kaum auszuhalten.

Nos ancêtres les Gaulois – unsere Vorfahren, die Gallier: Diesen Spruch konnten einmal alle französischen Schüler aufsagen. Noch heute ist die *Grande Nation* stolz auf den Avernerfürst Vercingetorix, der die Gallier in Bibracte zum vereinten Kampf gegen die Römer eingeschworen hat. Der Ausgang ist ebenfalls bekannt. 52 v. Chr. verloren die Gallier die entscheidende Schlacht. Knapp 2100 Jahre später gilt der 821 Meter hohe Mont Beuvray, auf dem sich das antike Bibracte befunden hat, als Wiege der Nation. Hier startet die Route. Cäsar ließ das Oppidum nach seinem Sieg nicht zerstören, sondern schrieb in Bibracte *De bello Gallico*. Erst Jahrzehnte später wurde das Oppidum zugunsten der weiter östlich gelegenen Neugründung Augustodunum, des heutigen Autun, verlassen. Erste Grabungen fanden in Bibracte unter Napoleon III. statt. Der Leiter war Jacques-Gabriel Bulliot, Autodidakt und Weinhändler aus Autun. Als Bulliots Neffe und Nachfolger im Ersten Weltkrieg fiel, endete die Grabungskampagne. Doch der Mythos vom Mont Beuvray als Wiege Frankreichs war in der Welt.
1984 veranlasste Mitterrand die Wiederaufnahme der Grabungen und erklärte das

INFO

Start: Le Mont Beuvray
Ziel: Le Puy-en-Velay
Länge: 551 Kilometer
Dauer: 5–6 Tage
Beste Reisezeit: Mai–September

Ob Burgund oder Auvergne: In der grünen Mitte Frankreichs ist die Kirche im Zweifelsfall romanisch.

0
20 km
N
1
2
3
4
Autun
Bibracte
Mount Beuvray 821
St-Léger-sous-Beuvray
Montheion
Parc Naturel Régional du Morvan
Mesvres
Etang-sur-Arroux
Mont Julien
Signal d'Uchon
681
Montcenis
Le Creusot
Blanzy
Toulon-sur-Arroux
Perrecy-les-Forges
Ciry-le-Noble
Palinges
Château de Digoine
Digoin
Paray-le-Monial
St-Yan
Poisson
Montceaux-l'Étoile
Anzy-le-Duc
Briant
Marcigny
Saint-Christophe-en-Brionnais
Semur-en-Brionnais
Saint-Julien-de-Jonzy
Iguerande
St-Germain-Lespinasse
Ambierle
Renaison
Roanne
La Pacaudière
Le Mayet-de-Montagne
Arfeuilles
Cusset
Vichy
St-Yorre
Châteldon
Puy-Guillaume
St-Rémy-sur-Durolle
Thiers
Lezoux
Pont-du-Château
Clermont-Ferrand
Cébazat
Riom
Châtelguyon
Ceyrat
Col de la Moreno
Rochefort-Montagne
Orcival
Saint-Saturnin
Château de Buron
Champeix
Sant-Nectaire
La Bourboule
Mont-Dore
Puy de Sancy 1885
Pont-de-Clamouze
Besse-en-Chandesse
Issoire
Parc Naturel Régional des Volcans d'Auvergne
Saint-Germain-l'Herm
Auzat-la-Combelle
Saint-Martin-d'Ollières
Champagnac-le-Vieux
Lamothe
Brioude
Lavaudieu
Paulhaguet
Fix-St-Geneys
Borne
Château de Lavoûte-Polignac
Le Puy-en-Velay
Parc Naturel Régional du Livradois-Forez
Ambert
Puy de Montoncel 1287
Pierre sur Haute 1634
Montbrison
St-Étienne
Parc Naturel Régional du Pilat
Mont Pilat 1432
LYON
Vienne
Valence
Mâcon
Chalon-sur-Saône
Beaune
Bourg-en-Bresse
Villefranche-sur-Saône
Tournus
Moulins
Montluçon
Le Puy
Annonay
Yssingeaux
St-Flour
Plomb du Cantal 1855
Puy Mary 1757
Mont Mézenc 1753
Gerbier de Jonc 1551
Loire
Allier
Saône
Rhône

Für viele die beste aller möglichen Rinderrassen: Le Charolais

Gelände zum *Grand Site de France*. Der Plan des um große Gesten nicht verlegenen Präsidenten, sich am Mont Beuvray beisetzen zu lassen, scheiterte am öffentlichen Protest. Gegraben wird jedoch weiter im Rahmen einer europäischen Kampagne, die noch mehrere Generationen von Archäologen beschäftigen dürfte.

Der Weg von Bibracte nach Autun führt durch die waldreichen, tiefgrünen Ausläufer des Hoch-Morvan, der die 900er-Höhengrenze fast nie überschreitet, jedoch hoch genug ist, vorbeiziehende Regenwolken festzuhalten. Der »Morvan der Gipfel« ist zugleich der südlichste Teil des Parc Naturel Régional du Morvan, der Heimat von Biber und Otter, Forelle und Flusskrebs, Wasserralle und Wildschwein, Fuchs und auch Dachs.

In **1 Autun** folgt mit römischen Ruinen und romanischer Kunst das Kontrastprogramm. Grün bleibt die Landschaft auch bei der Weiterfahrt Richtung Süden, wie der Blick vom 681 Meter hohen Signal d'Uchon beweist, dem Aussichtspunkt auf dem höchsten Punkt des Pays d'Autun. Wälder und Wiesen rollen in alle Himmelsrichtungen davon.

Kanalromantik und Kirchenromanik

Szenenwechsel am Canal du Centre. Schlösser wie das Château de Digoine versprühen den Charme des Ancien Régime. Fabriken aus den 1930er-Jahren und Ziegeleien aus dem 19. Jahrhundert wirken wie die nostalgische Kulisse eines Marcel-Carné-Films. In Paray-le-Monial spiegelt sich die romanische Basilika Sacré-Cœur mitsamt des barocken Klosters im Wasser des Kanals. Das charmante Städtchen ist das Tor ins liebliche Brionnais.

Der Landstrich ganz im Süden von Burgund steht für cremefarbene Charolais-Rinder (Tipp: der Viehmarkt in Saint-Christophe-en-Brionnais am Mittwoch!), ockerfarbene Dörfer und eine einzigartige Dichte an romanischen Dorfkirchen. Ungefähr ein Dutzend Kirchen liegt allein an dieser Route, die sehenswertesten davon sind die von Semur-en-Brionnais, Anzy-le-Duc und Saint-Julien-de-Jonzy.

Mit der Loire, die bei Iguérande noch ein unbändiger Fluss und noch nicht der majestätische Strom wie weiter nördlich in Zentralfrankreich ist, erreichen wir die Auvergne. Nach endlosen Kehren und Kurven durch die mit Niederschlägen reichlich versorgten Höhen der Montagne Bourbonnaise heißt das nächste Ziel **2 Vichy**, der eleganteste Kurort Frankreichs mit viel blütenweißer 1900er-Jahre-Architektur und dunkler Vergangenheit.

Auch in Saint-Yorre sprudeln die Mineralwasserquellen, über hundert sollen es sein, deren in Flaschen abgefüllte Wasser in ganz Frankreich getrunken werden. Hübsch ist das Fachwerk- und Burgstädtchen Châteldon, dessen Mineralwasser vom Sonnenkönig geschätzt wurde und an den Tischen vieler Gourmetrestaurants ausgeschenkt wird. Das für seine Messer- und Scherenschmieden bekannte Thiers genießt ungefähr den Ruf, den Solingen in Deutschland hat. Die an einen Hang oberhalb einer Flussschleife der Durolle gestaffelte Stadt punktet zudem mit Fachwerkfassaden und steilen Gassen.

In der auvergnatischen Wüste

3 Clermont-Ferrand, die lavaschwarze Hauptstadt der Auvergne, steht für Michelin: Europas größter Reifenhersteller hat hier seinen Hauptsitz. Ringsherum machen sich kahle Vulkane wichtig. »Die Auvergne produziert Minister, Käse und Vulkane. Aber es gibt nichts Kahleres als Vulkane«, lautet ein Bonmot des Journalisten und Schriftstellers Alexandre Vialatte (1907–1971). Zum besseren Verständnis genügt es, östlich von Clermont-Ferrand die Bahn auf den 1465 Meter hohen Puy de Dôme zu nehmen. Richtung Süden baut sich die bedeutendste Vulkanlandschaft Europas auf. *Le désert auvergnat*, die auvergnatische Wüste, wird die endlose Weite rollender Hügel genannt.

Kein Weg führt an den fünf großen Kirchen der auvergnatischen Romanik in Orcival, Saint-Saturnin, Saint-Nectaire, und Issoire vorbei – auch diese Route nicht. Durch die menschenleeren, dichtbewaldeten Mittelgebirgsrücken des Parc Naturel Régional du Livradois-Forez geht es schließlich nach **4 Le Puy-en-Velay**, wo sich alles nur um die heilige Maria und die *Lentille du Velay* dreht. Seit 1935 tragen die grünen kleinen Linsen ein AOC-Label. Ihr delikater Geschmack geht auf den hohen Gehalt an Eisen und Magnesium zurück. Unbedingt probieren!

RESTAURANTS / ÜBERNACHTUNGEN

EINKEHREN

LE MONDE DE DON CABILLAUD
Fisch aus der Bretagne und Bio-Gemüse, so lautet das Erfolgsrezept des Restaurants in Autun mit *open kitchen* und einer Austernbar.
https://de-de.facebook.com/LE-MONDE-DE-DON-CABILLAUD-142149525856472

AUBERGE DE BRIANT
Charolles ist nicht weit, das berühmte Rind steht daher unweigerlich an prominenter Stelle auf der Karte des schicken Landrestaurants in Briant.
www.aubergedebriant.com

L'ENTRECÔTE BRIONNAISE
Herzerfrischend einfaches Dorfrestaurant in Semur-en-Brionnais mit alter Pumpe an der Fassade und burgundischen Klassikern wie Schnecken und natürlich Entrecôte.
www.tourisme-sudbrionnais.fr

L'ALAMBIC
Nur wenige Gedecke, dafür viel Atmosphäre und eine schmackhafte Küche. Eine für das noble Vichy überraschend gemütliche Adresse.
Tel. 04 70 59 12 71

LE 62
Flottes Neo-Bistro in Clermont-Ferrand, das von einem jungen Paar mit vietnamesischen Wurzeln geführt wird. Nette Terrasse, innovative Küche.
https://restaurantle62clermont.fr

LE SAINT-EUTROPE
Das *plat du jour* ist preislich unschlagbar, die Vintage-Deko des Bistros in Clermont-Ferrand ein Hingucker. Kreative, der Region verbundene Marktküche.
www.sainteutrope.com

L'AGASTACHE
Bistro-Ableger eines Sterne-Restaurants in Issoire, daher der hohe Anspruch in der Küche und die entschieden kreative Küche.
www.agastache-restaurant.com

COURT LA VIGNE
Lokale Bio-Weine, der Kamin, die ehrliche Terroir-Küche sind die Pluspunkte des rustikalen Café-Restaurants in Lavaudieu, unweit des berühmten mittelalterlichen Klosters.
https://courtlavignel.wixsite.com/court lavigne

ÜBERNACHTEN

LA MAISON STE-BARBE
Hideaway-Anwesen im Viertel hinter der Kathedrale von Autun, mit vier Chambres d'hôte von der Renaissance bis zum Barock. Garten mit Blick auf das gotische Kloster.
www.maisonsaintebarbe.com

CAMPING DE LA PORTE D'ARROUX
Die Hauptattraktion bleibt die Lage an einem See, etwas außerhalb von Autun. Viele Plätze unter Bäumen, großer Kinderspielplatz, Chalets zum Mieten, gute sanitäre Einrichtungen.
www.aquadis-loisirs.com

CAMPING DE MAMBRÉ
Mitten im Grünen, vor den Toren der Stadt Paray-le-Monial und ganz nah an einer *voie verte cyclable* (Radfernweg). Räder und Mobile homes zum Mieten. Noch ein Plus: das Freibad.
www.campingdemambre.com

LA POSTE ET HÔTEL DE LA RECONCE
Hotel de charme mit tollem Restaurant in Poisson, in dem zeitgemäß leicht gekocht wird.
www.hotelreconce.com

HÔTEL RÉGINA
Imposanter Belle-Époque-Dinosaurier mit Eckkuppel und coolen, modernen Zimmern in Le Puy-en-Velay. Toll: das Restaurant im Erdgeschoss.
www.hotelrestregina.com

Von Autun bis Le Puy-en-Velay sind die romanischen Kirchen wahre Schatzkammern.

Größte Attraktion von Autun: das Tympanon der Kathedrale Saint-Lazare

1

AUTUN

DAS TOR ZUM MORVAN

Der römische Kaiser Augustus hat Augustodunum 10 v. Chr. gegründet. Über die antiken Mauern ist Autun kaum herausgewachsen. Was nicht heißt, dass die Stadt klein wäre. Nach Nîmes war Augustodunum die zweitgrößte Stadt der Provinz Gallien.

Die mittelalterliche, mit 23 Türmen bestückte Mauer entspricht ungefähr dem Verlauf der römischen Befestigungen. Von der Bedeutung des antiken Augustodunum künden das größte antike Theater Galliens, die beiden Stadttore, der Janustempel sowie die Pyramide von Couhard, ein Grabmal aus dem 1. Jahrhundert n. Chr. Heute präsentiert sich Autun als »Tor zum Hoch-Morvan«. Die dunklen Wälder, der dunkle Granit, denen das Mittelgebirge den Beinamen *la montagne noire* verdankt, reichen fast bis an das Kirchenschiff von Saint-Lazare heran. Der nadelspitze Vierungsturm der romanischen Kathedrale setzt ein Ausrufezeichen in die verschachtelte Dächerlandschaft. Im Roman *Ein Spiel und ein Zeitvertreib* lässt der amerikanische Schriftsteller James Salter seinen Helden in ein Haus im Schatten von Saint-Lazare ziehen, bevor er abreist, ohne die Rätsel der Stadt zu enthüllen. Geblieben ist hingegen Hisao Takahaski. Der Absolvent der Kunsthochschule Tokio lebt in der Tour des Ursulines aus dem 12. Jahrhundert. Als Restaurator mittelalterlicher Fresken hat sich Takahaski einen Ruf weit über Autun hinaus gemacht. Den Turm selbst malt der Japaner seit Jahren mit einem monumentalen Fresko aus.

TIPP

BIBRACTE

Auf dem 821 Meter hohen Mont Beuvray (26 km westlich) lag die gallische Siedlung Bibracte (2.–1. Jh. v. Chr.). Vercingetorix soll hier die gallischen Stammeshäuptlinge zum Kampf gegen Rom versammelt haben. Nach und nach wird Bibracte wieder ausgegraben. Ein Parcours führt durchs Grabungsfeld, und das hypermoderne Musée de la Civilisation celtique zeigt die Funde. www.bibracte.fr

2

Bezaubernd: die Operettenarchitektur von Vichy

VICHY

WELCHE QUELLE DARF'S DENN SEIN?

Vichy und seine Quellen sind eine Wissenschaft für sich. Es gibt scheußlich schmeckende wie die Source Hôpital, übelriechende wie die Grande Grille, bei Hautleiden angezeigte wie die Source Lucas. Und es gibt die Erinnerungen an dunkle Jahre.

Ein paar hundert lackierter Metallstühle stehen um den Musikkiosk in Halbkreisen … Auf allen sitzen Menschen, die gewichtig auf die Stille warten …« Sommer 1967, Kommissar Maigret macht eine Kur in Vichy. Sein Erfinder Georges Simenon hatte im Jahr zuvor im mondänen Kurort logiert. Heraus kam ein neuer Krimi: *Maigret in Kur*. Lanciert wurde Vichy durch Napoleon III. Der Kaiser ließ den Ort zur Sommerfrische im Operettendekor des *Second Empire* aufmöbeln, mit Casino und Jugendstil-Opernhaus. Vichys schwarzer Fleck auf der weißen Bäderstadtweste heißt Marschall Pétain. Frankreichs Held von Verdun empfahl sich nach der französischen Niederlage 1940 durch die Freundschaft zu Franco als Vasall Hitlers. Im Juli 1940 zog Pétains Regierung der Kollaborateure in die Stadt des organisierten Müßiggangs. Jedes bessere Hotel von Vichy war plötzlich ein Ministerium. Das Kriegsministerium im »Thermal«, Justiz im »Carlton«, die Marine im »Helder«. *État français* hieß der Marionettenstaat von Hitlers Gnaden, der eigenständig genug war, Tausende Juden für die Deportation ins Konzentrationslager zusammenzutreiben. Eine Plakette im Innenhof des ehemaligen Hôtel du Parc erinnert an die Opfer.

TIPP

GRAND CASINO-THÉÂTRE-OPÉRA

Das 1865 im trompetenden Pomp des Second Empire gebaute Grand Casino war mit Spielsälen, Bühne, Ballsaal das erste seiner Art in Frankreich. In den Jahren von 1900 bis 1903 wurde das Théâtre-Opéra im nun modernen Art Nouveau angebaut, dessen überbordende Hauptfassade sich zum Parc des Sources öffnet. www.vichy-patrimoine-mondial.com/patrimoine/grand-casino

3

CLERMONT-FERRAND

REIFEN UND ROMANIK

Als Cité du pneu, Stadt des Reifens, gilt Clermont-Ferrand, seit die Gebrüder Michelin hier 1895 den Autoreifen mit Luftkammer auf den Markt brachten. Seitdem gibt der Reifenhersteller den Ton in der Hauptstadt der Auvergne an. Den Ton für den Sonderweg der Romanik in der Auvergne gibt hingegen Notre-Dame-du-Port an: Die Besichtigung ist ein Muss!

Die Altstadt entpuppt sich mit Gassen, Brunnen, Plätzen, UNESCO-geschützter Romanik und herrschaftlichen Palais als eine der schönsten Überraschungen der Route. Mittendrin schießt die Kathedrale empor, ein himmelstürmendes Gebirge aus Lava, so schwarz wie ein Autoreifen. In Eric Rohmers Film *Meine Nacht mit Maud* von 1969 spielt Jean-Louis Trintignant einen leitenden Michelin-Angestellten im winterlichen Clermont-Ferrand, der die Welt zwischen Vancouver und Valparaiso bereist hat. Rohmer ließ den Schauspieler vom Schnee träumen, der wie bestellt in der Stadt mit den wenigsten Reisebüros pro Einwohner in ganz Frankreich, in dicken weißen Flocken über der lavaschwarzen Stadt fiel. Wie hoch der Schnee hier vor dem Klimawandel fallen konnte, zeigt sich am Nordportal der Kathedrale. Auf ungefähr zwei Metern Höhe markiert ein in den Stein geritztes Zeichen die Schneehöhe des Winters 1833.

Sonderweg der Romanik

So weit, so gut. Die Kathedrale aber ist gotisch und inspiriert sich an Vorbildern in der Île de France. Für Kunsthistoriker wesentlich bedeutender ist die Basilika Notre-Dame-du-Port im Norden der Altstadt. Das romanische Gotteshaus zählt zu den fünf Signalbauten der auvergnatischen Romanik. Sie alle liegen im Département Puy-de-Dôme, und damit im Gebiet der Diözese Clermont. Alle fünf entstanden zudem fast zeitgleich zwischen dem Ende des 11. und der ersten Hälfte des 12. Jahrhunderts. Die Vermutung liegt daher nah, dass dieselben Baumeister, Steinmetze und Glasmaler am Werk waren. Denn was die Kirchen miteinander verbindet, ist die Einheitlichkeit der Architektur: dreischiffiger Grundriss, Tonnengewölbe, achteckiger Glockenturm, das sogenannte Massif Barlong – ein auf das Querschiff gepfropfter eckiger Baukörper, aus dem der Turm aufsteigt. Weitere Merkmale sind die runde Apsis mit säulengetragenem Chorumgang und Kapellenkranz, der formenverliebte, expressive Kapitellschmuck, ein klobiger Narthex, schließlich die zu geometrischen Mustern zusammengesetzten Fassadenmosaike aus rabenschwarzem Basalt und hellem Sand- oder Kalkstein.
In die meisten romanischen Kirchen der Auvergne geht es durch eine unscheinbare Seitentür. Notre-Dame-du-Port in Clermont-Ferrand macht bei der Lage der Eingangstür keine Ausnahme, doch in diesem Fall krönt ein Tympanon den Zugang. Merke, wir stehen immerhin vor der einstigen Hauptkirche der Diözese. Hier ließ Papst Urban II. Ende des 11. Jahrhunderts auf dem Konzil von Clermont zum Ersten Kreuzzug aufrufen. »Gott will es!« begründete das Kirchenoberhaupt die Aufforderung zum Waffengang, der wenige Jahre später zur der blutigen Eroberung Jerusalems führte. Tausend Jahre später folgt ganz Clermont-Ferrand dem Ruf der Place de Jaude, die von den Clermontois schlicht Jaude genannt wird. Am südwestlichen Rand der Altstadt blühen im Frühjahr auf der verkehrsberuhigten Esplanade die Paulownien lilablau. Ringsherum reihen sich Belle-Époque-Kaufhäuser, Kinos, Cafés, Brasserien, das Theater in der ehemaligen Tuchhalle. Mitten auf dem weiten Areal steht die Statue des Keltenfürsten Vercingetorix, der auf dem Mont Beuvray bei Autun zum Kampf gegen Cäsar aufgerufen hat. Kurzum, hier schlägt das Herz des gesellschaftlichen Lebens der Stadt. Das ist ein idealer Abschlusspunkt, um die Besichtigung auf einer Caféterrasse ausklingen zu lassen.

↑ Die ratzekahlen Vulkanhügel der Auvergne laden zum Abheben ein.
← Schwarz wie der Lavabasalt, aus dem sie gebaut wurde, ist die Kathedrale von Clermont-Ferrand. Und zudem gotisch, was in der Auvergne die Ausnahme ist.

TIPP

ESPACE PATRIMOINE

Als die fünf Hauptwerke der auvergnatischen Romanik gelten Notre-Dame-du-Port in Clermont-Ferrand, Saint-Austremont in Issoire, Notre-Dame in Orcival sowie die Dorfkirchen von Saint-Saturnin und Saint-Nectaire. An die 250 weitere romanische Kirchen zeugen vom Sonderweg der Romanik in der Auvergne. Mehr dazu im Ausstellungszentrum im ersten Stock der Maison du Tourisme.
www.clermontauvergnetourisme.com/de/fiches/espace-patrimoine

PUY DE DÔME

In langen Kurven schraubt sich die Panorama-Zahnradbahn vom Font de l'Arbre bei Orcines auf den 1465 Meter hohen Puy de Dôme hoch, der so etwas wie der Hausberg von Clermont-Ferrand und höchster Punkt der rund 80 Vulkankrater umfassenden Monts Dôme ist. Im Westen schrumpft Clermont-Ferrand mit jedem Kilometer mehr auf Spielzeugkastengröße. Oben angekommen, baut sich, so weit das Auge reicht, die bedeutendste Vulkanlandschaft Europas am Horizont auf. Die kahlen Graskuppen mit der typischen, trichterförmigen Einstülpung am Gipfel und dem Wald, der wie ein Haarkranz bis auf halbe Flankenhöhe ansteigt, bilden Frankreichs ausgedehntesten Naturpark und gehören darüber hinaus zum Welterbe der UNESCO.
www.panoramiquedesdomes.fr

NICHT NUR ZU HIMMELFAHRT

Mariä Himmelfahrt in Le Puy-en-Velay: Wie jedes Jahr stellen sich die 19 000 Einwohner auf eine ebenso große Schar von Gläubigen ein. Die Stadt im Süden der Auvergne ist seit Jahrhunderten Ausgangspunkt der größten Marienprozession Frankreichs. Und lohnt den Besuch auch an jedem anderen Tag.

Nichts vermag eine Vorstellung von der Schönheit des Bassins von Le Puy vermitteln: Es ist nicht die Schweiz, denn es ist weniger schrecklich; es ist nicht Italien, denn es ist viel schöner; es ist mitten in Frankreich, mit all seinen erloschenen Vesuven und bedeckt mit einer grandiosen Vegetation.« So schrieb die Chopin-Geliebte Georges Sand 1860 in ihrem Roman *Jean de la Roche* über die Hauptstadt des Département Haute-Loire, um die Hunderte von Vulkankegeln wie die Schlote eines prähistorischen Manchesters emporragen. Der satte Regen, der die Auvergne ganzjährig berieselt, lässt die Krater in allen nur erdenklichen Grünschattierungen schimmern.

4

↑ Mehr Panorama als von der Plateforme des Rocher Corneille geht nicht. Das Vulkanezählen kann beginnen!
↙ Der Rocher Saint-Michel-d'Aiguilhe ist nur einer von vielen Aussichtspunkten in und um Le Puy-en-Velay. Hoch geht es zu Fuß. Runter übrigens auch.

Le Puy-en-Velay, wie die Stadt mit komplettem Namen heißt, aber ist so schwarz wie die Lava der Auvergne, aus der sie gebaut wurde. Was auch für die monumentale Brunnenanlage auf der Place du Breuil gilt, die den weiten Platz seit 1859 ziert. Am 15. August, dem großen Tag der Marienprozession, ist rund um die Brunnenanlage der Teufel los. Der Bischof von Le Puy verliest ein Grußwort des Papsts. Die Damen des Malteser Ritterordens zupfen die schwarzen Spitzenschleier zum Schutz gegen die Augusthitze zurecht. Dann heben die Brüder vom Orden der weißen Büßer das Standbild von Notre-Dame-du-Puy auf die Schultern. Im Triumphzug wird die zum Festtag in weiße Seide gekleidete schwarze Madonna durch die Straßen getragen. Am Straßenrand singen die Gläubigen ein Salve Regina.

Nach der Prozession wird in den Restaurants eine »Jésus« genannte Wurst mit einer *Potée* aus grünen Linsen der *Appellation d'Origine Protégée Lentilles Vertes du Puy* serviert. Seit 1935 tragen die grünen, kleinen Linsen aus Le Puy das Label der geschützten Herkunft. Das Anbaugebiet ist somit klar eingegrenzt. Der delikate, leicht süße Geschmack geht auf den ungewöhnlich hohen Gehalt an Eisen und Magnesium zurück.

Der Marienkult reicht bis in die erste nachchristliche Jahrtausendwende zurück. Im Hochmittelalter sprach man von Le Puy-Sainte-Marie, das darüber hinaus Ausgangspunkt der Via Podensis, einer der wichtigsten Jakobspilgerrouten, war. Damals hatte sich die Stadt, die in der Antike auf dem antiken Mons Podium entstanden war, über die spitzen, von Kapellen und Madonnendenkmälern gekrönten Basaltnadeln und -kuppen ringsherum, den *puys*, ausgebreitet. Markante Denkmäler krönen einige Puys. Hoch über dem Zentrum etwa segnet Notre-Dame-de-France mit stählerner Hand die Dächer. Napoleon III. hat für den Guss der Kolossalstatue auf einem Puy die Kanonen spendiert, die die französische Armee bei der Einnahme der russischen Stadt Sebastopol 1855 erbeuten konnte. Heraus kam eine Art Freiheitsstatue des französischen Katholizismus, die begehbar ist. Aus den Aussichtsluken im Torso schweift der Blick über eine Stadt, die wie eine Welle gegen die lavaschwarze Kathedrale brandet.

Der Kirchenbau mit dem majestätischen Westwerk und einer Monumentaltreppe hütet die berühmte Statue der Schwarzen Madonna von Le Puy-en-Velay, allerdings nicht die originale, von Ludwig IX. der Stadt überreichte Statue. 1794 haben Revolutionäre die erste Statue von Notre-Dame-du-Puy auf einem vor dem Rathaus errichteten Scheiterhaufen verbrannt. Auf den Tag genau 50 Jahre später weihte der Bischof eine ebenfalls schwarze Madonna zur Nachfolgerin. Die Rolle von Le Puy als dem Ort der wichtigsten Marienprozession Frankreichs war bis auf Weiteres gesichert.

TIPP

CITÉ EPISCOPALE

Zum bischöflichen Bezirk, der wie ein kleiner Vatikan die Altstadt beherrscht, zählen die romanische Kathedrale Notre-Dame mit byzantinischen Stilelementen und »Papstportal« aus dem späten 12. Jahrhundert, der ebenfalls romanische Kreuzgang des Klosters auf der Nordseite der Kathedrale, die Reliquienkapelle, ein Baptisterium aus dem 10. bis 11. Jahrhundert, der in der ehemaligen Salle des États du Velay (Ständeversammlungssaal) ausgestellte Schatz der Kathedrale mit Reliquiaren, Tapisserien, Gemälden, Sakralgewändern, der Maison du Prieur, ehemals Residenz des Verwalters des Baptisteriums, der Rocher Corneille mit der begehbaren Kolossalstatue Notre-Dame-de-France. Zur größten Marienprozession zu Mariä Himmelfahrt ist der Bezirk das Epizentrum der Feierlichkeiten.
www.cathedraledupuy.org

ROCHER SAINT-MICHEL-D'AIGUILHE

Für die Mühen der zehnminütigen Besteigung der schlanken Basaltnadel im Norden der Stadt entlohnt ein grandioser Ausblick auf Le Puy-en-Velay. Auf dem engen Gipfel staucht sich eine romanische Kapelle aus dem 11. Jahrhundert mit herrlichem Bodenmosaik und Wandmalereien.
www.rochersaintmichel.fr

Ganz großes Landschaftskino: Die »auvergnatische Wüste« ist eine endlose Kette kahler, bis an den Horizont davonrollender Vulkangipfel.

AUF DEN SPUREN DER HUGENOTTEN

»Auf den Spuren der Hugenotten« – so nennt sich eine Route, die den Fluchtwegen der verfolgten französischen Protestanten folgt. Ursprünglich für Wanderer angelegt, ist sie auch ein erlebnisreicher Roadtrip durch die grandiosen Landschaften der Départements Drôme und Isère sowie eine Zeitreise durch ein kaum bekanntes Kapitel der Geschichte Europas.

Als Ludwig XIV. im Oktober 1685 das Edikt von Nantes widerrief, endete die von Heinrich IV. gewährte Glaubenstoleranz. Mit Dragonern ließ der von Gott erwählte Sonnenkönig Ludwig Andersgläubige verfolgen. Trotz des königlichen Verbots, das Land zu verlassen, gelang 300 000 Protestanten die Flucht. Das Ende der Hugenotten besiegelte das Gnadenedikt von Alès, das ihnen jegliche Macht nahm.

Für uns geht es von Alès auf der D16 – die Hänge der Cevennen stets im Blick – bis Rochegude, von dort auf der D979 Barjac und weiter auf der D579 nach **1 Vallon-Pont-d'Arc**, die D4 säumt dort als Panoramastraße die Schluchten der Ardèche. In Bourg-Saint-Andéol lohnt sich ein Stadtbummel, ehe es – nun im breiten Tal der Rhône auf Frankreichs legendärer Ferienstraße N7 gen Norden bis Malataverne geht, wo wir auf die D126 wechseln und ihr bis zur Einmündung auf

Wein-Abtei in Frankreichs Alpen: die Abbaye d'Hautecombe am größten See Frankreichs, dem Lac du Bourget

die D540 folgen, die uns nach **2 Le Poët-Laval** bringt, einst eine Hochburg des Exodus. Die D540 erreicht dann die alte Töpferstadt Dieulefit. Die D153 und D93 bringen uns nach Die. Die alte Stadt hat hinter ihren Stadtmauern ein reiches Erbe der Hugenotten bewahrt. Doch berühmter ist Die für das Prickeln seiner Clairette. Diesen aromatischen Sekt liebte schon Plinius! Über D93 und D539 erreichen wir nach 15 Kilometern das mittelalterliche Châtillon-en-Diois, dessen Bewohner vor den Kämpfen der Feudalherren im Tal auf eine Bergkuppe flohen. Die Weinberge des Pays Diois ringsum gehören zu den höchstgelegenen Rebgärten Frankreichs. Auf der D120 beginnt die ersten Bergetappe, der Anstieg zum Col de Menée. Über den 1457 Meter hohen Pass brachten die Händler im Mittelalter mit Maultieren den Wein aus Die hinüber in die Trièves und kehrten mit Getreide, Stoffen und Nägeln zurück. Die D7 führt hinab nach Clelles, wo die Laiterie du Mont Aigu-

INFO

Start: Alès
Ziel: Seyssel
Länge: 500 Kilometer
Dauer: eine Woche
Beste Reisezeit: Juni–September

Sumpfgebiet im Süden des Lac du Bourget: ein wichtiger Rastplatz für Zugvögel

ille köstlichen Käse herstellt. Von Clelles geht es ein kurzes Stück auf der D252 weiter, ehe man auf die D526 wechselt und Mens erreicht. Über dem »kleinen Genf der Alpen« ragt der Gipfel des Châtel auf. *Le Bonnet de Calvin* heißt die Spitze im Volksmund, erinnert doch die ungewöhnliche Form an die Kappe des berühmten Reformators! Herrlicher Rundblick vom Gipfel der Süd-Dauphiné auf den Obiou, die Écrins und den Vercors. Im Frühling blühen dort seltene Orchideen. Von Mens führt die D529 vorbei an Saint-Jean-d'Hérans nach La Mure mit seiner von 30 Kalksteinsäulen getragenen Markthalle. Die N85 ist die Sprintstrecke zu den drei Seen des Plateau des Matheysin, entstanden durch das Schmelzen von Gletschern. Eingebettet sind sie in die *bocage*, eine Heckenlandschaft mit reicher Fauna und Flora. Laffrey kennt jeder Franzose aus dem Schulunterricht. Als Napoleon im März 1815 sich von der Insel Elba auf den Weg nach Paris machte, stand ihm in Laffrey die Armee Ludwigs XVIII. gegenüber, die seinen Marsch auf die Hauptstadt verhindern sollte. Doch Napoleon trat vor die Soldaten und rief ihnen zu: »Soldaten, wenn einer unter euch ist, der seinen General töten will – hier bin ich!« Mit dem Ruf »Es lebe der Kaiser« warfen die Soldaten ihre Fahnen nieder und liefen zu Napoleon über. Sein Reiterstandbild markiert in Laffrey diesen historischen Wendepunkt. Über die N85 und D5 ist in rund 30 Minuten **3 Grenoble** erreicht.

Majestätische Bergkulisse

Gleich drei imposante Bergmassiv umgeben die Alpenmetropole. D57 und D512 führen hinein in die Chartreuse und mitten durch das Massiv hoch zum Col du Cucheron (1139 m). 15-mal war der Bergpass ein Höhepunkt bei der »Tour de France«. Hinab nach **4 Chambéry** führt die D912. Die alte Hauptstadt von Savoyen galt als Hochburg des Katholizismus. Doch Genf war nah und Calvins Einfluss stark. Die Politik gegenüber den Protestanten schwankte daher zwischen Repression und Wohlwollen. Nicht wenige Bürger wechselten wie Jean-Jacques Rousseau damals je nach politischer Lage die Religion. Als Protestant geboren, nahm er mit 16 Jahren den katholischen Glauben an, ließ sich taufen – und kehrte später zu seinen calvinistischen Wurzeln zurück. Wer durch Chambery bummelt, sollte Rousseaus *Träumereien eines einsamen Spaziergängers* lesen. Sie verraten viel über das damalige Leben dort. Auf der N201 erreichen wir zwölf Kilometer nördlich Le Bourget-du-Lac am Südufer des größten eiszeitlichen Sees Frankreichs. Im Sommer kann man im Strandbad dort ins erfrischende Nass springen. Die Ufer des Sees säumten in der Jungsteinzeit mehrere Pfahldörfer. Später gab Thomas II. dort eine Burg in Auftrag, deren Ruine derzeit restauriert wird. Dorthin führt ein grüner Pfad über Waldboden und Holzbohlen. Le Bourget war im 17. Jahrhundert ein wichtiger Hafen im Fluchtnetz der Hugenotten: Hier bestiegen alle jene, die sich es leisten konnten, das Boot und fuhren über den See und durch den Canal de Savière zur Rhône und weiter bis ins sichere Genf. An Land führte ihre Reise weiter nach Aix-les-Bains und schließlich nach Seyssel, heute von Chambéry bequem auf der D991 zu erreichen. In Seyssel kamen früher das ganze Jahr auf der Rhône die Salzzüge an, die das Salz der Camargue in den Norden brachten. Während der Hugenottenflucht transportieren sie Menschen statt Salz nach Seyssel. Dort erwarteten sie bereits Kutschen und Fuhrwerke, die sie in sechs Stunden ins sichere Genf brachten. Gerettet!

RESTAURANTS / ÜBERNACHTUNGEN

EINKEHREN

LE CAFÉ DES LYS

Eine frische, raffinierte Bioküche mit Zutaten aus der Drôme, gelegentlich garniert mit Konzerten. So hat das Café die Herzen der Einheimischen in Die erobert.
www.lecafedeslys.com

CAFÉ DE LA TABLE RONDE

Das 1739 gegründete Kaffeehaus ist nach dem Procope von Paris das älteste Café Frankreichs – und eine Institution in Grenoble.
www.restaurant-tableronde-grenoble.com

LE 5

Auf der Karte des Restaurants in Grenoble steht allerfeinste Bistronomie. Küchenchef Mohammed Jaziri bereitet Klassiker wie Côte de Bœuf ganz authentisch zu. Seine Kreativität beweist er bei jahreszeitlich inspirierten Gerichten.
www.le-5.fr

RESTAURANT LE CALYPSO

Seelokale sind meist teuer. In diesem Lokal von Le Bourget-du-Lac stimmen Preis und Leistung. Die Bedienung ist freundlich und schnell, die Karte klein, die Küche raffiniert, die Aussicht auf See und Hafen traumhaft.
www.facebook.com/le.calypso.73

ÜBERNACHTEN

HÔTEL LES HOSPITALIERS

An der Commanderie de Malte von Le Poët-Laval beherbergen vier rustikale Natursteinhäuser heute diesen gemütlich-nostalgischen Landgasthof mit Terrasse im Innenhof und Schwimmbad.
www.hotel-les-hospitaliers.com

CAMPING LE LAC BLEU

Der familiäre Campingplatz mit Pool und Spielplätzen liegt bei Châtillon-en-Diois direkt an einem türkisblauen Badesee.
www.camping-lacbleu.fr

HÔTEL LE TRAINEAU

Ein Treff von Motorradfahrern, die durch die Berge kurven, ist das familiäre Hotel von Isa und Hervé in Clelles. Die Zimmer sind einfach, sauber und ruhig; die Küche ist köstlich!
www.letraineau.com

HÔTEL 1924

Das Boutiquehotel liegt ausgesprochen zentral zwischen dem Bahnhof von Grenoble und dem Verkehrsknotenpunkt Place Victor Hugo. Es überzeugt durch pfiffige neue Ideen, 37 komfortable Zimmer – und sehr freundliches Personal.
www.1924hotel.com

PARK HÔTEL GRENOBLE – MGALLERY

Seit seiner Eröffnung 1961 durch die Familie Ducret ist das Luxushotel eine Institution in Grenoble. Die Lyoner Architekten Les Héritiers haben es einmal rundum stylish renoviert.
https://all.accor.com

HÔTEL ET SPA LES PRINCES

Nostalgisch oder modern, Doppelzimmer oder Loft: Das zentral gelegene Drei-Sterne-Haus in Chambéry bietet für jeden Geschmack eine passende Unterkunft und sorgt mit Spa und Sauna für Entspannung.
www.hoteldesprinces.com

Reblochon wird aus dem Ertrag des zweiten Melkens (frz. *reblocher)* gefertigt.

In vielen Mäandern hat sich die Ardèche in den Kalk gefräst.

1

VALLON-PONT-D'ARC

DIE SCHLUCHTEN DER ARDÈCHE

Kaum ein Wahrzeichen der Ardèche-Schlucht ist so berühmt wie der imposante Natursteinbogen des Pont d'Arc, zu dessen Füßen gepaddelt und gebadet wird. Bereits in der Urzeit fühlten sich die Menschen dort wohl, verrät die Welterbe-Höhle Grotte Chauvet.

Ganze 54 Meter hoch spannt sich der Bogen des Pont d'Arc aus hellem Kalk über die Ardèche und markiert den Eingang zu den 30 Kilometer langen, spektakulären Schluchten der Ardèche. Der Natursteinbogen ist das weltberühmte Wahrzeichen der Gorges de l'Ardèche – und wurde einem Ort in nächster Nähe angehängt, um neugierige Urlauber auch dorthin zu locken. Denn das 2300-Einwohner-Dorf ist ebenfalls sehr sehenswert. Bereits zu Römerzeiten existierte es und war damals ein befestigtes Lager einer Legion, die die Heer- und Handelsstraße von Nîmes nach Alba-la-Romaine schützte. Bis heute sind dort Spuren der Römerzeit zu finden. Mit der Reformation wurde das Dorf protestantisch, und die französischen Religionskriege tobten im Dorf. Doch der Widerstand der Hugenotten wurde gebrochen. 1621 besetzten katholische Truppen das Dorf. Sieben Jahre später ließ Ludwig XIII. die Befestigungen schleifen, forderte von Vallon ein hohes Strafgeld und ließ als Zeichen seiner Macht ein neues Schloss errichten. Heute dient es als Rathaus. Dass bereits in der Vorzeit hier Menschen lebten, entdeckte Jean-Marie Chauvet im Dezember 1994. Die nach ihm benannte Höhle birgt die weltweit älteste Höhlenkunst. Um sie nicht zu zerstören, wurde 2015 die originalgetreue Rekonstruktion Grotte Chauvet 2 Ardèche für Besucher eröffnet.

TIPP

LES GORGES D'ARDÈCHE

In Vallon-Pont-d'Arc starten Paddeltörns durch die Ardèche-Schluchten. Profis schaffen die 30 Kilometer lange Strecke durch die Schlucht mit ihren 25 Stromschnellen in sieben Stunden. Genießer lassen sich zwei Tage Zeit.

2

Le Poët-Lavals Mauern haben sich ihren mittelalterlichen Charme bewahrt.

LE POËT-LAVAL

INSPIRIEREND!

Rund 20 km von Montélimar entfernt, thront Le Poët-Laval hoch über dem Tal des Jabron. Das Bilderbuchdorf war früher eine bedeutende Komturei des Hospitaliterordens und Hochburg der Hugenotten in der Drôme. Heute inspiriert es die Künstler.

Im Sommer blühen die Lavendelfelder rings um Le Poët-Laval. Im Winter indes pfeifen eiskalte Winde durch das alte Dorf und legen mitunter eine Schneehaube auf seine trutzigen Feldsteinhäuser. Im Schatten von Burgschloss und romanischer Kirchenruine drängen sie sich auf einem bewaldeten Felsausläufer hoch über dem Jabron. Im 12. Jahrhundert war der Ort Sitz der Commanderie de l'Ordre des Hospitaliers de Saint-Jean-de-Jérusalem. Unter den Maltesern stieg er zur größten Komturei der Provence auf. Nach dem Widerruf des Ediktes von Nantes 1685, das die Religionsfreiheit zugesichert hatte, flohen die Protestanten aus ihrer Hochburg. Le Poët-Laval verfiel zusehends. Heute lädt das 1961 gegründete Musée du Protestantisme Dauphinois dazu ein, ihre Geschichte zu entdecken. In den 1970er-Jahren entdeckten Künstler den Charme des Ortes. Seit 1995 zeigt das Centre international d'art et d'animation Raymond du Puy Themen- und Einzelausstellungen zu französischen und internationalen Künstlern der Gegenwart. Berühmte Maler wie der französische Spätimpressionist Pierre Bonnard waren dort ebenfalls schon zu sehen. Ausgestellt wurden auch Werke des tschechischen Bildhauers Ivan Theimer. Seit 1970 lebt der Künstler in Le Poët-Laval und lässt sich von den Landschaften der Drôme und ihrer Geschichte inspirieren.

TIPP

LA VIEILLE MULE

Craft-Beer boomt in Frankreich. Zu den besten Minibrasserien des Landes gehört La Vieille Mule. Aus Quellwasser und lokalem Malz stellen Rémi Jacquier und Cynthia Guerrero ihre Biere her: blond, weiß und bernsteinfarben, Indian Pale Ale und Saisonbiere. www.lavieillemule.com

DIE GRÜNE ALPENMETROPOLE

Grenoble ist das Herz der französischen Alpen. Am Zusammenfluss von Drac und Isère pulsiert die Metropole, strotzt vor Lebenslust, bewahrt voller Stolz ihr Erbe aus 2000 Jahren – und wagt mutig Neues in Wirtschaft, Kultur, Kunst und Politik.

3

Bis heute ist die Stadt gern rebellisch. 1763 lehnten sich die Grenoblais gegen die königlichen Steuern auf. 1788 verteidigten sie ihr Parlament erfolgreich gegen die Anordnung von Ludwig XVI., alle souveränen Ständeversammlungen zu schließen. Als am 7. Juni 1788 die Truppen kamen, um den Befehl umzusetzen, kletterten die Einheimischen auf die Dächer und warfen tönerne Dachpfannen auf die Soldaten. Als Journée des Tuiles ging die Revolte in die Geschichte ein.

Aus Tradition innovativ

1803 entstand der erste Arbeiterverein *(mutuelle ouvrière)* in Grenoble. Nach dem Zweiten Weltkrieg wurde die Stadt als eine von fünf Städten zum »Compagnon de la Libération« ernannt. Mit dieser Auszeichnung ehrte Staatspräsident Charles de Gaulle Personen, Ortschaften und militärische Einrichtungen, die sich während des Zweiten Weltkriegs um die Befreiung Frankreichs verdient gemacht hatten. 1968 veranstaltete die Stadt die ersten Olympischen Winterspiele, die im TV in Farbe übertragen wurden. Im 21. Jahrhundert stellte Grenoble 2005 den ersten Klimaplan einer französischen Stadt auf, weihte 2010 mit *Caserne de Bonne* Frankreichs erstes Ökoquartier ein und verbannte 2020 eine Ikone der französischen Esskultur aus allen städtischen Küchen: die Stopfleber. 2022 zeigte Grenoble als Umwelthauptstadt Europas, wie Zukunft gestaltet wird. Ihr grüner Wandel bringt deutlich mehr Lebensqualität: Die Luft ist sauberer geworden, Smog gibt es nur noch selten. Fast die ganze Innenstadt ist verkehrsberuhigt und lädt zum Flanieren ein. Einmal quer durch die gesamte Altstadt verläuft die Grande Rue. Die beliebte Shoppingmeile beginnt an einem charmanten Brunnenplatz, an dem die Einheimischen am 19. Juni 1889 eine wahre Erleuchtung erlebten: Auf der Place Grenelle wurde nämlich die erste Straßenbeleuchtung der Stadt in Betrieb genommen.

Bauerbe aus 2000 Jahren

Die Place aux Herbes ist der älteste Platz von Grenoble. Vormittags findet dort ein kleiner Markt statt. Mittags stärken sich die Einheimischen bei Jean-Philippe Perrin, der seit 1996 im L'Épicurien Traditionsküche mit Rind und Ente, Trüffeln und *foie gras* serviert. Das nordöstliche Ende der Grande Rue markiert einer der schönsten Plätze der Stadt: die Place Saint-André mit dem Ancien Palais du Parlement. Seine Fassade lohnt einen genaueren Blick. Nicht nur der Stein, sondern auch der Stil ist unterschiedlich: links gotische Flamboyanz, rechts Frührenaissance. Bis 2002 befand sich auf dem großen Stadtplatz das Gericht. Die Einheimischen nennen den schönen Platz daher auch Place du Tribunal. Oder kurz: *le trib.* Mitten auf dem Kopfsteinpflaster ehrt ein Denkmal Pierre du Terrail, Chevalier de Bayard (1476–1524) als *Chevalier sans peur et sans reproche*, kurzum als »Ritter ohne Furcht und Tadel«. Als Bayard starb – an einen Baumstamm gelehnt, das Gesicht dem Feind zugewandt – endete eine ganze Epoche. Das Aufkommen von Handfeuerwaffen, Kanonen und eine wendige Artillerie hatte den Ritter hoch zu Ross ab 1500 zum Anachronismus gemacht. Noch berühmter ist ein Einheimischer, der im Jahr 1783 unter dem Namen Marie-Henri Beyle in der Rue Jean-Jacques Rousseau geboren wurde: der Dichter Stendhal. »Am Ende jeder Straße ein Berg ...«, so beschrieb er seine Geburtsstadt, mit der ihn eine Art Hassliebe verband. Im Eckhaus an der Grande Rue 20, der Maison Stendhal, verbrachte der Dichter einen Teil seiner Kindheit. In der Wohnung von Doktor Gagnon, Stendhals Großvater mütterlicherseits, erinnert seit 2012 ein Stendhal-Museum an den Dichter. Es zeigt einen Salon im italienischen

↗ Der Markt von Grenoble: ein Fest für alle Sinne
← Die Bläschen *(les bulles)* auf dem Weg zur Bastille. Von oben eröffnen sich weite Ausblicke auf die Stadt und die drei umgebenden Massive.

SNEK

Stil, ausgestopfte Tiere und Mineralien im naturwissenschaftlichen Kabinett sowie das Studierzimmer mit der Bibliothek von Gagnon und Werken von Stendhal. Nur wenige Schritte weiter befindet sich die beste Buchhandlung der Stadt, die Librairie Arthaud, die auch architektonisch sehr interessant ist. Sie gehört zu den wenigen Orten, wo noch ein Innenhof mit Treppenaufgang zu sehen ist, wie er in der Zeit der Renaissance Mode war.

Das Schicksal der Hugenotten

Am Kreuzungspunkt zahlreicher Handelswege gelegen, war Grenoble bereits im Mittelalter ein Schmelztiegel von Kulturen, Küchen und Ideen. Nach der Reformation ließen sich zahlreiche Hugenotten dort nieder und waren dort vor allem in Stoff und Leder verarbeitenden Berufen wie Handschuhmacher tätig. Ihr Know-how machte Grenoble zum Zentrum für allerfeinste Handschuhe aus Zicklein-Leder *(chevreau)*. Im 19. Jahrhundert war jede zweite Familie mit der *ganterie*, der Handschuh-Fertigung, befasst. 400 000 Handschuhe betrug 1851 die jährliche Produktion. Heute hält Jean Strazerri als letzter Handschuhmacher der Stadt das Traditionshandwerk hoch. Die Hugenotten waren in der Dauphiné geschätzt und konnten dank des Ediktes von Nantes, das Heinrich IV. 1578 erlassen hatte, relativ frei ihren Glauben ausüben. Das Edikt war ein Kompromiss. Und der katholischen Staatsreligion ein Dorn im Auge. Als Ludwig XIV. es 1685 widerrief und den Katholizismus zur Staatsreligion erhob, hatte das katastrophale Folgen für Grenoble. 3000 Protestanten flüchteten vor den Verfolgungen aus Grenoble. Ihr Besitz wurde konfisziert und an die Hospitäler der Stadt verteilt. Wer nicht flüchtete, wurde eingesperrt. Evangelische Gottesdienste wurden verboten, sämtliche reformierte Gotteshäuser zerstört. Auch Auswanderung war ausdrücklich verboten. Dennoch gelang es rund 170 000 Hugenotten, ihre geliebte Heimat zu verlassen und in die umliegenden Länder zu fliehen. Erst seit einigen Jahren arbeitet Grenoble seine Geschichte der Hugenotten auf. Die europäische Weiterwanderroute auf den Spuren der Hugenotten führt einmal mitten durch die Stadt und hin zu Orten, die tief in der Geschichte von Stadt und Kirche verankert sind. Wer sich dafür interessiert, sollte das Musée Archéologique Grenoble Saint-Laurent nicht verpassen. Es ist in der ehemaligen Gemeindekirche Saint-Laurent eingerichtet. Ihre Krypta aus merowingischer Zeit gehört zu den besterhaltenen Zeugnissen der Kunst und Architektur im Frühmittelalter. Nur wenige Schritte entfernt setzt das Musée Dauphinois im einstigen Kloster des Ordens Visitations de Sainte-Marie-d'en-Haut die Zeitreise in der historischen Provinz fort, die 1791 im Zuge der Französischen Revolution auf die Départements Isère, Drôme und Hautes-Alpes aufgeteilt wurde. Ihre Bewohner fühlen sich indes bis heute als Dauphinois und sind wie einst kritisch, kämpferisch und engagiert. Das zeigen auch die Ausstellungen zum Landleben in den Bergen, der Geschichte des Skisports, nachgestelltem Bauernzimmer – und einem großen Glockenspiel, bei dem nach Herzenslust die Glocken von Schaf, Rind und Ziege geläutet werden dürfen!

↖ Typisch für das Bergmassiv der Chartreuse sind die markanten, meist senkrecht abfallenden, bis zu 200 m hohen und oftmals steilgestellten Felswände aus Kalk.
↙ *L'arme de paix* nannte Snek seinen Beitrag zum Street-Art-Festival 2019.

TIPP

SCHWEBEN ZUR BASTILLE

Frisch angekommen in Grenoble? Dann nichts wie hin zu den *bulles*. Als Viererpack sausen die »Bläschen« seit 1934 vom Ufer der Isère hinauf zur Bastille. Nach Rio de Janeiro und Kapstadt besitzt Grenoble die drittälteste städtische Seilbahn der Welt. Von der Festung in 476 Metern Höhe eröffnen sich traumhafte Ausblicke auf Frankreichs größte Alpenmetropole. Gleich drei imposante Massive – Belledonne (2980 m), Vercors (2350 m) und Chartreuse (2082 m) – rahmen die alte Hauptstadt der Dauphiné ein. Der Blick ins Tal spiegelt die Stadtgeschichte. 2000 Jahre alt ist Grenoble und wurde nie im Krieg zerstört. Man kann dort durch das Bauerbe der Jahrhunderte flanieren – bis hin zu den Megabauprogrammen der Moderne. Oder man startet direkt an der Bergstation der Bastille zu Wanderungen. Neben kurzen Rundwegen verlaufen dort auch die Fernwanderwege E4 und GR9. Wenige Schritte weiter findet man Kraxelspaß im Kletterpark Accrobastille. Im Bergwald der Bastille versteckt sich die einzige urbane Via Ferrata Frankreichs, die Prises de la Bastille. Hunger und Durst stillt das Aussichtslokal O2 Téléphérique oder der Kiosk neben der Seilbahnstation.

BEI DEN ELEFANTEN

Alpin, aristokratisch und stets von einem Hauch Italien umgeben: So präsentiert sich bis heute die alte Hauptstadt Savoyens. Ihr Wahrzeichen ist ein bezaubernder Elefantenbrunnen, den der Comte de Boigne seiner Heimatstadt geschenkt hat.

De Borgne, am 8. März 1751 in Chambéry geboren, war der Sohn eines Pelzhändlers aus der Picardie, der in der heutigen Rue Saint-Léger ein Geschäft betrieb. Seine Mutter Hélène Gabet gehörte zu einer der besten Familien in Chambéry. Nach einer turbulenten Jugend, die ihm wegen nächtlicher Ruhestörung sogar Ärger mit der Garde einbrachte, war Benoît de Borgne in Indien im Dienst von Rajah Sindhia zum Oberbefehlshaber der Armee aufgestiegen und hatte seinen Namen in de Boigne umgeändert, um ihn besser der Aussprache der Engländer anzupassen. Zurück in Chambéry, erwies sich der einstige Feldherr als Mäzen und unterstützte mit seinem Vermögen zahlreiche Bauprojekte. Nach seinem Tod ehrte Chambéry seinen Wohltäter mit einem 18 Meter hohen Brunnen, dessen Säule vier Elefanten schmücken – ganz oben thront de Boigne selbst. Der Brunnen markiert den Anfang der Rue de Boigne, die ihr Namensgeber finanzierte – als edle Adresse für die Wohn- und Geschäftshäuser von begüterten Familien. Unter ihren Arkaden ist bis heute die gehobene Lebensart daheim.

TIPP

MAISON DES CHARMETTES
Hier lebte Jean-Jacques Rousseau mit seiner Mätresse Madame de Warens von 1736 bis 1742. Heute erinnert dort ein kleines Museum an den Dichter und Philosophen. Originalgetreu erhalten ist der französische Garten mit Obstbäumen, Heil-, Gemüse- und Gewürzpflanzen.

4

↑ Wahrzeichen von Chambéry: Die fast 18 Meter hohe Fontaine des Éléphants in der Rue de Boigne wurde 1838 zu Ehren von Benoît de Borgne (auch: Leborgne) aufgestellt.
↙ Das Schlafzimmer von Jean-Jacques Rousseau in der Maison des Charmettes

IM SOG DES MISTRAL

Die Provenzalen lassen nur einen Landvermesser für ihre Heimat zu – den Mistral. Soweit der Mistral reicht, reicht auch die Provence, lautet daher das Sprichwort. Das bedeutet von Orange im Norden bis Arles im Südwesten. So weit reicht auch das (fast) ewige Blau des Himmels. Denn der Mistral fegt jede Wolke vom Firmament. Das ist seine gute Seite.

Die böse Seite des Nordwinds ist sein eisiger Atem. Mit ihm faucht er durch das Rhône-Tal, mit ihm herrscht er unerbittlich über die Provence, entfacht er Waldbrände, hält aber auch die über dem Mittelmeer hängenden Wolkengebirge ab, die im benachbarten Languedoc regelmäßig für schwere Überschwemmungen sorgen. Zwischen 150 und 180 Tage im Jahr bläst der Mistral mit weit über 100 Stundenkilometern schnellen Böen über die westliche Provence. Vermutlich entsteht er aus einem Ungleichgewicht zwischen einem Tiefdruckgebiet über dem Golfe de Lion und einem Hochdruckgebiet nördlich des Zentralmassivs.

Sein bevorzugter Windkanal ist das Rhône-Tal, wo der Mistral auf der Höhe von 1 **Orange** in Fahrt kommt und dieser Route Rückenwind verleiht. Bei der Weiterfahrt über die D68 durch die Weinberge des Châteauneuf-du-Pape – das Anbaugebiet umfasst neben Châteauneuf-du-Pape noch einen Zipfel des Stadtgebiets von Orange und die Lagen in den Dörfern Courthézon, Bédarrides und Sorgues – bedecken dicke Kieselsteine die

INFO

Start: Orange
Ziel: Saintes-Maries-de-la-Mer
Länge: 210 Kilometer
Dauer: 4 Tage
Beste Reisezeit: März–Juni

Bis heute sind in der Provence alte Traditionen lebendig - vom Strohhut bis zur bäuerlichen Tracht der Verkäuferinnen im Schatten des Oleanders.

erhöhte Ebene links und rechts der Landstraße. Jeder Krümel Erde, der sich zwischen den Steinen sammelt, wird vom Mistral flugs wieder weggepustet. Umso kraftvoller strecken die Rebstöcke ihre Triebe aus der Steinwüste. Die Wurzeln reichen sechs Meter und tiefer in den Grund. Das sichert das Überleben der Rebe auf den *galets roulés par le Rhône*. So nennen die Winzer die Kiesel, die der Fluss rundgescheuert hat.

Mit **2 Châteauneuf-du-Pape** ist der Hauptort der Appellation erreicht. Es geht in einem Schlenker über die Weindörfer Courthézon und Bédarrides weiter nach **3 Avignon**. Die »Stadt der Päpste« lohnt einen längeren Besuch. Es gibt viel zu sehen, viel zu unternehmen und noch mehr zu genießen. Südlich von Avignon überquert die Route den Rhône-Nebenfluss Durance. Barbentane taucht am Straßenrand auf. Das Barockschloss ist leider nicht zu besichtigen, aber Barbentane hat noch mehr zu bieten. Parken lässt sich am besten unterhalb des netten Provence-Dorfs, um durch das mittelalterliche Tor Porte Calendale in die Gassen zu gelangen. Ein zweites Tor, die Porte du Séquier, führt auf den Dorfhügel mit der Tour Anglica aus dem 14. Jahrhundert. Der Blick von hier oben auf die Rhône-Ebene und den Papstpalast von Avignon in der Ferne ist herrlich.

Avignon, die »Stadt der Päpste«

Ein Sprung ans andere Ufer

Wir bleiben noch ein paar Kilometer auf der D35. Beim Kreisverkehr von La Roque d'Acier zweigt die kleine D183A ab. Von nun an folgt die Route bis Tarascon dem linken Rhône-Ufer. Die 15 000-Einwohnerstadt ist die Wiege der provenzalischen Stoffdruckerei – mehr dazu im Musée du Tissu provençal Souleido in einem barocken Stadtpalais. Von der Burg, die direkt an der Rhône steht, blickt man über den Fluss auf die Stierkampf-Metropole Beaucaire und damit auf die Nachbarregion Okzitanien. Eine Brücke verbindet die beiden Städte. Nichts wie rüber also und auf ein Glas an den Quai Général-de-Gaulle. Der Kai am Hafenbecken des Canal du Rhône à Sète ist *die* Terrasse von Beaucaire. Das Zentrum ist reich an gotischen bis barocken Stadtpalais sowie an von Platanen beschatteten Plätzen, allen voran die Place de la République.
In Straßendorf Fonvieille hat van Gogh das einzige Bild zu seinen Lebzeiten verkaufen können, und in der Mühle soll Alphonse Daudet die berühmten *Briefe aus meiner Mühle* geschrieben haben. Wahrscheinlicher ist, dass der Dichter im Château de Montauban zur Feder griff, denn dort hat er gewohnt, und dort befindet sich das Daudet-Museum. Die Abbaye de Montmajour ist die letzte Station, bevor wir Arles erreichen. Die nie vollendete Benediktinerabtei thront auf einem bleichen Felshocker. Es ist ein Ort voller Zauber, eingefasst vom satten Grün der Pinien.

Große Rhône, kleine Rhône

4 Arles ist die Hauptstadt der Camargue. Der Name des von Griechen gegründeten antiken Arelate bedeutet »Stadt in den Sümpfen«. Unter den Römern stieg Arles, wo sich die Rhône in einen kleinen und einen großen Mündungsarm gabelt, zur kaiserlichen Residenz auf. Entsprechend zahlreich prägen römische Bauwerke das Ortsbild der Stadt, die trotzdem kein Freilichtmuseum ist, sondern schwungvoll ins neue Jahrtausend durchstartet.
Es geht in die Sümpfe, in die Camargue. Die D36 führt parallel zur Grand-Rhône vorbei an Feuchtwiesen, weißen Gehöften, Stierherden in das wie auf dem Reißbrett entworfene Arbeiterstädtchen Salin-de-Giraud. Am südlichen Rand des Strands erstrecken sich die größten, von Kanälen durchzogenen Salinen Europas, aus deren tischtuchflacher Weite die *camelles* genannten, aufgeschaufelten Salzkegel ragen.
Die D36c führt nach Norden ans Ufer des Étang de Vaccarès. Aussichtspunkte erlauben es, Flamingos und Reiher zu beobachten. Immer wieder taucht bei der Weiterfahrt längs des Nordufers des größten Camargue-Sees ein stattlicher *mas* auf, wie die Gutshöfe der Rinderbarone genannt werden. Beim Weiler Albaron an der Petit-Rhône, wo in der Maison du Riz alles über den Reisanbau in der Camargue zu erfahren ist, trifft die Route auf die gut ausgebaute D570 und damit auf die Direttissima nach Saintes-Maries-de-la-Mer. Wasser links, Schilf rechts, dann kratzt die wehrhafte Silhouette der Kirche Notre-Dame-de-la-Mer am blanken Horizont. Wir sind am Ziel.

RESTAURANTS / ÜBERNACHTUNGEN

EINKEHREN

LE VERGER DES PAPES
Das Restaurant an der Burg von Châteauneuf-du-Pape punktet abgesehen von der guten Küche mit einer Terrasse mit einer nicht zu toppenden Aussicht.
www.vergerdespapes.com

LA MÈRE GERMAINE
Bei Germaine Vion, der Gründerin dieses Restaurants in Châteauneuf-du-Pape, stiegen seit 1922 Filmschauspieler Jean Gabin, Revuestar Mistinguett oder der Komiker Fernandel ab. Die Küche ist besser denn je, der Saal mit Wandmalereien à la Toulouse-Lautrec ein Eyecatcher.
www.lameregermaine-chateauneufdupape.fr

CHARDON
Köche in Residence in Arles – die Köche wechseln und werden aus aller Welt eingeladen. Eins bleibt: Es wird konsequent mit regionalen Produkten gearbeitet.
www.hellochardon.com

LE GIBOLIN
Weinbistro in Arles mit netter Patronne, in dem provenzalisch gekocht und beherzt getrunken wird.
13, Rue des Porcelets, Tel. 04 88 65 43 14

POLLEN
In Avignon wartet puristische, produktorientierte Küche mit Fusion-Einflüssen, im Saal skandinavisches Design.
www.pollen-restaurant.fr

LE GOÛT DU JOUR
Julien Chazal stammt aus Avignon, seine Küche ist in der Provence verankert. Netter Service.
www.legoutdujour84.com

CUISINE CENTR'HALLES
Unter den Restaurants in der Markthalle von Avignon sticht das Cuisine Centr' halles des Kaliforniers Jonathan Chiri heraus. Falls nichts frei ist: ID Halles, La Cabane d'Oléron (Austern), oder Chez les Filles probieren.
www.jonathanchiri.com

ÜBERNACHTEN

CAMPING MANON
Kleiner Platz in Orange (beschränkte Zahl von Wohnmobile-Stellplätzen – unbedingt reservieren!) mit vielen Bäumen, Hecken, Tennis-, Bouleplatz, Pool und Restaurant, wo Pizza, Gegrilltes und Salate toll schmecken.
www.camping-manon.com

L'ARLATAN
Zum Pop-Art-Hotel umgebautes Stadtpalais in Arles aus dem 15. Jahrhundert: cosy & colourful.
www.hotelarlatan.fr

CAMPING L'ARLÉSIENNE
Gut geführter Drei-Sterne-Platz im Südosten von Arles mit knapp 100 Plätzen, großem Freizeitangebot (Riesenwasserrutsche, Freibad) und Design-Chalets.
www.camping-larlesienne.com

LA BANASTERIE
Guesthouse in einem 500 Jahre alten Stadtpalais von Avignon, liebevoll saniert von den Pariser Ex-Radiojournalisten Véronique und Fabrice.
www.labanasterie.com

CAMPING DU PONT D'AVIGNON
Schattiger Platz auf der Rhône-Insel Barthelasse, auf Höhe der berühmten Brücke von Avignon. Großes Sport- und Freizeitangebot. Gratis-Fähre rüber nach Avignon.
www.aquadis-loisirs.com/camping-nature/camping-du-pont-d-avignon

HO36
Cooles Hostel in Avignon mit Schlafsaal und Doppelzimmern. Die Extras: Lounge, Bibliothek, Wein- und Tapas-Bar mit Vintage-Chic.
www.ho36hostels.com

Blauer Himmel über Lavendel und Reben: Das kann nur die Provence sein.

Die quirlige Place Clemenceau im Stadtzentrum von Orange

1

ORANGE

DAS TOR ZUR PROVENCE

Nördlich von Orange ist das Klima bereits mediterran, aber noch nicht so knüppeltrocken wie weiter südlich. In Orange ändert sich plötzlich alles. Die Luft ist lau, die Nächte bleiben heiß, Platanen spenden Schatten. Bienvenue in der Provence.

Reisende, die von Norden nach Orange kommen, staunen nicht schlecht, wenn der römische Triumphbogen vor den Toren der Stadt auftaucht. Als der 80 Meter hohe Bogen um 35 v. Chr. errichtet wurde, war Orange eine junge Gründung Roms, in der Veteranen der Armee zum Dank für ihre Verdienste angesiedelt wurden. Näheres erläutert das Musée d'Art et d'Histoire. Das Städtische Museum in einem Barockpalais verwahrt neben antiken Friesen auch drei Katastersteine der antiken Stadt. Römisch ist auch das Amphitheater (1. Jh. n. Chr.) Zur Stadtseite lässt sich kaum erahnen, dass sich hinter der abweisenden Fassade mit der Statue von Kaiser Augustus die vollständig erhaltene Bühne mit 100 Metern Länge und 37 Metern Höhe verbirgt. Deren hervorragende Akustik kommt alle Jahre bei den Aufführungen der »Chorégies«, dem Opernfestival von Orange, zum Tragen. Der beste Blick auf das Theater bietet sich von der Colline Saint-Eutrope. Ein steiler Weg führt von der Rue de Tourre auf den Stadthügel, auf dem Reste eines antiken Tempels erhalten sind. Bei klarer Sicht erheben sich der Gipfel des Mont Ventoux und der Drachenzackenkamm der Dentelles de Montmirail über der Stadt. Vorsicht bei starkem Mistral!

TIPP

ARC DE TRIOMPHE

Der Triumphbogen ist eigentlich keiner. Denn das frei zugängliche Bauwerk wurde nicht zum Triumph der Römer über ein unterjochtes Volk errichtet, sondern wahrscheinlich zu Ehren der Legionärsveteranen, auf die die Gründung von Aurasio, dem antiken Orange, zurückgeht. Einerlei, das kürzlich sanierte Monument ist ein echter Hingucker.
www.orange-tourisme.fr/fr/arc-de-triomphe-0

2

Päpstliche Ruine: die Burg von Châteauneuf-du-Pape

CHÂTEAUNEUF-DU-PAPE

WIND IM GLAS

Oft und dann auch noch unerbittlich peitscht der Mistral die Reben um Châteauneuf-du-Pape aus. Auf dem Burghügel über dem Weinort legt der eisige Nordwind noch eins darauf und faucht regelmäßig mit Höllentempo um die Ruine des ehemals päpstlichen Château.

Der Mistral ist ein Segen«, frohlockt Frédéric Nicolet. Wir sitzen im Probierkeller der Domaine du Chante-Perdrix. Wie ein Föhn trocknet der Wind Tau und Regentropfen, verhindert Fäulnis und Schädlinge, erklärt der Winzer. Im Glas leuchtet ein Weißwein so golden, wie sich das für einen Tropfen der Appellation gehört, und schmeckt nach Zitrusfrüchten. Die Erfolgsgeschichte des Châteauneuf-du-Pape beginnt mit den Päpsten. 1317 befahl Johannes XXII. den Bau einer Sommerresidenz am höchsten Punkt des Dorfs, just da, wo der Mistral die Gluthitze des Sommers verjagt. Zweimal wurde die Burg zerstört, zum ersten Mal in den Religionskriegen (16. Jh.), dann 1944 durch deutsche Besatzer. Es blieben ein paar Außenmauern, ein Kellergewölbe und eine Legende, laut der die Päpste die Eignung der Böden für kraftvolle Weine mit hohem Lagerungspotenzial erkannt haben sollen. 1893 ließ der Bürgermeister das imagefördernde du-Pape an den Ortsnamen hängen. Seit 1937 prangt das päpstliche Wappen auf der Flasche. Eleganz und tiefgründige Struktur gelten als Markenzeichen eines Châteauneuf-du-Pape. Was sich weltweit so schnell rumgesprochen hat, wie der Mistral durchs Rhône-Tal saust.

TIPP

CHÂTEAU DES PAPES

Geblieben sind von der päpstlichen Sommerresidenz nur ein paar Ruinen. Dafür ist der Blick über den Weinort, die Weinberge und die Rhône herrlich! Der Keller der Burg ist Sitz der Winzerbruderschaft »Échansonnerie des Papes«, zu deren Ehrenmitgliedern Opernsängerin Barbara Hendricks, Stararchitekt Rudy Ricciotti und Fürst Albert II. von Monaco zählen. www.chateauneuf-du-pape-tourisme.fr

AVIGNON

VORHANG AUF!

Als ob man es nicht immer geahnt hätte: Das Leben ist eine 4,3 Kilometer lange Stadtmauer, hinter der es brummt. Zumindest in Avignon. Türme, Tore, Zinnen schützen die makellos erhaltene Altstadt. In ihrem Schatten haben sich im 14. Jahrhundert sieben Päpste gegen die Konkurrenz in Rom behauptet.

Nach der Rückkehr der Kirchenfürsten von der Rhône an den Tiber blieb Avignon immerhin einer der bedeutendsten gotischen Paläste Europas erhalten, der Palais des Papes. Seit 1947 dient der Ehrenhof des Papstpalasts als Eröffnungsbühne für Frankreichs wichtigstes Theaterfestival, »le Festival d'Avignon«. Der Palais des Papes ist zudem einer der größten Besuchermagnete der Provence.

Von all dem hat Jonathan Chiri nichts gewusst, als er vor knapp 20 Jahren kurzentschlossen am Bahnhof von Avignon aus dem Zug stieg. Ein Freund hatte auf der Fahrt nach Barcelona angerufen, von einem gemeinsamen Freund erzählt, der im La Mirande arbeitete und der von einer Stelle in der Küche des Luxushotels hinter dem Palais des Papes berichtete. Der junge kalifornische Koch entschloss sich, die Reise zu unterbrechen und trat durch die von zwei rapunzelwürdigen Türmen flankierte Porte de la République in die Stadt. Staunte über das quirlige Leben auf den vielen versteckten Plätzen, das plätschernde Leben in den Gassen, und trat nach Stationen in Berlin, im Schwarzwald und in Katalonien seine erste Stelle in der Provence an. So etwas nennt der Franzose einen *coup de foudre* und der Deutsche Liebe auf den ersten Blick.

3

↑ Das Musée Calvet birgt hinter seiner prachtvollen Fassade Gemälde des 16. bis 20. Jahrhunderts sowie Skulpturen berühmter französischer Bildhauer.
↙ Auf der berühmten Volkslied-Brücke »Pont de Bénézet« wurde nie getanzt – das tat das Volk auf der nahen Flussinsel Barthelasse.

Der Markt als Küche

Jon, wie *tout Avignon* den schwarzbärtigen Hünen längst nennt, ist der Cité des Papes treu geblieben. Nicht aber der Sterne-Küche. Statt im High End-Restaurant des Mirande kocht er heute in der Markthalle an der Place Pie. Es ist 9 Uhr früh an einem Dienstag wie so vielen anderen. Der Himmel: so knallblau wie auf den Fresken im päpstlichen Schlafgemach des Palais des Papes. Jon hat gerade die Runde durch die Markthalle beendet. Auf der Arbeitsfläche seines zwei Dutzend Plätze bietenden Marktrestaurants Cuisine Centr'halles liegen faustgroße violette Artischocken, golden glänzende Mirabellen, in Kastanienblätter gewickelter Banon-Ziegenkäse, wilde Pfifferlinge aus der Hochprovence. »Alles, was ich fürs Mittagessen brauche, finde ich auf dem Markt«, freut sich der Wahl-Avignonnais.

Auf ein letztes Glas

Abends, wenn der Markt geschlossen ist, schwingt Jon sich aufs Fahrrad, um ein paar Holpergassen weiter im Quartier des Teinturiers den Tag ausklingen zu lassen. »So lebendig wie im alten Färberviertel ist Avignon nirgends«, betont Jon. Einen Tipp hat er auch: »Vor der Terrasse der Weinbar La Cave des Pas Sages dreht sich ein Schaufelrad in der Sorgue. Mehr Atmosphäre geht nicht.« Womit er ausnahmsweise mal nicht Recht hat. Denn mindestens ebenso reizvoll sind die Gassen in »Italien«, wie ganz Avignon das Viertel rund um die Rue du Roi-René mit seinen Palais im Stil des italienischen Barocks nennt. Wie fast in der gesamten Altstadt ist auch »Italien« verkehrsberuhigt, das Schlendern und Staunen daher ein wahrer Genuss.

Ein Garten von einer Stadt

Ländlich wird es auf der Île de la Barthelasse, einer Avignon vorgelagerten Rhône-Insel, die sich mit dem Rad erkunden lässt. Über Sonnenblumenfeldern erhebt sich der kalkbleiche Gipfel des Mont Ventoux, scheinbar zum Greifen nah. Das satte Gelb der Sonnenblumen wird vom süßen Duft einer Pfirsichbaumallee abgelöst. Mit Radwegweisern durchmarkierte Wege mit Namen wie Birnenweg, Rebenweg, Pfirsichpfad klingen nach Landpartie. Seit den Päpsten dient die Île de la Barthelasse als Obstgarten der Stadt. Sogar eine *Eau de Vie*-Brennerei gibt es: Die Distillerie Manguin ganz im Osten der Flussinsel, deren Melonen-Aperitif Kultstatus genießt.

TIPP

PALAIS DES PAPES
Mit rund 15 000 Quadratmetern Fläche gilt der Papstpalast als größter gotischer Palast überhaupt. In den 108 Jahren der päpstlichen Herrschaft in der Provence wurde der Bau kostbar ausgeschmückt. Versammlungssäle, Klostergang, Audienzsaal, Schlafzimmer, Arbeitszimmer künden vom Prunk, den die Päpste in Avignon entfaltet haben.
www.palais-des-papes.com/de

PONT SAINT-BÉNÉZET
Von der Brücke, auf der laut einem populären Volkslied getanzt wird, ist die Aussicht auf die Stadtsilhouette umwerfend. Immer wieder haben Hochwasser der Steinbrücke aus dem 12. Jahrhundert Schäden zugefügt. 1688 rissen die Fluten etliche Bögen davon. Auf einem Pfeiler thront die Kapelle des heiligen Nicolas, des Schutzpatrons der Flussschiffer.
www.avignon-tourisme.com

QUARTIER DES TEINTURIERS
Im ehemaligen Viertel der Färber und Seidenweber nimmt nicht nur während des Theaterfestivals, wenn das Viertel zur Open-Air-Bühne wird, die Nacht kein Ende. Die mit Rhône-Kieseln gepflasterte Hauptachse Rue des Teinturiers folgt der Sorgue. Schaufelräder unter Platanen verraten, dass längs des Ufers früher die Färber ihre Werkstätten hatten.
www.avignon-et-provence.com

4

ARLES

DIE STADT, DIE MILLIARDÄRIN UND DER TURM

Mit 56 Metern überragt der Luma-Turm ganz Arles. Spötter erinnert das von Frank Gehry entworfene und aus 11 000 Aluminiumkästen zusammengesetzte Bauwerk an eine zusammengeknüllte Blechdose. 150 Millionen Euro soll die schwerreiche Mäzenin Maja Hoffmann für das neue Wahrzeichen der Stadt ausgegeben haben.

In den Luma-Turm eingezogen ist die von Maja Hoffmann gegründete Luma Stiftung zur Förderung von Kunst-, Kultur- und Umweltprojekten. Es geht munter weiter. Zug um Zug wird das umliegende Gelände eines ehemaligen Eisenbahnausbesserungswerks in einen 40 Hektar großen Kunst- und Landschaftspark umgewandelt. Für die 53 000-Einwohner-Stadt allein ein zu großer Brocken. Nicht so für Maja Hoffmann: Arles' Mäzenin ist Miterbin des Schweizer Pharmakonzerns Hoffmann-La Roche.

Die Geschichte von der schwerreichen Schweizerin und der an antiken Baudenkmälern reichen, ansonsten jedoch bettelarmen Stadt begann vor über einem halben Jahrhundert. Hoffmanns Vater, Mitbegründer des WWF, hat Mitte der 1950er-Jahre in der Camargue ein Naturschutzreservat mit

Forschungsstation aufgebaut. Bei ihm wuchs die Tochter in der Weite der Camargue auf.

Eine Stadt namens Majahoffmarles

Heute besitzt Maja Hoffmann in der Camargue ein Bio-Restaurant mit Michelin-Stern. In Arles selbst hat sie die beiden angestaubten Häuser Arlatan und du Cloître in flotte Boutique-Hotels umbauen lassen. Auch die für den Museumsbau der Stiftung Van Gogh, in deren Vorstand sie sitzt, nötigen Millionen stammen von ihr. So viel Engagement gefällt nicht allen. »Herzlich willkommen in Majahoffmarles« spottete die Satirezeitschrift *Le Ravi*.

Das Schönste aber: Allen Unkenrufen zum Trotz geht in Arles vieles seinen gewohnten südlichen Schlendergang. Auf der Terrasse des Café van Gogh, die der Niederländer auf einem seiner 400 in Arles entstandenen Bilder verewigt hat, machen Van-Gogh-Verehrer aus aller Welt Selfies. Rund um die Place du Forum rauscht der Sommer. Auf der einen Seite des umtriebigen Platzes ragen zwei römische Säulen aus einer Hotelfassade. In der Altstadt folgt viel Antike auf Schritt und Tritt, von den römischen Thermen bis zum römischen Theater. Arles hat gelernt, locker mit dem Erbe der Römer umzugehen. Wenn in der 2000 Jahre alten Arena Stierkämpfe stattfinden, wird die Stadt zu einer einzigen Bodega, und die Nacht ist lang.

Samstags wandeln sich Boulevards längs der Stadtmauern zur längsten Buden- und Ständemeile der Provence. Der größte Wochenmarkt der Provence ist ein alle Sinne betörender Ausnahmezustand. Telline-Muscheln sind zu einer Dünenlandschaft en miniature aufgeschaufelt. Die daumengroßen, blonden Muscheln stammen von den Camarguestränden bei Beauduc. Gleich daneben hat eine Fischerfrau Couteau-Muscheln zu Bündeln verschnürt und bietet fangfrische Langustinen im glitzernden Eisbett an.

Er tritt zwischen Melonengebirgen und Basilikumbüschen auf: Jean-Luc Rabanel. Der Ausnahmekoch, Markenzeichen graublonde Löwenmähne und Knollennase à la Gérard Depardieu, herrscht in einer Altstadtgasse über ein gastronomisches Imperium aus Gourmettempel, coolem Bistro und Kochschule. »Der Markt ist als Inspirationsquelle unersetzbar für mich«, erklärt Jean-Luc. Und hofft ansonsten, dass Arles ein ähnlich glückliches Schicksal wie Bilbao winkt. In der baskischen Hafenstadt hat das von Frank Gehry entworfene Guggenheim Museum den Umschwung vom siechenden Industriestandort zum internationalen Kunst-Hotspot befördert. Was zu den allerschönsten Hoffnungen für Arles berechtigt.

↑ Gegen die Fluten der Rhône hilft nur eins: ein massiver Deich wie hier vor der Altstadt von Arles.
← Die Form des von Frank Gehry entworfenen Luma-Turms soll an die gezackte Gipfelkette der nahen Alpilles erinnern. Ansonsten biedert sich der Bau in keinster Weise der Provence an.

TIPP

FONDATION LUMA
Den 56 Meter hohen, skulpturalen Turm der Luma-Stiftung, die sich als experimentelles Kulturzentrum versteht, hat der amerikanische Stararchitekt Frank Gehry gebaut. Auf dem Gelände eines ehemaligen Eisenbahnausbesserungswerks zu seinen Füßen liegen die Ausstellungs- und Eventhallen des Parc des Ateliers.
www.luma-arles.org

LES ALYSCAMPS
Der Name der von Sarkophagen, Totenmälern und Kapellen gesäumten antiken Gräberallee am Canal de Craponne geht auf das lateinische Elysii Campi zurück. Gemeint ist damit der Weg, den Krieger ins Reich der Toten nehmen mussten. Fast 1500 Jahre lang dienten die Alyscamps als Grablege. Im 19. Jahrhundert hat van Gogh die zwei Kilometer lange Allee mit fallenden Herbstblättern gemalt.
www.arlestourisme.com

MUSÉE RÉATTU
Hochkarätige Kunstsammlung, untergebracht in mittelalterlichen Mauern. Zu sehen sind u.a. 57 Werke von Pablo Picasso, Fotografien aus dem Arles des 19. Jahrhunderts sowie Zeichnungen des Modedesigners und gebürtigen Arlésien Christian Lacroix.
www.museereattu.arles.fr

VÖGEL UND FOLKLORE

Nur wenige Straßen zerlegen die amphibische Landschaft des Rhône-Deltas, das von den beiden Flussarmen Petit- und Grand-Rhône zerteilt wird. Verwaltungstechnisch gehört die fast menschenleere Camargue größtenteils zum Stadtgebiet von Arles. Was die Stadt zur flächenmäßig größten Kommune Frankreichs macht.

R*ien ne va plus* auf der schnurgeraden Landstraße von Le Sambuc zum Étang de Vaccarès, dem größten See der Camargue, der Teil des Parc Naturel Régional de Camargue ist. Zwei *Gardians* treiben hoch zu Ross eine Herde schwarzer Stiere vor sich her. Unter den Hufen bebt der Asphalt. Autofahrern bleibt nur eins: rechts ranfahren. In der Camargue muss das Auto schon mal warten. Herrscher über die 86 300 Hektar umfassenden Weite von Salzseen, Reisfeldern, Salinen und Sümpfen bleiben die *Gardians*, die Cowboys der Camargue.

Abgesehen vom Dünenkamm, der die Camargue vom Mittelmeer trennt, ist das Land flach wie ein Tuch. Himmel und Steppe verschmelzen zu einem flirrenden Zerrbild. Für Dörfer bietet der schwankende Boden selten Halt. Entsprechend einsam liegen die *mas*, die weiß getünchten Höfe der Rinder- und Pferdezüchter.

Birdwatcher auf Piste

Bei Mistral geht alles in Deckung. Kein Baum, kein Strauch schützt vor dem Nordwind, der über der Camargue noch einmal richtig aufdreht. Den Flamingos am Étang de Fangassier macht der Wind nichts. Zu Zehntausenden nisten die Vögel im Frühjahr auf den Schlammkegeln des Salzsees.

← Bunt ist die Wallfahrt in Saintes-Maries-de-la-Mer, Hemd für Hemd, Blume für Blume.
↙ Flamingos staksen vor der Silhouette von Saintes-Maries-de-la-Mer durchs Wasser.
↓ Weiß sind die Camargue-Pferde, schwarz die Camargue-Rinder, wacker die Camargue-Cowboys. Wer mit ihnen ausreiten möchte, kann auf einer der zahlreichen *Manades* in den Sattel steigen.

Birdwatcher dürfen sich den austerngrau-lachsrosa-grellrot changierenden Schwärmen über die Digue de la Mer nähern, einem Deich, von dem das fragile System von Salzteichen seit 1857 vor den Sturmfluten der See geschützt wird. Aber nur zu Fuß oder mit dem Rad.
Nach einem Slalom durch knietiefe Schlaglöcher und hüfthohe Sandverwehungen endet der Deichweg an der Landspitze von Beauduc. Wasser links, Wasser rechts, dazwischen von Gischt und Salz ausgelaugte Hütten, die von den Dünen überrollt zu werden scheinen. Möwen plumpsen ins Wasser. Taschenkrebse sperren im seichten Wasser ihre Zangen in Richtung großer Zeh auf. Wie aus heiterem Himmel preschen Camargue-Pferde vorbei. Kein *Gardian* ist zur Stelle, um die übermütigen Schimmel zu zähmen. Mehr Land's End geht nicht.

Zwei Wallfahrten sollt ihr sein!

Der Gegenentwurf zur Pointe de Beauduc heißt Saintes-Maries-de-la-Mer. Im knapp 3000 Einwohner zählenden Hauptort der Camargue ist im Sommer die Hölle los. Boutiquen mit Folklorenippes und Restaurants mit hohem Neppfaktor sind auf die Scharen von Tagestouristen und Campern eingestellt.
Auch zu den beiden großen Zigeunerwallfahrten, die im Mai und im Oktober stattfinden, bekommt man kein Bein mehr an den Boden. Zur bedeutenderen der beiden Wallfahrten am 24. und 25. Mai wird die Statue der Zigeunerpatronin Sara, die von der offiziellen Kirche nicht als Heilige anerkannt ist, aus der Kirche von Saintes-Maries-de-la-Mer in feierlicher Prozession zum Meer getragen und anschließend neu dekoriert. In der Kirche werden die Gebeine der beiden Heiligen, Maria Kleophae und Maria Salome, verwahrt, deren beider Dienerin die Zigeunerin Sara gewesen sein soll. Am Sonntag, der dem 22. Oktober am nächsten liegt, findet die zweite, kleinere Wallfahrt für die beiden Heiligen statt. Wie schon bei der Wallfahrt im Mai ist die anschließende große »Fiesta gitane« zugegebenermaßen ein Fest fürs Auge.
Mehr vom hübschen Ort, über dessen kalkweiße Häuser sich weithin sichtbar die wehrhafte Kirche Notre-Dame-de-la-Mer erhebt, hat man in der Nebensaison oder sogar im Winter. Dann quälen einen auch die Mücken nicht, die zur Camargue gehören wie die schwarzen Stiere, wilden Schimmel und wackeren Gardians.
www.arlestourisme.com/de/die-camargue.html

ATEMBERAUBEND: ALPINE NATURERLEBNISSE

Die Route des Grandes Alpes ist Frankreichs Paraderoute in den Alpen. Von den Ufern des Genfer Sees bis zu den Gestaden des Mittelmeers führt sie über 17 hohe Pässe entlang der Kammlinie der Alpen von Thonon-les-Bains nach Menton. Ob im Motorrad, im Cabrio oder im Camper: Dieser Roadtrip durch drei Naturparks ist schlichtweg atemberaubend!

Der Bau der Route des Grandes Alpes war ein historischer Kraftakt, sein geistiger Vater ein Verein, den eine Handvoll begeisterter Fahrradurlauber 1890 in Neuilly-sur-Seine gegründet hatte: der Touring Club de France. Gezielt trieben sie den Ausbau touristischen Reisens voran, gaben Reiseführer heraus, entwarfen Straßenschilder und legten touristische Reiserouten an. Auf die Route d'Esterel (1906) folgten 1909 erste Planungen für die Route des Grandes Alpes. 1911 begannen die Bauarbeiten, die erst 1937 mit der Eröffnung des Col de l'Iseran – des mit 2770 Metern höchsten Passes der Strecke – abgeschlossen wurden. Seitdem verbindet diese touristische Route alle großen Alpenpässe Frankreichs. Wir starten in **1 Thonon-les-Bains**, einer charmanten Kurstadt am Südufer des Genfer Sees. Bis zum 100 Kilometer entfernten Aravis-Pass durchquert die Route des Grandes Alpes das gesamte Département Hochsavoyen. Saftige Almen mit blumen-

INFO

Start: Thonon-les-Bains
Ziel: Menton
Länge: 720 Kilometer
Dauer: 5–8 Tage
Beste Reisezeit: Juni–September

Le Grand-Bornand: Traum eines jeden Skiläufers ist ein uriges Chalet in den verschneiten Bergen, nahe der Piste.

Lausanne
Evian
Vevey
Montreux
Château-d'Oex
Lac Léman (Genfer See)
Thonon-les-Bains
Nyon
Genf
Annemasse
Morzine
Les Gets
Wildhorn 3248
Aigle
Sierre
Sion
Brig
Simplonpass 1995
Simplon Dorf
Ayer
Les Haudères
Martigny
Rhône
Tournus
Taizé
Abbaye de Cluny
Cluny
Charolles
Saône
St-Claude
Ain
Gex
Mâcon
Chauffailles
Bourg-en-Bresse
Bellegarde-sur-Valserine
Belleville
Pont-d'Ain
Villefranche-sur-Saône
Tarare
Scionzier
Monastère Chartreuse de Reposoir
Le Grand-Bornand
Nant du Chinaillon
Chamonix-Mt.-Blanc
Breuil-Cervinia
M. Rosa 4634
Alagna Valsesia
Annecy
Lac d'Annecy
Col des Aravis
1486
Megève
Mt. Blanc 4807
Chatillon
Aosta
Dora Baltea
Culoz
Lac du Bourget
Belley
L'Arbresle
Lyon
Feurs
Albertville
Col des Saisies 1657
Beaufort
Les Fontanus
C. du Pt. St. Bernard 2188
Bourg-Saint-Maurice
Aix-les-Bains
Biella
Ivrea
Givors
Bourgoin
Chambéry
Les Abrets
Les Echelles
Vienne
Les Arcs
Tignes
Val d'Isère 2770
Gran Paradiso 4061
Noasca
Moûtiers
Courchevel
Col d'Iseran
Bonneval-sur-Arc
Castellamonte
Méribel
Les Menuiers
Val Thorens
Lanslebourg-Mont-Cenis
Ceres
Voiron
Beaurepaire
Montfaucon-en-Velay
Annonay
Isère
St-Michel-de-Maurienne
Grenoble
Vizille
Susa
TURIN
Chivasso
Col du Galabier 2642
La Grave
Col du Lautaret 2058
Tain-l'Hermitage
Tournon-sur-Rhône
Romans-sur-Isère
Saint-Chaffrey
Sestriere
Pinerolo
Poirino
Carmagnola
Les Ecrins 4102
Briançon
Col de Montgenèvre 1850
1754
Lamastre
St-Péray
Valence
2360
Col de l'Izoard
Abriès
Corps
Vauban-Festung
Mézilhac
Le Pouzin
Crest
Die
La Croix-Haute
Mont-Dauphin
Guillestre
Sant-Véran
M. Viso 3841
Saluzzo
Savigliano
Alba
Tanaro
Col de Vars 2110
Prazzo
Aubenas
Le Teil
Montélimar
Aspres-sur-Buëch
2016
Gap
Lac de Serre Ponçon
1996
Argentera
Ceva
Serres
Barcelonnette
Col de la Bonette
Mondovi
Cuneo
Chauvet-Höhle
Aven d'Orgnac
Nyons
Durance
Uvernet-Fours
2715
Limone-Piemonte
Col de la Cayolle 2326
St-Etienne-de-Tinée
Garessio
Pont-St-Esprit
Bagnols-sur-Cèze
Mt. Ventoux 1909
Sisteron
Château-Arnoux
Digne-les-Bains
Col Saint-Martin 1500
Tende
Orange
Sault
Gorges de Daluis
Rimplas
Col de Turini 1607
La Bollène-Vésubie
Breil-sur-Roya
Carpentras
St-André-les-Alpes
Annôt
Palais des Papes
Remoulins
Forcalquier
Barrême
Lac de Castillon
Plan-du-Var
Imperia
Avignon
Pointe Sublime
Castellane
Col de Castillon 707
Fondation Maeght
San Remo
Nîmes
Cavaillon
Apt
St-Paul-de-Vence
Menton
Monte Carlo
Grand Canyon du Verdon
Tarascon
Salon-de-Provence
Vinon-sur Verdon
Lac de Sainte-Croix
Grasse
Nizza
Arles
Durance
Tayernes
Antibes
Etang de Berre
Grande Rhône
Aix-en-Provence
Draguignan
Cannes
Martigues
Fréjus
Stes-Maries-de-la-Mer
Gardanne
St-Maximin-la-Ste-Baume
Brignoles
Le Luc
St-Raphaël
Port-St-Louis-du-Rhône
Carro
MARSEILLE
Aubagne
Ste-Maxime
St-Tropez
MITTELMEER
La Ciotat
Le Lavandou
La Seyne-sur-Mer
Toulon
Hyères
Giens
Îles d'Hyères
25 km
N
1
2
3
4

Die Passstraßen der Alpen sind beliebt bei Rennradlern und stets Teil der »Tour de France«.

geschmückten Chalets ducken sich unter den Spitzen der Bergriesen. Abondance- und Tarine-Kühe grasen auf den Weiden. Ihre Milch verarbeiten kleine Höfe zu berühmten Käsesorten: Abondance im Chablais und Reblochon in den Aravis. Im Winter locken weltberühmte Wintersportorte wie Morzine, von Thonon-les-Bains auf der D902 in einer knappen Stunde zu erreichen. Das gemütliche Bergdorf gehört zum Skiverbund der »Portes du Soleil«, mit 650 Pistenkilometern der größte Skigroßraum Europas. Ebenfalls an der D902 und im Skizirkus der »Tore der Sonne« liegt Les Gets, das am Pistenrand im Musée de la Musique Mécanique Musikinstrumente aus aller Welt ertönen lässt. Die D902 führt von dort hinab nach Cluses und weiter nach Scionzier, wo Sie die D4 zur Kartause von Reposoir bringt. Im Kloster leben heute noch zwölf Karmeliterinnen. Fast schon hochalpin geht es hinauf zum 1613 Meter hohen Col Colombière mit zehn Prozent Steigung. An der Passhöhe schweift der Blick zurück ins Tal der Arve und hin ins Tal der Borne. Sein erstes Naturjuwel ist die Cascade Mystérieuse. In einer engen Schlucht stürzt der Nant du Chinaillon etwa 30 Meter in die Tiefe. Von der D4 führt ein Weg zum Wasserfall von **2 Le Grand-Bornand**, einem urigen Bergdorf mit Markt, das Reblochon-Käse feilbietet. Über die D4 bis Saint-Jean-de-Six und die D909 erreichen wir den Col des Aravis (1486 m). Laut Legende sei der Riese Gargantua bei seiner Alpenüberquerung so verärgert gewesen, dass er der Aravis-Kette einen großen Tritt versetzte, wobei ein Stück abbrach: die heutige Passage von Haute-Savoie nach Savoie. Mit den imposanten Massiven Beaufortain, Tarentaise und Vanoise beginnt nun das echte Hochgebirge. Im Winter staut sich der Verkehr bei den Zufahrten zu den großen hoch gelegenen Wintersportorten Les Arcs, La Plagne, Courchevel, Méribel, Les Menuires und Val Thorens. Der Col des Saisies bildet den Übergang zwischen dem Beaufortain-Tal und dem Val d'Arly, Heimat des nussigen Beaufort-Käse. Nach Bourg-Saint-Madame führt die D902 hinauf nach Tignes zum höchstgelegenen Staudamm Frankreichs. Ihn schmückt ein 12 000 Quadratmeter großes Fresko. In Val-d'Isère eröffnet die Seilbahn des Rocher de Bellevarde traumhafte Ausblicke auf den Mont Blanc. Weiter bergauf auf der D902 schweift der Blick vom Belvédère de la Tarentaise über die gesamten Gipfel der Vanoise. Noch ein paar Kurven, und der höchste Pass der Route des Grandes Alpes ist erklommen: der Col de l'Iseran (2770 m). Nur unwesentlich niedriger ist der Col du Galibier (2646 m), der auf der D902 nach der Passage im Tal der Maurienne im Dreiländereck von Schweiz, Italien und Frankreich folgt. Was im Hochgebirge alles wächst, zeigt ein Alpengarten am Col du Lautaret (2057 m) mit 2000 Hochgebirgspflanzen aus aller Welt vor der Kulisse des Meije-Massivs. Wir sind nun im Département Hautes-Alpes angekommen und fahren an der Nordostseite des Écrins-Nationalparks entlang bis nach **3 Briançon**. Von dort führt die D902 zum Col de l'Izoard (2361 m) und hinein in das Queyras-Massiv. Es wäre nun schade, keinen Abstecher nach Saint-Véran zu machen, einem der schönsten Alpendörfer, das mit 2040 Metern auch als höchstgelegenes Dorf Europas gilt. Danach geht es auf der D902 durch die Schluchten der Combe du Queyras hinunter nach Guillestre, wo die Straße steil zum Col de Vars hinaufführt. Von den ersten Kurven ist die Vauban-Festung Mont-Dauphin zu sehen. Am Col de Vars (2111 m) betreten wir das Département Alpes-de-Haute-Provence und fahren hinab ins Ubaye-Tal, wo zurückgekehrte Auswanderer, die in Mexiko zu Wohlstand gekommen waren, in Barcelonnette prachtvolle Sommerresidenzen erbaut haben. Dort biegen wir auf die schmale Route de la Bonnette ein, die kurvenreicher und steiler ist als alle bisherigen Strecken und sich rühmt, Frankreichs höchstgelegene Straße zu sein, obwohl der gleichnamige Pass »nur« 2715 Meter hoch ist. Und auch im Département Alpes-Maritimes folgen in den Bergen des Mercantour-Nationalparks mit dem Col Saint-Martin (1504 m) und dem Col de Turini (1604 m) noch weitere Pässe. Vom Col de Castillon (706 m) schließlich ist das Mittelmeer nur 24 Kilometer Luftlinie entfernt. Und in **4 Menton** flirtet Frankreichs Savoir-vivre bereits mit Italiens Dolce Vita.

RESTAURANTS / ÜBERNACHTUNGEN

EINKEHREN

L'ATELIER
Alexandre Baud-Pachon aromatisiert seinen zarten Ferkelbraten mit dunkler Schokolade und karibischer Vanille. Im Gourmetrestaurant des Hôtel du Samoyède von Morzine sind unter den 10 000 Weinen von 200 Winzern auch heimische Gewächse wie der rote Amariva sowie Weißweine aus der alten Jacquère-Rebsorte zu finden.
https://hotel-lesamoyede.com/restaurant-latelier

LA FERME DE LORMAY/CHEZ ALBERT
In Le Grand-Bornand verwöhnt Albert Bonamy mit typisch Savoyer Gastfreundschaft. Seine grundehrliche Küche, die Savoyer Weine und die urgemütliche Atmosphäre machen sein Lokal in dem alten Bauernhof zu einem echten Kleinod.
www.lafermedelormay.com

LE LOUP BLANC
Das Feuer prasselt im Kamin, die Holzbalken hängen tief, aus der Küche duftet es verführerisch, und aus den Fenstern blickt man auf schneebedeckte Berge: Das Lokal von Catherine und Philippe ist der schönste Schlemmertempel von Saint-Chaffrey.
www.restaurantleloupblanc.com

MIRAZUR
Oberhalb von Menton verzaubert der Argentinier Mauro Colagreco mit kulinarischen Miniaturen sämtliche Sinne. Weniger als ein Jahr nach der Eröffnung gab es den ersten Michelin-Stern, 2012 den zweiten Michelin sowie die Auszeichnung als »Chevalier De L'Ordre National du Mérite«. 2019 folgte schließlich der dritte Michelin-Stern.
www.mirazur.fr

ÜBERNACHTEN

HÔTEL L'ARC-EN-CIEL
37 moderne Doppel-, Drei- und Vierbettzimmer mit und ohne Balkon bietet das Drei-Sterne-Haus von Thonon, das im Sommer das Frühstück auf der Außenterrasse am Pool serviert.
www.hotelarcencielthonon.com

CAMPING L'ESCALE
Der mit drei Sternen ausgezeichnete Campingplatz von Le Grand-Bornand ist sommers wie winters geöffnet und bietet Mobile homes zur Miete.
www.campinglescale.com

HÔTEL DE LA CHAUSSÉE
Seit 1892 empfängt das Hotel seine Gäste im Herzen von Briançon.
15 Zimmer und drei Ferienwohnungen versprühen eine alpenländische Gemütlichkeit. Auch die Küche ist tief in der Region verwurzelt.
www.hotel-de-la-chaussee.com

BEST WESTERN HÔTEL MENTON MEDITERRANÉE
Das familiäre Drei-Sterne-Hotel punktet mit 89 geräumigen Zimmern, sehr guter Lokalküche und Dachterrasse samt Bar. Die Mitarbeiter sind ein gut eingespieltes Team, freundlich, hilfsbereit und kompetent.
www.hotel-med-menton.com/de

Aus Savoyen stammen würzige Hartwürste vom Rind, Schwein, Lamm und Hirsch, gerne aromatisiert mit Kräutern oder Nüssen.

1

Charmant nostalgisch: der Kurort Thonon-les-Bains

THONON-LES-BAINS

KURBAD MIT CHARME

Auf einer Klippe überblickt das kleine Kurbad Thonon-les-Bains den Genfer See. Eine Standseilbahn bringt Sie hinab zum Quai des Rives, wo Ausflugsschiffe zu Rundfahrten auf dem See starten und hinüber nach Genf und Lausanne schippern.

Bis heute verströmt Thonon-les-Bains eine liebenswerte Beschaulichkeit und lebt *la vie en rose*. Unter den Bäumen der Promenade, die das Seeufer säumen, lässt es sich vorzüglich spazieren gehen und Rad fahren. Ein Ziel könnte das Schloss Ripaille sein, das Herzog Amédée VIII. auf den Fundamenten einer Burg vor den Toren der Stadt errichten ließ. Berühmt wurde es als Wohnsitz von Amadeus VIII. von Savoyen, dem späteren Gegenpapst Félix XV. Nach den Religionskriegen wurde das Schloss zum Kloster umgebaut. Heute lädt es ein, die savoyardische Lebensart hautnah zu entdecken. Auf den Weinbergen, die das Anwesen umgeben, wächst die weiße Altesse-Traube. Nur Weine aus dieser Traube dürfen mit der geschützten Herkunftsbezeichnung AOC Roussette de Savoie verkauft werden. Alle anderen Weißweine sowie Rotweine der Region fallen unter die AOC Vin de Savoie. Terrassenlokale servieren die edlen Tropfen am Südufer zum Seeblick. Mitten im Ort birgt Thonon-les-Bains die Nekropole von Genevray. Mit mehr als 220 Steinkisten-Gräbern ist der Friedhof das größte mittelneolithische Gräberfeld Frankreichs. Grandios wie das kleine Kurbad ist auch der Auftakt zum Roadtrip: Die spektakulären Schluchten der Teufelsbrücke (Pont du Diable) locken!

TIPP

LES GORGES DU PONT DU DIABLE

Kein Teufel, sondern die Dranse de Morzine hat vor rund 10 000 Jahren unter einem Gletscher die Gorges du Pont du Diable geschaffen. Die Schlucht gehört zu den Naturwundern des UNESCO-Geoparks Chablais. Auf Treppenwegen geht es durch die Klamm vorbei an riesigen Felsen und gurgelndem Wildwasser. https://lepontdudiable.com

2

Im Mai/Juni sind die Almhänge von Wildblumen überzogen.

LE GRAND-BORNAND

ALMEN-GLÜCK

Blumengeschmückte Chalets, saftige Weiden und schneeglitzernde Bergspitzen: Haute-Savoie ist Frankreichs »Heidiland«. Mittendrin liegt Le Grand-Bornand, ein authentisches Bauerndorf mit viel Outdoor-Fun, bestem Käse und traditioneller Architektur.

Le Grand-Bornand ist noch ein authentisches Bergdorf. Seinen besonderen Charme machten die rund 400 Chalets aus, die oft mehr als 200 Jahre alt sind. Unten Stein, oben Holz, so wurden sie aus den Materialien des Borne-Tales erbaut. Auf ihren Balkonen leuchten im Sommer die Geranien rot. Schnitzereien schmücken die alten Balken. Über den Eingängen verraten verwitterte Zahlen, wann das Chalet erbaut wurde. In mehr als 50 alten Höfen wird ein Alpenkäse gefertigt, der in Le Grand-Bornand seine Heimat hat: der Reblochon. Jede Woche öffnet einer der Produzenten seine Tore für Besucher und lädt dazu ein, die Herstellung der AOP-Käsespezialität aus Hochsavoyen hautnah zu erleben. 2000 Kühe der Rassen Tarine und Abondance leben in Le Grand-Bornand – und gerade mal so viele Einwohner. Einer von ihnen ist Didier Perrillat. Er gehört zu den letzten Sattlern, die ihr Leder noch handwerklich und traditionell mit altem Werkzeug bearbeiten. In Le Grand-Bornand gibt es kaum eine Kuh, die nicht ihre Glocke an einem von ihm gefertigten Schmuckband zum Almauftrieb trägt. Die Einheimischen schätzen seine Taschen, Gürtel oder Portemonnaies. Mehr über die landwirtschaftlichen Traditionen im Tal verrät eine alte Hofstelle (1830). Die Maison du Patrimoine hält mit vielen Veranstaltungen das bäuerliche Leben lebendig.

TIPP

RADELN IM SCHNEE

Mountainbiken auch im Winter? Mit Elektro-Antrieb, extrabreiten Reifen und weniger Luft als sonst im Schlauch meistern die VTTAE-Fatbikes auch den Schnee. Drei Routen sorgen in Le Grand-Bornand für Radelspaß im Schnee – und samstags sogar nachts! www.legrandbornand.com/vtt-neige-fatbike.html

WELTERBE AUF DER SPITZE

Briançon ist Spitze: Die höchstgelegene Stadt der EU ist als Ville d'Art & d'Histoire (Stadt der Kunst und Geschichte) ausgezeichnet und gehört mit ihren Festungsanlagen von Vauban zum UNESCO-Weltkulturerbe. Und ist dabei voller Lebenslust!

3

← Drei Tore – Porte Dauphine, Porte de Pignero und Porte d'Embrun – schützen die befestigte Oberstadt.
↙ In der pittoresken Cité Vauban von Briançon
↓ In der Oberstadt haben sich mehrere Galerien angesiedelt.

Briançon ist eine kleine Stadt in der Haut-Dauphiné am Zusammentreffen von fünf Tälern. Seit der Antike hat sie eine strategische Schlüsselstellung inne, kontrollierte sie doch die wichtigsten Handelswege der Westalpen. Schon früh wurde sie daher befestigt. Nach den Überfällen des Herzogs von Savoyen sah der Festungsbaumeister des Sonnenkönigs bei seinem Besuch im November 1692 schnellen Handlungsbedarf. Seine Ideen und Visionen verwandelten Briançon in eine uneinnehmbare Bergfestung. Vauban starb während der Bauarbeiten. Doch sein Werk war im Jahr 1700 vollendet. Auf einem Felssporn in 1326 Metern Höhe schützen seitdem die Oberstadt von Briançon die von Vauban entworfenen Stadtmauern. Vier Höhenforts – Salette, Dauphin, Trois Têtes und Randouillet – machen sie uneinnehmbar. Die Verbindung zwischen der Oberstadt und den Forts am Ufer der Durance stellt die Bogenbrücke Pont d' Asfeld her. Ein Novum der damaligen Zeit war die Connection Y. Der überdachte Durchgang schuf die Verbindung zwischen dem Fort des Trois Têtes und dem Fort du Randouillet und sperrte gleichzeitig das Tal von Fontchristiane. Das Herz der Cité Vauban bildet die Place d'Armes. Wo einst Soldaten exerzierten, zelebrieren heute Terrassencafés französisches Savoir-vivre. Seit 2008 gehört Briançon zum Welterbe – als Musterbeispiel einer Militärarchitektur, die zwei Jahrhunderte lang die Welt prägte.

TIPP

STREET ART FESTIVAL

Alljährlich im September lädt Briançon Künstler aus allen Ecken Europas ein, während eines zweiwöchigen Festivals die Stadt mit Street Art zu den Themen Berge, Sport und Kulturerbe zu verschönern. Mit dabei waren bereits Künstler wie Syrk, Scaf, Taquen, Pandele und Nean.

WELTERBE IM ZEICHEN DES SONNENKÖNIGS

»Eine Stadt, die von Vauban belagert wird, fällt. Eine Stadt, die von Vauban verteidigt wird, ist uneinnehmbar!« Treffender könnte man das Wirken von Sébastien Le Prestre de Vauban (1633–1707) nicht beschreiben.

Der französische Festungsbaumeister war an der Planung bzw. am Um- und Ausbau von etwa 160 Festungen beteiligt. Auch zahlreiche zivile Bauten gehen auf Vauban zurück. Als treuer Berater und Baumeister des Sonnenkönigs Ludwig XIV. trug er nicht unerheblich zu dessen Machtstellung bei. Seine zwölf wichtigsten militärischen Bauten gehören seit 2008 zum UNESCO-Weltkulturerbe.

Ein wehrhaftes Trio

Die Zitadelle von Arras in Hauts-de-France entstand in den Jahren zwischen 1668 und 1672 als Bollwerk gegen die spanischen Niederlande. Im Volksmund heißt sie »die schöne Nutzlose« *(la belle inutile)*, wurde sie doch niemals angegriffen. Die Barrikade gehört einer als *Pré carré* bezeichneten Festungslinie gegen die spanischen Niederlande an, die Vauban im 17. Jahrhundert anlegen ließ. Das wehrhafte Trio vervollständigen im Westen von Arras noch Béthune, im Osten die Festung Douai. Das lothringische Longwy wechselte im Laufe der Geschichte oft den Besitzer. Der Frieden von Nimwegen 1670 brachte es zu Frankreich. Flugs ließ der französische König Ludwig XIV. die Stadt von Vauban befestigen. Das Militär-Genie entwarf Longwy als Idealstadt – mit der Kirche St. Dagobert, Zeughaus, elf Kasernen, fünf Brunnen und 32 Häuserblocks um den Paradeplatz Place d'Armes. Die Festungswälle, die die Oberstadt im 17. Jahrhundert stern-

← Die monumentalen Festungsmauern der mittelalterlichen Altstadt von Briançon
↙ Einzigartig: die im 18. Jahrhundert entstandene Festungsanlage Cité Vauban in Briançon, Teil des UNESCO-Weltkulturerbes
↓ Von Menschenhand angetriebenes Rad in der Zitadelle von Besançon – ebenfalls ein Meisterwerk des Festungsbaumeisters Vauban

förmig mit sechs Bastionen und sogenannten Demi-Lunen (Halbmonde) umgaben, sind heute nur noch teilweise erhalten. Nahezu baugleich, aber größer, entstand die Festung Saarlouis im heutigen Saarland. Im Elsass sicherte Vauban die Grenze mit dem Bollwerk Neuf-Brisach. 48 Häuserblocks gruppieren sich in einem Achteck um den zentralen Paradeplatz. Vier Millionen Livres investierte der Sonnenkönig in die Vorzeigefestung. Für den Transport des für den Bau benötigten rosa Sandsteins ließ er eigens einen Kanal in die Vogesen graben. Zu den schönsten Wehrbauten Vaubans in Frankreich gehört die Zitadelle von Besançon, die er 1668 entwarf. Auf einer Steilklippe erhebt sie sich 100 Meter über dem Doubs, an dessen Schleife sich die alte Stadt schmiegt. In den Alpen ergänzte Vauban seine Cité von Briançon 1693 mit der Garnisonsstadt Mont-Dauphin, die auf einem Felssporn in 1050 Metern Höhe Festung und Siedlung vereint. Militär und Zivilisten lebten dort bewusst gemeinsam – als Strategie gegen das Desertieren.

Schutz der Atlantikküste

Stark befestigen ließ Vauban auch die Atlantikküste. Zum Schutz der Reede von Brest errichtete Vaubans Baumeister Jean-Pierre Traverse von 1693 bis 1695 an der bretonischen Westküste bei Camaret die 18 Meter hohe Tour Dorée mit elf Kanonen, Kanonenkugelofen und eine halbkreisförmige Schutzmauer. Weiter südlich war die Île de Ré ein Zankapfel zwischen Engländern und Franzosen. Vauban ließ daher die Festungsanlage der Nordküste zum Schutz der Häfen von La Rochelle und Rochefort erheblich erweitern. 14 Kilometer lang sind die Wehrmauern um die Inselhauptstadt Saint-Martin-de-Ré. Die Mündung der Gironde mit Zugang nach Bordeaux schützte Vauban mit dem Verrou de l'Estuaire. Er besteht aus drei Bauwerken: der Zitadelle von Blaye am rechten Ufer, dem Fort Paté in der Flussmitte und dem Fort Médoc am linken Ufer. Mit dem Pyrenäenvertrag kam Nordkatalonien zu Frankreich. Die neue Grenze zu Spanien sicherte Vauban mit dem Ausbau der Befestigungen von Villefranche-de-Conflent und dem befestigten Städtchen Saint-Louis. Auch dort passte der Festungsbaumeister sein System Vauban den Bedürfnissen vor Ort an, revolutionierte seine Anlagen mit Innovationen – und prägte zwei Jahrhunderte lang die Militärarchitektur.
www.sites-vauban.org

Blick auf die am Fuß des Col de Montgenèvre gelegene Festungsstadt Briançon. Noch höher liegen in Europa nur noch Dörfer.

MENTON

PERLE DER RIVIERA

In Menton endet die Route des Grandes Alpes – und verabschiedet sich auch Frankreich mit einer der schönsten Städte der Riviera. 316 Sonnentage pro Jahr sind seinen Altstadtgassen beschieden. Diese künden vom nahen Italien und lassen die Zitrusfrüchte reifen, die bei der »Fête du Citron« im Februar zwei Wochen lang mit Paraden und Umzügen groß gefeiert werden.

4

Berge, die ins Wasser fallen«, bedeutet der Küstenname Riviera und verrät, dass hier die letzten Ausläufer der Seealpen steil ins Mittelmeer stürzen und eine natürliche Barriere gegen Wind und Hitze bilden. In der Hauptstadt der Zitronen sind die Sommer stets ein wenig kühler, die Winter hingegen bis zu fünf Grad wärmer als an der restlichen Côte d'Azur. Das milde Klima lässt subtropische und tropische Pflanzen gedeihen und sorgt mit Mango, Bananen und Litschi, Zypressen aus Persien und Ölbäumen aus Griechenland für eine erstaunlich exotische Flora. Davon erzählen die vielen Parks von Menton. Die Serre de la Madone, die Lawrence Johnston 1924 im Tal von Gorbio anlegte, ist ein faszinierendes Gesamtkunstwerk aus gestalteter Natur, Kunst und Architektur. General Sir Percy Radcliffe legte die Wurzeln für den Botanischen Garten Val Rahmeh und benannte ihn nach seiner Frau Rahmeh. Um die einstige Sommerresidenz der Prinzen von Monaco erstreckt sich heute Europas größter Zitrus-Garten. 137 verschiedene Zitruspflanzen wachsen im Jardin Carnolès – Orangen und Zitronen, aber auch Mandarinen, Klementinen, Goldorangen, Bergamotte, Pomeranzen und Pampelmusen.
Die ersten Zitrusfrüchte kamen mit dem Zeitalter der Entdecker nach Menton. Ab 1495 wurden die ersten Haine angelegt und Zitronen kommerziell angebaut. Als goldenes Zeitalter der Zitrusfrucht gelten die Jahre von 1740 bis 1850. Eingelegt in Salz, reisten Zitronen aus Menton als Bordmittel gegen Skorbut um die Welt. Doch dann begann der Niedergang. 1956 gab es keinen Zitronenanbau mehr in Menton. Erst 1992 begann, unterstützt von Staat und Stadt, die Renaissance der Zitruskulturen. Heute ist die Zitrone von Menton eine als IGP geschützte Spezialität. Jeden Winter ist sie der Star der »Fête du Citron«, bei der Menton fantasievolle Figuren aus den Früchten entstehen lässt und im Jardin Biovès ausstellt – nachts kunstvoll illuminiert mit buntem Licht und Laseranimationen. Im 19. Jahrhundert entdeckten britische und russische Aristokraten Menton als Sonnenziel im Winter. Wie Nizza stieg auch Menton auf zum Hotspot der High Society. 1882 kam sogar Königin Viktoria an die Riviera von Menton. Prachtvolle Hotelpaläste entstanden, eingebettet in traumhafte Gartenanlagen. 13 dieser 17 prunkvollen Residenzen beherbergen heute Eigentumswohnungen.

← Das Café du Parvis nahe den Markthallen lädt zu einer genüsslichen Verweilpause ein.
↗ Menton ist berühmt für seine Gärten. Überall grünt und blüht es im Stadtgebiet – und dank des milden Mikroklimas auch exotisch.

Vier der einstigen Grand-Hotels empfangen bis heute betuchte Gäste: Les Ambassadeurs, das Balmoral, das Orangeraie und das Royal Westminster laden ein, wie einst dort luxuriös zu logieren.

Berühmte Künstler

Im Sommer 1955 besuchte Jean Cocteau seine Freundin Francine Weisweiller in Saint-Jean-Cap-Ferrat und kam dabei auch nach Menton. Und war schockverliebt. Der Bürgermeister war erfreut – und beauftragte den gebürtigen Schweizer, das Trauzimmer des Rathauses auszuschmücken. 1958 war das Werk fertig. Cocteau wurde Ehrenbürger von Menton. Im kleinen Fort Le Bastion erinnert das Musée Jean Cocteau an den 1963 verstorbenen Maler, Architekten und Schriftsteller. Ganz modern entwarf Rudy Ricciotti 2011 den Neubau für die Cocteau-Sammlung von Severin Wunderman. Der US-amerikanische Geschäftsmann mit belgischen Wurzeln hatte vor seinem Tod seine umfangreiche Kunstsammlung zu Cocteau der Stadt vermacht. Der gebürtige Ungar André Böröcz schenkte Menton sein weltberühmtes Kammermusikfestival. Er war Ende der 1940er-Jahre vor den Ameisen, die seinen Urlaub in Juan-les-Pins vermiest hatten, zu Freunden nach Menton geflüchtet. An einem lauen Sommerabend hörte er auf dem Vorplatz der St. Michaels-Basilika ein Violinkonzert von Bach, dessen Klänge aus dem geöffneten Fenster der Bäckerei herüberschallten und den Sonnenuntergang musikalisch untermalten. Böröcz war verzaubert – und gründete 1949 ein Festival, das jeden Sommer unter dem Sternenhimmel des Südens die größten Musiker der Klassik gemeinsam aufspielen lässt. Ihr Spielort ist der

Kirchplatz, der im Barock ganz bewusst als Bühne angelegt worden war: hell, offen, weit und großzügig – welch ein Kontrast zum Gewirr der Gassen von Vieux-Menton!

Dolce Vita & Savoir-vivre

Kaum ein Sonnenstrahl dringt in das italienisch geprägte Labyrinth mit seinen Terrakotta-Treppen und kleinen Plätzen, die alte Häuser in Pastelltönen säumen. Viele Altstadthäuser waren früher nur zweistöckig. Im Erdgeschoss hielten die Bewohner im Winter ihre Tiere. So wurde einst ganz natürlich geheizt. Durch die Hanglage ist das Obergeschoss eines Hauses oft das Erdgeschoss des Hauses in einer Gasse weiter oben. Die Altstadt endet im Süden an der Markthalle. Seit 1898 ist dort täglich außer montags Marktzeit. Doch nur am Sonnabend wächst der Markt über den Platz hinaus und dehnt sich auf den Quai Bonaparte am Hafen und die Place Docteur Théophile Fornari aus. Das Angebot der 40 Händler in der überdachten Halle schwankt stark je nach Saison. Immer vertreten sind Obst und Gemüse, Käse und Wurst, Fisch und Fleisch, Brot und Kuchen. Keramik, Holzarbeiten, Schmuck und Souvenirs werden nur während der warmen Monate feilgeboten. Vor der Markthalle mit ihren mehrfarbigen Kacheln von Saïssi stapeln sich die Auslagen der Gemüsebauern. Mittendrin steht seit 1950 ein Street-Food-Stand, der in Menton eine Institution ist: Chez Mimi. Dort stärken sich die Einheimischen während des Marktbummels mit *barbajuans*, mit Reis, Mangold und Käse gefüllten Teigtaschen, die in heißem Öl frittiert werden. In der Fußgängerzone verkaufen Läden wie Au Pays du Citron Limoncello, den frischen Zitronenlikör aus Menton. Allerdings stammen die Früchte für den Digestif meist aus Spanien oder Italien, da die hauseigene Erzeugung den großen Bedarf nicht decken kann. Wenige Schritte weiter lockt die L'Huilerie Saint-Michel mit feinstem Olivenöl. Die 1896 gegründete Ölmühle arbeitet mit Sterneköchen wie Mauro Colagreco, Patrick Reingeard und Marcel Ravin zusammen, um ihre teuren Olivenöle zu aromatisieren – mit Zitronen aus Menton sowie wildem Sellerie.

Das obere Ende der Altstadt begrenzt hoch auf einem Hügel der älteste Friedhof der Stadt. Der Schriftsteller Guy de Maupassant nannte ihn einst den »aristokratischsten« Friedhof Frankreichs. Die Gebeine ruhen dort auf den Fundamenten einer Burg. Sie gab ihm seinen Namen: Cimetière du Vieux-Château. Unter den berühmten Toten, die hier ihre letzte Ruhe fanden, befindet sich auch der Brite Aubrey Beardsley. Der Maler und Graveur, der Oscar Wildes Drama *Salomé* illustrierte und Plakate fertigte, war am 18. März 1898 in Menton im Alter von nur 25 Jahren an chronischer Schwindsucht verstorben. Der Friedhof gehört zu den schönsten Aussichtspunkten der Stadt. Von dort oben eröffnen sich herrliche Blicke auf die Stadt, die Bucht von Garavan, den Hafen – und die Strände der Stadt. Dort genießen Bewohner und Besucher von Menton gleichermaßen das *dolce vita à la française* beim Baden, Sonnen, Lesen oder Sport. Und sie erlebten beim Apéro oder Picknick den abendlichen Sonnenuntergang, der die Fassaden von Menton zum Glühen bringt.

↖ Im Jardin des Agrumes des Palais Carnolès versteckt sich moderne Kunst zwischen der Sammlung von Zitrus-Arten aus aller Welt.
↙ Auch *El día de los Muertos* war schon zu Gast bei der »Fête du Citron« – als Kunstwerk aus Zitronen und Orangen, das nachts spektakulär beleuchtet wurde.

TIPP

DAS ZITRONENFEST

Als Wiege des Zitronenfests kleiden sich die Biovès-Gärten seit 1936 in herrlichen Gelb- und Orangetönen. 180 Tonnen Zitrusfrüchte werden dort zu 13 riesigen Figuren und Schaubildern aufgetürmt und zwei Wochen lang allabendlich illuminiert sowie mit Lasershows und Musik effektvoll in Szene gesetzt. Mehr als 750 000 Gummibänder halten die Zitronen und Orangen zusammen. Der zweite Publikumsmagnet sind die Paraden. An den drei Sonntagnachmittagen der »Fête du Citron« zieht der große »Korso der Goldfrüchte« vorbei an den Tribunen am Strand und durch die Straßen der Stadt. Straßenkünstler, Musikbands und Artisten begleiten die bunte Karnevalsshow. Zweimal finden während des Zitronenfestes die Paraden am Donnerstag auch nachts statt. Dann sind die Faschingswagen eindrucksvoll beleuchtet. Ein fulminantes Feuerwerk beendet den abendlichen Corso. Das Zitronenfest ergänzt ein bunter Reigen weiterer Veranstaltungen, darunter der »Salon de l'Artisanat« mit den besten handwerklichen Erzeugnissen aus Zitrusfrüchten. Darüber hinaus stellt das »Festival des Orchidées« im Palais de l'Europe Orchideen in allen Farben und Arten vor.
www.fete-du-citron.com

MYTHOS AUS BENZIN UND ASPHALT

Gleich zwei automobile Mythen wurden 1955 geboren. Charles Trenet schuf mit einem Chanson den Mythos der Nationale 7, kurz N7, die als Ferienmagistrale von Paris an die Côte d'Azur führt. Citroën stellte die legendäre Limousine DS vor, die dank hydropneumatischer Federung und windschnittiger Silhouette zur Königin der Langstrecke und damit auch der N7 wurde.

Als »Ferienstraße, die Burgund und die Provence durchquert/die aus Paris einen kleinen Vorort von Valence/und den Speckgürtel von Saint-Paul-de-Vence macht«, besang Trenet die Ferienstraße, die von Paris bis an die italienische Grenze führt. Die Wegführung hat sich im Laufe der Jahre mehrmals geändert. 1904 wurde die Küstenpanoramastrecke der Corniche de l'Estérel Teil der Nationale 7. 1935 war es damit vorbei. Die Nationale 7 verläuft seitdem von Fréjus bis Mandelieu-la-Napoule nicht mehr längs der Küste, sondern weiter landeinwärts durch das dichtbewaldete Massif de l'Estérel. Erst 1976 kam die Moyenne Corniche hinzu, eine schwindelerregende Bergstrecke hoch über der Riviera von Nizza nach Menton.
Der Ruf als Direttissima vom grauen Norden ans sonnige Mittelmeer war da längst verbreitet. 1936 ging als das Jahr des ersten bezahlten Urlaubs ins Geschichtsbuch ein. Von nun an strömten die Massen in den

INFO

Start: Aix-en-Provence
Ziel: Menton
Länge: 245 Kilometer
Dauer: 3 Tage
Beste Reisezeit: Februar–Juni

Mandeln und Honig gehören in den weißen Nougat der Provence. Die süße Köstlichkeit gehört wiederum ins Reisegepäck.

Süden. Erst mit der Automobilisierung in den 1950er-Jahren aber wurde das auf von den Michelin-Werken gesponserten Emailleschildern und Wandkacheln prangende N7 zur Verheißung. Apropos Michelin: Gleich zweimal verlor ein Mitglied der Industriellendynastie, die die Nationale 7 als eine Art Versuchsstrecke für neue Reifen- oder Automodelle (als die DS auf den Markt kam, gehörte Citroën zu Michelin) betrachtete, auf der N7 sein Leben. 1937 kam Pierre Michelin, Sohn des Firmengründers Édouard, bei einem Frontalzusammenstoß auf der N7 ums Leben. 1949 raste ein Lastwagen unweit eines vom Michelin-Führer mit zwei Sternen ausgezeichneten Restaurants in den Bugatti des Enkels des Firmengründers, der beim Aufprall umkam. Auch diese Tragödien trugen zum Mythos Nationale 7 bei.

Ein Mythos, den der Bau der Autobahn und der damit verbundene Bedeutungsverlust der N7 nicht schmälern konnte. Vorbei sind zwar die Zeiten, da ganze Ortschaften sich mit Restaurants, Tankstellen, Hotels oder lokalen Produkten auf die sommerliche Prozession ans Meer einstellten. Im nordprovenzalischen Straßen- und Besenmacherdorf Lapalud etwa kaufte früher ganz Frankreich aus dem Autofenster Besen, Körbe, Feger ein. In Montélimar wurde Nougat gekauft,

Provence-Reisender, Platanen begleiten dich auf deinem Weg!

und zwar in rot-weißen Kartons, die den Straßensteinen längs der N7 nachempfunden waren. Rund um Sénas und Cavaillon reihten sich Stände, an denen noch sonnenwarme Melonen, Pfirsiche und Aprikosen verkauft wurden. Mittelalterlich enge Dörfer litten im Sommer unter bis zu 28 000 Autos, die sich Stoßstange an Stoßstange täglich über die Hauptstraße wälzten. Im Var-Städtchen Tourves maß die N7 weniger als vier Meter Breite – trafen zwei Lastwagen aufeinander, stand der Verkehr still. Drei Stunden, um bei sengender Hitze ein wenige Kilometer langes Nadelöhr zu passieren, gehörten zum allsommerlichen Leidensweg. Händler zogen von Wagen zu Wagen, um Getränke, einen Imbiss, Lektüre oder Spielzeug anzubieten. *Fini.* Mit dem Bau einer Umgehungsstraße wurde Tourves 1968 vom Durchgangsverkehr befreit, so wie in den Jahren zuvor und danach fast alle Orte längs der N7.

Einmal quer durch die Provence

Ihren Charakter als Ferienstraße hat sich die Route Nationale 7 vor allem in der Provence bewahren können. Vom noblen und zugleich umtriebigen **1 Aix-en-Provence** verläuft die Strecke mitten durch die Provence, zunächst mit der von Cézanne immer und immer wieder gemalten Montagne Ste-Victoire im Norden und der Sainte-Baume, dem heiligen Berg der Provence, im Süden. In St-Maximin-la-Sainte-Baume führt die N7 noch immer durch den Ort, der Platz genug für eine breite Fahrbahntrasse bietet. Alteingesessene Herbergen wie das Hôtel de France erinnern an die Glanzzeit der N7. Weiter östlich in Brignoles wird der Verkehr bereits seit 1955 um die engmaschige Altstadt geleitet. Gewerbegebiete, Supermärkte, Tankstellen längs der Umgehungsstraße wirken wenig einladend. Viele fahren daher am hübschen, urprovenzalischen Städtchen vorbei – schade! Noch etwas: Brignoles ist die Hauptstadt der **2 Provence Verte**, des dank vieler Bäche, Flüsschen und Quellen grünsten Teils der Provence. Ein Schlenker in eines der vielen schönen Dörfer wie Correns, Cotignac oder Barjols ist nicht nur aus diesem Grund erfrischend.

Endstation Riviera

Es wird weinselig. In Les Arcs bietet die Maison des Vins des Côtes-de-Provence an die 800 Weine zum Kellerpreis an – wer noch Platz im Kofferraum hat, sollte die Gelegenheit nutzen. Probieren aber bitte erst später: Ab Fréjus ist volle Konzentration gefordert. 183 Kurven, viele davon haarnadeleng, markieren die Passage durch das dichtbewaldete **3 Massif de l'Estérel**. Mit Cannes ist der erste von drei prominenten Places to be am westlichen Abschnitt der **4 Riviera** erreicht. Wer die Schönste am Strand ist, ob Cannes, Antibes oder Nizza, entscheide jeder für sich. Ab Nizza wird die Nationale 7 zur Balkonstraße mit *vue sur mer*: Willkommen an der östlichen Riviera mit ihrer dramatischen Bergkulisse! Für knapp 30 Kilometer folgt die Strecke auf bis zu gut 500 Metern Höhe der in den Felsen gehauenen Moyenne Corniche, vorbei an Bergdörfern, die wie Adlerhorste über dem Tintenblau des Meeres auskragen. Bei der Ankunft in Menton blühen die Zitronen. In den Gärten des italienisch anmutenden Badeorts sind die Zitrusfrüchte König. Und nur in Menton reifen in Frankreich Bananen unter freiem Himmel voll aus.

RESTAURANTS / ÜBERNACHTUNGEN

EINKEHREN

MOLÈNE DE MICKAEL FÉVAL
Der Name der bretonischen Insel Molène ist Programm. Auf der Karte des Restaurants in Aix stehen Fisch und *fruits de mer*.
www.restaurantmolene.com

LE VINTRÉPIDE
In Aix: ein Weinkeller von einem Restaurant! Mit schickem urban style-Bistro gleich darüber.
www.vintrepide.com

GALLIFET KITCHEN
Cooles Café mit flotter Küche in einem zum Ausstellungsbau für zeitgenössische Kunst umgewidmeten Barockpalais in Aix. Himmlischer Garten!
www.hoteldegallifet.com

LE P'TIT CAGEOT
Altstadtbistro in Antibes mit winziger Terrasse. Auf der Karte überzeugt die Gäste die schmackhafte Terroir- und Marché-Küche.
www.restaurantleptitcageot.fr

LES PERLES DE MONTE-CARLO
Austern aus der eigenen Zucht, bretonischer Hummer oder Fisch à la plancha. *C'est simple, c'est bon!*
www.perlesdemontecarlo.com

LA MERENDA
Alles wie gehabt: In diesem Restaurant in Nizza gibt es kein Telefon, Kreditkarten werden nicht akzeptiert, die *tarte de Menton* ist die Beste an der gesamten Riviera, die *petits farcies* sind ein Gedicht.
www.lamerenda.net

LES DEUX CANAILLES
In der Küche steht nur eine *canaille* – Tsumoru Takano. Der Japaner reinterpretiert die klassische Nizzaer Küche mit fernöstlichem Minimalismus.
www.lesdeuxcanailles.com

OLIVE & ARTICHAUT
Modernes Eckbistro in Nizza mit *open kitchen* und ambitionierter Küche, das Ganze unter dem Motto *mer et montagne*.
www.oliveartichaut.com

ÜBERNACHTEN

CAMPING CHANTECLER
Der große Platz 2 km außerhalb von Aix ist mit der Buslinie 3 ans Zentrum angebunden. Von einigen der in Terrassen angelegten Plätze schaut man auf die Montagne Sainte-Victoire. Viel Schatten, viel Komfort.
www.campingchantecler.com

HÔTEL CARDINAL
Plüschige Zimmer mit dem Charme der *vieille France*, im hippen Mazarin-Viertel von Aix.
www.hotel-cardinal-aix.com

LA BASTIDE DU BOSQUET
Vier charmante Chambres d'hôte in einem Landhaus des 18. Jahrhunderts auf halbem Weg zwischen Antibes und dem Cap d'Antibes.
www.le bosquet06.com

VILLA RIVOLI
Die deutsche Hotelière Barbara Kimmig hat ihr Handwerk in der nahen Hotellegende Negresco gelernt. Mit dem Boutique-Hotel in Nizza konnte sie sich den Traum vom eigenen Haus erfüllen.
www.villa-rivoli.com

CAMPING DU PARC SAINT-MICHEL
Ruhig gelegener Platz oberhalb von Menton mit entsprechendem Panoramablick. Stellplätze unter Eukalyptus- und Olivenbäumen. Auch Chalets und Mobile homes.
www.campingscotedazur.com

Rote Ziegel, ockerfarbener Putz, enge Gassen: Fertig ist das Provence-Dorf.

1

AIX-EN-PROVENCE

DIE NOBELSTE FLANIERMEILE DER PROVENCE

Als Flaniermeile unter der Sonne des Midi, gesegnet mit einer rekordverdächtigen Dichte an Boutiquen, Cafés und Restaurants, rangiert Aix hoch in der Gunst der Franzosen. Laut Umfragen träumt die Mehrheit davon, sich in Aix niederzulassen. Viele haben den Traum verwirklicht. Die Mieten haben daher fast das Niveau von Paris erreicht. Der Lebensfreude tut's keinen Abbruch.

Im Glück schwimmen heißt die überlebensgroße Skulptur des senegalesischen Künstlers Diadji Diop. Ihr Name ist Programm. Wir stehen im Innenhof des Hôtel de Gallifet, aus dessen Kies das Kunstwerk auftaucht, mitten im Quartier Mazarin, dem nobelsten, im 17. Jahrhundert im Schachbrettmuster angelegten Viertel von Aix. Einheimische sprechen in Anspielung auf das gleichnamige Pariser Viertel von »unserem Marais«. Glücklich, wer hier wohnen darf. Platanen werfen ihren Schatten auf Dachziegel, die so rosa leuchten wie in der Toskana. Honigfarbene Fassaden reihen sich aneinander. Atlanten tragen schwer an schmiedeeisernen Balkonen. Herrschaftliche Portale schirmen Innenhöfe ab. So auch beim Hôtel de Gallifet, das jedoch als einer der wenigen barocken Stadtpalais von Aix zugänglich ist.

Vor zehn Jahren hat sich Nicolas Mazet entschlossen, das Domizil der Familie für zeitgenössische Kunst zu öffnen. »Aix fehlte ein Schaufenster zur Moderne«, erklärt der Kunstsammler. Die Umwandlung der prachtvollen Räum-

lichkeiten und des herrschaftlichen Säulenhofs zum Gallifet Art Center kam einer kleinen Revolution gleich in einer Stadt, die durch und durch bourgeois und als wertkonservativ verschrien ist.
»Aix ist stolz auf Paul Cézanne, der fast sein ganzes Leben in Aix verbracht und gemalt hat, aber damit endet für die meisten Aixois auch die Kunstgeschichte«, weiß Mazet. Davon unbeirrt stellt er Fotografen und Künstler aus, die in der aktuellen Kunstszene international gefeiert werden. Etwa den Italiener Marcello Gepetti, den Chinesen Huang Yong, den Amerikaner Bruce Naumann oder den Deutschen Martin Werthmann.

↑ Als ob er nur mal kurz weggegangen wäre: Cézannes Atelier Les Lauves ist originalgetreu erhalten.
← Schlemmeradresse im Herzen des alten Aix: die Librairie de l'Hôtel Boyer d'Eguilles im Innenhof des Stadtpalais

Das Leben als Flaniermeile

Nur einen Steinwurf weiter verläuft der Cours Mirabeau. Wasser plätschert. Genau 101 Brunnen soll es in Aix geben, vier davon allein auf dem Cours Mirabeau. Die Terrassen an der elegantesten Flaniermeile der Provence sind ausladend. Cafés wie das Les Deux Garcons stehen unter Denkmalschutz. Cézanne war hier Stammgast und traf sich mit Jugendfreund Émile Zola im »2 G«, wie das Café mit dem originalen Louis-Philippe-Interieur in Aix genannt wird. Ein am Les Deux Garcons ins Pflaster eingelassenes Bronze-C des Parcours Paul Cézanne erinnert daran.
Östlich von Aix findet der Rundgang auf den Spuren des Malers seine Fortsetzung an der Montagne Sainte-Victoire. Der 1011 Meter hohe Hausberg von Aix ist ein mondkahler Kalkhöcker. Immer wieder hat Cézanne die Staffelei am Fuß des Bergs aufgestellt, in einem Rebenmeer, das als Coteaux d'Aix seine eigene Appellation hat. Weingüter sind so prachtvoll wie die Stadtpalais von Aix. Eine Route du Vin gibt es auch. Die Weinstraße schlängelt sich durch die Rebenlandschaft direkt zum Château La Coste.
Reben links, Reben rechts, dann stakst eine Spinne durch ein fußballfeldgroßes Wasserbassin. Die gigantische Skulptur *Crouching Spider* von Louise Bourgeois ist eine Einladung zur Promenade Art & Architecture. Am Wegesrand: Avantgarde-Architektur von Tadao Ando, von Frank O. Gehry, von Jean Prouvé, dazu zeitgenössische Kunst von Andy Goldsworthy, Carsten Höller und Richard Serra. Der amerikanische Bildhauer hat drei monumentale Metallplatten in eine Hügelkante gerammt, an denen es kein Vorbeikommen gibt. Der Name des Werks: *Aix*.

TIPP

MUSÉE GRANET
Das Museum erstreckt sich über die beiden Standorte Palais de Malte von 1676 und die Kapelle der Weißen Büßer. Gezeigt werden im Palais de Malte acht Werke von Cézanne, ein Porträt von Ingres, niederländische Malerei sowie das Œuvre des Malers François-Marius Granet, in der Kapelle moderne Kunst von van Gogh bis Picasso.
www.museegranet-aixenprovence.fr

ATELIER LES LAUVES
Das nur 52 Quadratmeter große Haus und Atelier mit Blick auf die Montagne Sainte-Victoire wirkt so, als ob Cézanne es gerade erst verlassen hätte. Schädel, eine Meerschaumpfeife, Flaschen, Keramiktöpfe und andere Gegenstände sind original. Ein Diorama erläutert Cézannes wichtigste künstlerische Phasen.
www.cezanne-en-provence

CHÂTEAU LA COSTE
Die bedeutendste Sammlung zeitgenössischer Kunst in der Provence, ausgestellt größtenteils unter freien Himmel, dazu ein Luxushotel und mehrere Restaurants. Nicht zu vergessen: die Bio-Weine wie der Rosé d'une Nuit sind große Klasse.
www.chateau-la-coste.com

In Cotignac macht die »grüne Provence« ihrem Namen alle Ehre.

2

PROVENCE VERTE

DENN AUCH IM SOMMER BIST DU GRÜN!

Zwischen den Gorges du Verdon, dem Massif des Maures und dem Walfischbuckel der Sainte-Baume breitet sich auf der Landkarte ein riesiger grüner Fleck aus: die Provence Verte. Dichte Eichen- und Kiefernwälder bedecken die »grüne Provence«. Und überall gluckert Wasser.

Flüsse wie der Argens führen auch im Hochsommer reichlich Wasser. Überhaupt, Wasser sprudelt in der Provence Verte im Überfluss. Ein grüner Teich, in den ein Wassertropfen fällt, ziert das Logo der Region, deren bescheidene Hauptstadt Brignoles ist, laut Provence-Dichter Frédéric Mistral »die lächelnde Amme der Grafen der Provence«. Um deren Burg reihen sich Stadtpalais. Auf Plätzen plätschern Brunnen. Schmale Treppen ersetzen Gassen. Auch in den Dörfern der Provence Verte gehört auf jeden Platz ein Brunnen. Dafür sind Souvenirläden und Immobilienmakler rar. Im Windschatten der großen Reiserouten bleibt die Kirche im Dorf, doch unter den Kleinwinzern wird seit dem 19. Jahrhundert rot gewählt wird, *par tradition*. So auch in Correns, wo auf der Rathausfassade in dicken Lettern *Liberté, Egalité, Fraternite* steht. Morgens schwebt der Duft von ofenfrischen Baguettes aus der Boulangerie ein paar Schritte weiter. Mittags ist gegenüber im Cercle de l'Avenir, dem Dorfcafé mit dem programmatischen Namen aus der guten, alten sozialistischen Zeit, in der die Winzergenossenschaft noch die Zukunft bedeutete, die Hölle los. Freitags ist Markt für Hühner von der Wiese und Obst, das ohne Pestizide gereift ist. Correns ist Frankreichs »erstes Biodorf«.

TIPP

PALAIS DES COMTES DE PROVENCE
Die gräfliche Burg aus dem 13. bis 15. Jahrhundert ist heute ein Heimatmuseum. Zu bewundern sind u. a. kostbar gestaltete Decken, eine monumentale Renaissancetreppe und die Kapelle.
www.caprovenceverte.fr

3

Auch wenn es manchmal schwerfällt: Bitte auf die Straße achten!

MASSIF DE L'ESTÉREL

JEDE KURVE EIN GENUSS

Von Fréjus bis Cannes bedeckt dichter Wald das Massif de l'Estérel. Rot leuchten die Porphyrfelsen, immergrün ist die Garrigue. Botanische Lehrpfade laden zum Erkunden der reichen Flora ein. Höchster Gipfel ist der Mont Vinaigre mit 618 Metern Höhe.

Knapp 200 Kurven drosseln das Tempo. Umso mehr lässt sich die Fahrt genießen. Die Nationale Forstbehörde hat 4500 Hektar Wald komplett für den Verkehr sperren lassen. Nur so haben die zundertrockene Garrigue sowie die nicht weniger feuergefährdeten Seekiefern und Korkeichen eine Chance, auch in Zukunft wie ein Urwald die Porphyrfelsen zu überwuchern. Im Wald drohte Reisenden früher eine ganz andere Gefahr. Bis weit ins 19. Jahrhundert musste jede Kutsche zum Schutz vor den gefürchteten Estérel-Banditen von Polizisten eskortiert werden. Gegenüber der alten Postkutschenstation von Les Adrets sind die Stallungen erhalten, in denen die Pferde der Gendarmerie standen.

In weitem Bogen windet sich die Nationale 7 auf den Mont Vinaigre zu und weiter, quer durch die bizarr gezackten Felskämme des Estérel-Gebirgszugs.

Ein paar Kilometer Wald, dann kündigt sich auf der Höhe von Mandelieu die Côte d'Azur strahlendblau an. Kanariengelb ist die Farbe von Mandelieu. Die Stadt an der Siagne zählt die meisten Mimosenbaumschulen der Côte d'Azur. Im Winter blühen alle Hänge: Das Massif de l'Estérel hält den eisigen Mistral von den zarten Blüten ab.

TIPP

CORNICHE D'OR

1903 wurde die Corniche d'Or, eine Uferstraße von Saint-Raphaël nach La Napoule aus dem roten Porphyr und Buntsandstein des Gebirgszugs geschlagen. Das Meer wirkt vor den roten Klippen so tintenblau wie sonst nirgends an der Côte d'Azur. Ab und zu taucht eine gischtumschäumte Badebucht auf. Runterkraxeln und nichts wie rein ins Wasser!
www.esterel-cotedazur.com

4

DIE RIVIERA

AN DER KÜSTE DES LUXUS UND DER MODEN

Die Riviera ist der glamouröse östliche Abschnitt der Côte d'Azur. Palasthotels machen sich wichtig. Aus Strandclubs wummern die Sounds eines Sommers. Unter den mondänen Strandmetropolen sind die Rollen klar verteilt. Cannes ist der Superstar, Antibes der Bauch, Nizza die Metropole, Monaco die Operettenbühne, Menton der Garten der Riviera.

Tusch! Cannes! Und Schluss. *Rien ne va plus* auf der Croisette, dem Laufsteg der Schönen, Berühmten und Reichen. Das Internationale Filmfestival im Mai versammelt sie alle. Teppichboden begräbt die im Bürgersteig verewigten Händeabdrücke von Altstars wie Catherine Deneuve, Robert Redford, Sophia Loren. Auf dem berühmten roten Teppich des Festivalpalais posieren die Stars von heute: Kristen Stewart, Adam Driver, Léa Seydoux. Cannes bedeutet Luxus. In den Hotelpalästen wie dem Martinez oder dem Carlton kostet die Nacht so viel wie anderenorts die Woche Pauschalurlaub. Wer kann, fährt nach Cannes.

In Antibes führen alle Wege zur gusseisernen Markthalle am Cours Masséna. Im Halbdunkel türmen sich Auberginen, Zucchiniblüten, Cabécou-Käse. Die Route Nationale folgt der endlos langen Baie des Anges weiter nach Nizza. Am Lou Camin dei Anglès, der Promenade des Anglais, die der englische Pfarrer Lewis Way 1849 über dem Kiesstrand anlegen ließ, mischen sich Alte, Junge, Millionäre, Lebenskünstler, Hipster und Tagestouristen. Zu ihren Füßen schwappt das türkisfarbene Mittelmeer. Italienisch bis in die piemontesischen Fundamente ist die autofreie Altstadt mit ihren Gassenschluchten und belebten Plätzen. *Nissa la bella* nennen

Einheimische die erst seit 1860 zu Frankreich gehörende Metropole. Wohl wahr.

Es geht hoch hinaus

Von Nizza schuftet sich die Moyenne Corniche die Felsküste hoch. Beim Blick in die Tiefe tauchen das noble Cap Ferrat und die Reede von Villefranche auf. Höhepunkt auf 429 Metern über dem Meer ist das Burgdorf Èze. Ein Wanderweg purzelt runter an den Strand nach Èze-Bord-de-Mer. Nietzsche haben die Mühen des Ab- und Aufstiegs zur Vollendung des *Zarathustra* animiert. Von Monaco, Bühne für Fürstendramen, Steueroase und Spielerparadies, sind vor allem die Luxusappartementtürme zu sehen. Zu Füßen der Skyline aus Wolkenkratzern und pompösen 1900er-Jahre-Palästen leuchtet das Mittelmeer glasklar. Das tut es auch auf Höhe von Roquebrune. 1355 kauften die Fürsten von Monaco das Felsdorf mit Balkonblick auf die Riviera. Knapp 500 Jahre wollten die Dorfbewohner von den Grimaldis nichts mehr wissen. Bei einer Volksabstimmung 1860 votierte die Mehrheit dafür, nach Frankreich zu wechseln. Es geht wieder runter an die Küste. Am Cap Martin kaschieren Pinien- und Eichen luxuriöse Villen. Das Meer ist tückischer, als es scheint: Le Corbusier ertrank 1965 am Kap. Das Grab des Architekten befindet sich auf dem Friedhof von Roquebrune.

Fast wie in den Tropen

Wie Nizza kam auch Menton erst 1860/61 zu Frankreich. Menton aber war immer viel diskreter als das lärmende Nizza. Hier hüstelte sich der europäische Adel ins Grab, angelockt durch britische Ärzte, die das Klima als Heilmittel für Lungenkranke priesen. Fehldiagnose! In Menton erreicht die Luftfeuchtigkeit bis zu 90 Prozent – Gift für die Schwindsüchtigen aus dem Norden. Auf dem Friedhof über der Altstadt reihen sich die Grabmäler rumänischer Gräfinnen, preußischer Generäle und schwedischer Konsuln aneinander, denen das Klima von Menton den Rest gab.

Ein Segen ist die tropische Feuchte mit rekordverdächtigen 17 °C im Jahresdurchschnitt für die Gärten und Parks im Stadtteil Garavan. Himmelstürmende Palmen im Clos du Peyronnet, üppig bepflanzte Terrassen im Serre de la Madone, Bananenstauden und Avocados im Jardin Val Rameh, botanische Exoten im Jardin de Maria Sérena: Kurz vor der italienischen Grenze endet die N7 in überbordender Pracht.

↑ Königspalmen, Hotelpaläste, Skandale säumen die Croisette. Die Kuppel des Carlton soll nach den Brüsten der schönen Otéro, Tänzerin und Kurtisane, geformt worden sein.
← Mag sein, dass nicht alles Gold ist, was in Cannes glänzt. Aber dick auftragen gehört an der Riviera zum Geschäft. Und nirgendwo ist der Glamourfaktor höher als in Cannes.

TIPP

COURS SALEYA

Der weite Platz ist Nizzas Empfangssalon. Nicht nur zum Blumen- und Gemüsemarkt (Di–So) und zum Trödelmarkt am Montag schaut *tout Nice* vorbei, und sei es nur, um eine *socca* zu essen – die Maisfladen gibt es auf die Hand. Für Verweilqualität sorgen zudem die vielen Cafés und Restaurants, fürs Sightseeing die Barockfassaden der Chapelle de la Miséricorde, des Palais du Sénat sowie der der Präfektur, ehemals Schloss der Herzöge von Savoyen.
www.explorenicecotedazur.com

FRANCIS BACON MB ART FOUNDATION

In Monaco wartet die vermutlich wertvollste Toilettentür der Welt. Sie stammt aus der Wohnung von Pariser Freunden, bei denen neben Francis Bacon auch andere Künstler ein- und ausgingen. Wie der Brite haben die Franzosen Pierre Soulages und André Masson Zeichnungen auf dem Furnier hinterlassen. Die Tür ist eins von 2500 Objekten, die der Kunstsammler Majid Boustany in einer 1900er-Jahre-Villa ausstellt.
www.mbartfoundation.com

MUSÉE JEAN COCTEAU, MENTON

Der futuristische Bau von Stararchitekt Rudy Ricciotti hütet 1800 Werke des Künstlers. Zwei weitere Cocteau-Gesamtkunstwerke sind der 1958 ausgemalte Trausaal im Rathaus und die Hafenbastion von 1636, die Cocteau in den 1960er-Jahren mit Mosaiken und Kieselsteinböden ausgeschmückt hat.
www.museecocteaumenton.fr

ROUTE 9: LUBERON

PROVENCE MIT PROMI-FAKTOR UND SEELE

Hat jemand John Malkovich beim Bäcker in Bonnieux gesehen? Wird Regisseur Ridley Scott wieder Barack Obama nach Oppède einladen? So lauten die Fragen, die im Luberon die Runde machen. Die Runde um den Gebirgszug liefert auf die Fragen keine Antwort, beweist aber, dass für Provence-Reisende kein Weg am Gebirgszug vorbeiführt.

Spätestens seit Schriftsteller Peter Mayle vor 30 Jahren mit dem Roman *Ein Jahr in der Provence* einen Welterfolg landete, ist der 80 Kilometer lange Gebirgszug des Luberon zum Sehnsuchtsziel einer Internationale von Promis geworden. Schauspieler wie Schauspielerinnen, Models, John Malkovich, Kate Moss und Co. suchen und finden hier vor allem eins: ihre Ruhe. Daran ändern auch die Gerüchte über Promis nichts, die in diesem oder jenem Dorf gesichtet worden sein sollen. Was eine wirklich gute Nachricht ist.

Wie ein Walfischbuckel taucht der dichtbewaldete Kamm des ungefähr 80 Kilometer langen Luberon aus der dahinrollenden Weite des Département Vaucluse auf. Von Norden nach Süden zerteilt die Felsschlucht, die der Gebirgsbach Aiguebrun gefräst hat, das Mittelgebirge von Nord nach Süd. Die Schlucht war früher wegen

INFO

Start und Ziel: Cavaillon
Länge: 220 Kilometer
Dauer: 3–4 Tage
Beste Reisezeit: April–Oktober

Im Luberon bleibt die Kirche nicht immer im Dorf, was vor allem am hohen Promifaktor liegt.

der gefürchteten Wegelagerer eine heikle Passage. Heute ist sie eher so etwas wie eine unsichtbare Grenze zwischen dem gehypten Petit Luberon im Westen und dem schlechter zugänglichen Grand Luberon im Osten. Auf den Hügeln beider Luberon-Teile thronen weithin sichtbar kleine Dörfer. Einige von ihnen sind berühmt. Lourmarin, wo Camus begraben liegt, lockt Pariserinnen und Pariser, die hier die echte, wahre Provence suchen. Roussillon leuchtet in den warmen Ocker-, Zinnober- und Gelbtönen der nahen Pigmentbrüche. Und in Bonnieux muss sich, wer ein Weingut sein Eigen nennt, gegen absurd hohe Kaufangebote wehren, seit Schauspieler Russel Crowe sich hier in *Ein gutes Jahr* zum verliebten Winzer läuterte.

Dörfer mit Seele

Doch die Liste der Dörfer, die ihre Seele bewahrt haben, ist noch immer lang. Monfuron, das höchstgelegene Dorf des Luberon, gehört dazu. Und Vitrolles-en-Luberon, an dessen Ortsrand eine Bastide überdeutlich Patina ansetzt, weil der Besitzer sich weigert, sein baröckelndes Landgut an den nächstbesten Multimillionär zu verkaufen. Oder Grambois,

Bloß nicht vom Weg abkommen: Schon sind die Schuhe rot gepudert.

wo das Spalier kathedralhoher Platanen auf dem Place des Remparts endet: links die Bäckerei, rechts das Café Dol mit tiefenentspanntem Patron, dahinter das Dorf, dessen Häuser sich an einen Abgrund schieben. Wenig vom Hype zu spüren ist ebenfalls im Marktstädtchen **1 Cavaillon**, dem westlichen Tor zum Luberon und Startpunkt unserer Route, oder im ehemaligen Bischofssitz Forcalquier, wo sich die Nähe zur Hochprovence durch im Winter eisige Temperaturen bemerkbar macht und der Luberon auf seine nordöstliche Grenze stößt.

Und dann blieben immer noch die einsamen, nur zu Fuß erreichbaren oder besser bezwingbaren Höhen. Auf dem Mourre Nègre, dem mit 1125 Metern höchsten Gipfel des Luberon, bimmeln Schafsglocken. Ansonsten ist die Stille fast greifbar. Zwischen Wacholder- und Buchsbaumsträuchern fliegt der Blick nach Norden zum kahlen Mont Ventoux, tastet im Süden das Tal der Durance ab. Kein lavendelfarbener Fensterladen erkennbar, kein Promi in Sicht. So sieht grenzenloses Glück aus.

Auf seiner Nordseite zeigt sich der Luberon schroff und unnahbar. Ein dichter grüner Waldpelz bedeckt die steilen Hänge ein. Obwohl ein zum Niederknien schönes Dorf aufs nächste folgt, die Namen vieler Dörfer in ganz Frankreich, wenn nicht in der ganzen Welt geläufig sind, sind Bausünden selten, bleibt die Natur unverschandelt. Damit das so bleibt, schützt der Parc Naturel Régional Luberon seit 1977 den Gebirgszug. Sitz des Naturparks ist **2 Apt**, wo sich der Petit Luberon vom Grand Luberon trennt. Aus der Ebene des Calavon, dessen Lauf die Route längs der **3 Nordflanke des Luberon** folgt, geht es in Schlenkern hoch zu Dörfern in Hanglage. Es ist zugleich eine Strecke, die anfangs unmerklich, später deutlicher in die Höhe geht. Ein Zeichen für den allmählichen Wechsel aus der Ebene in voralpine Höhen ist der Wechsel von den ahornblättrigen Platanen zu Kastanienbäumen am Straßenrand.

Wasser und Wein

Uneinheitlicher, zerklüfteter, unerschlossener präsentiert sich die **4 Südflanke des Luberon**, an die der Weg ab Forcalquier führt. Tief im Süden zieht die sich je nach Jahreszeit vom reißenden Fluss zum Rinnsal in einer Kieselsteinwüste wandelnde Durance eine Grenze. Bevor es so weit ist, muss die östliche Spitze des Luberon umrundet werden, die von Manosque, der Geburtsstadt des Literaturnobelpreisträgers Jean Giono, beherrscht wird. Wir passieren mit Pierrevert die am höchsten gelegene Weinappellation der Provence. Bis auf 600 Höhenmeter wird hier der Wein der AOC Coteaux de Pierrevert angebaut.

Weiter westlich rollt die Südflanke des Luberon sanft von den Höhen ins Pays d'Aigues aus, dem vielleicht unbekanntesten Landstrich des Luberon. Schlösser thronen über verbummelten Dörfern, Landstraßen winden sich durch die Weinberge, überall gluckert ein Bach oder Flüsschen. Das viele Wasser erklärt den Namen des Pays d'Aigues – Aigues bedeutet Wasser. Auch der größte See des Luberon, der Étang de Bonde, liegt im Pays d'Aigues, und das alte, von Mauern gefasste und von majestätischen Platanen beschattete Dorfbassin von Cucuron ist so groß, dass es ebenfalls Étang, Teich, genannt wird.

Auf Höhe des südlichen Petit Luberon rückt der Gebirgszug schließlich ganz nah an die Durance. Dann bedecken Obst- und Gemüsefelder das flache Umland von Cavaillon, wo sich die Runde um den Luberon schließt.

www.parcduluberon.fr

RESTAURANTS / ÜBERNACHTUNGEN

EINKEHREN

MAISON PRÉVÔT
Jean-Jacques Prévôt bietet in Cavaillon feine Regionalküche. Im *Menu Melon* dreht sich alles um die Cavaillon-Melone.
www.maisonprevot.com

CAFÉ DE FRANCE
Dorfkneipe in Lacoste mit lauschiger Terrasse und provenzalischer Hausmannskost wie *caillettes* (Mangold-Fleisch-Klößchen). Henry Miller soll hier *Stille Tage in Clichy* geschrieben haben. Mit Zimmern.
www.facebook.com/LacosteCafeDeFrance

LES SAVEURS GOURMANDES
Der Patron dieses Restaurants in Ménerbes hat vorher an einer Hotelfachschule unterrichtet. Als Koch widmet er sich bevorzugt den Kräutern und Gewürzen aus der Provence.
https://lesaveursgourmandes.com

L'ARÔME
In Bonnieux: Der Gewölbesaal ist heimelig, die Terrasse gefällt, die Küche hat eine entschieden provenzalische Note.
www.laromerestaurant.com

MATCHA
Moderne Provence-Küche in Cucuron mit viel Gemüse und Geflügel aus Freilandhaltung.
www.matcha-restaurant.fr

L'ART GLACIER
Eismacher Perrière hat in Ansouis über 50 Sorten im Angebot, darunter Lavendel, Hochprovence-Honig, Calissons. Den Blick auf den Luberon gibt es gratis dazu.
www.artglacier.com

ÜBERNACHTEN

LE CLOS DU BUIS
Pierre Maurin ist ehemaliger Botschaftskoch. Seine Zimmer, Studios und Ferienwohnungen in Bonnieux sind alles andere als staatstragend, sondern gemütlich und heimelig. Garten mit Pool.
https://hotel-bonnieux-luberon.com

AUBERGE DES SEGUINS
Hinter dem Haus in Buoux erhebt sich eine Felswand, vor dem Haus rauscht der Aiguebrun. Einfache Zimmer, günstiger Schlafsaal, rustikales Restaurant.
www.aubergedesseguins.com

CAMPING LE VALLON
Familiärer Campingplatz etwas außerhalb von Bonnieux. Stellplätze unter Kirschbäumen, Vermietung von Chalets und nostalgischen Wohnwagen.
www.campinglevallon.com

HÔTEL DU PARC
Charmantes Provinzhotel in Cavaillon, zentral und alteingesessen, mit Patio und freundlicher Atmosphäre.
www.hotelduparccavaillon.com

HÔTEL SAINTE ANNE
Ruhige Lage und freundliche, poppige Zimmer in Apt. Die Croissants zum Frühstück sind hausgemacht: Der Patron ist Bäcker.
www.apt-hotel.com

LOU BADAREU
Der Campingplatz unweit von Cucuron bietet viel Schatten, viel Platz und wird familiär geführt. Zum Abkühlen gibt es ein großes Wasserbecken, und in der kleinen Épicerie ist vieles bio und kommt vom Hof der Inhaber.
www.loubadareu.com

AUBERGE CHAREMBEAU
Landhotel in altem Gutshof bei Forcalquier mit heimeligen Zimmern und komfortablen Appartements, in unberührter Natur.
www.charembeau.com

Wofür die Ockerpigmente in der Provence verwendet werden? Gute Frage … Die Antwort liefert jedes Dorf!

Römischer Rest: Cavaillons Triumphbogen

1

CAVAILLON

HAUPTSTADT DER MELONEN

Cavaillon bettet sich in eine fruchtbare Ebene zwischen dem Flüsschen Coulon im Norden und der weit größeren Durance im Süden. Die etwas verschlafen wirkende Kleinstadt steht für Frankreichs beste Melonen, die honigsüßen Melons de Cavaillon**.**

Zum Montagsmarkt brummt es in Cavaillon. Alle Caféterrassen sind voll, im Schatten der Platanen wird geplaudert, und das Leben könnte südlicher nicht sein. Kein Wunder, denn die Stadt geht auf eine römische Gründung zurück. Davon zeugt der Triumphbogen (1. Jahrhundert) an der Place du Clos, wo übrigens in der Saison abends ein zweiter Markt abgehalten wird, der fast nur von Bauern bestückt ist. Unweit des Arc romain genannten Bogens führt von der Place Tourel ein Weg auf die Colline Saint-Jacques, den Hausberg der Stadt mit Kapelle und Panoramablick auf die Stadt und den Luberon. Herz der Altstadt ist die romanische Kathedrale Notre-Dame-et-Saint-Véran. Wie bedeutend auch die jüdische Gemeinde in Cavaillon einmal war, zeigt die barocke Synagoge in der Rue Hébraïque. Die reiche Ausstattung aus dem 18. Jahrhundert wurde restauriert. Mehr zur Geschichte der Stadt erfährt man im Musée archéologique, das im ehemaligen Hôtel-Dieu, einem barocken Krankenhaus, Ausgrabungen aus der Antike und neolithische Funde aus den Grotten des Luberon zeigt.

Und jetzt noch auf ein Glas oder einen Happen ins Fin du siècle: Das alteingesessene Café-Restaurant an der Place du Clos betört mit seinem überbordenden 1900er-Jahre-Dekor und ist in der gesamten Provence einzigartig.

TIPP

MUSÉE JUIF COMTADIN

Im ehemaligen Backhaus der Synagoge erklärt das Musée juif comtadin anhand von Thorarollen, Amuletten, Gebetsbüchern die Geschichte der im 17. Jahrhundert ungefähr 200 Mitglieder zählenden jüdischen Gemeinde.
www.cavaillon.fr/le-musee-juif-contadin.html

2

Fruits confits haben Apt zum Prädikat »Welthauptstadt der kandierten Früchte« verholfen.

APT

DIE KUNST DES KANDIERENS

Die beschauliche Hauptstadt des Luberon ist Sitz des Parc Naturel Régional du Luberon. Ganz Frankeich ein Begriff aber ist Apt als Hauptstadt der fruits confits**: Von der Kirsche bis zur Melone wird in den Ateliers der Confiseure alles kandiert, was in den Kessel passt.**

Für Madame de Sévigné glich Apt im 17. Jahrhundert einem gewaltigen Konfitürenkessel. Die Marquise wäre vermutlich erfreut zu wissen, dass diese Tradition weiterlebt. Apt behauptet sich noch immer als »Welthauptstadt der kandierten Früchte« und trägt das Label *Site remarquable du Goût*, »ein für seinen Geschmack bemerkenswerter Ort«. An den traditionellen Erwerbszweig erinnert das Musée d'Apt, das sich in einer ehemaligen *Fruits-confits*-Fabrik dem Obstanbau und dem Kandieren von Früchten widmet. Dass das Geschäft mit den in Zucker haltbar gemachten Früchten einträglich ist, zeigen die vielen *Hôtels particuliers* (Stadtpalais), vor allem längs der Rue des Marchands. Über der geschäftigen Hauptstraße von Apt erhebt sich die 500 Jahre alte Tour de l'Horloge mit Torbogen und schmiedeeisernem Campanile. Vorbei an Cafés und Boutiquen geht es zur Basilika Sainte-Anne, die bis 1801 Kathedrale und Bischofsitz war. Etwas weiter empfängt der Sitz des Naturparks Luberon in einem *Hôtel particulier* die Besucher mit einer Ausstellung zur Fauna, Flora, Geologie und Architektur des Luberon. Samstags findet auf der Rue des Marchands der größte Markt des Luberon statt: Treffpunkt für die Bewohner schlechthin und einer der authentischsten Märkte der Provence.

TIPP

CONFISERIEN

Die *fruits confits* von Le Coulon haben Kultstatus (24, quai de la Liberté): Confiseur Denis Ceccon kandiert im Kupferkessel Aprikosen der Sorte Rosée de Provence, Prescot-Melonen und weiße Feigen der Sorte Petite Marseillaise. Wie es geht, erfährt man bei einer Führung in der deutlich größeren Maison du fruit confit. www.lesfleurons-apt.com

3

DIE NORDFLANKE DES LUBERON

IMMER HÖHER HINAUS

Abrupt steigen die dicht bewaldeten Flanken des Gebirgszugs aus der fruchtbaren Ebene um Cavaillon und dem Tal des Calavon auf. Der Übergang vom mediterran geprägten Vaucluse in die voralpinen Alpes-de-Haute-Provence endet in Forcalquier, mit Bergen ringsherum, die an die tausend Meter hoch sind.

Les Taillades liegt nur einen Steinwurf östlich von Cavaillon. Der Name geht auf die Steinbrüche zurück, in denen jahrhundertelang die *Pierre de Midi*, der honigfarbene Stein der Provence abgebaut wurde – *taillade* bedeutet Schnitt. Hübsch ist Maubec mit seiner barocken Kirche und den ockergelben und apricotfarbenen Fassaden. Von nun an geht's bergauf. Das Ruinen- und Burgdorf Oppède-le-Vieux punktet mit malerischer Bergkulisse und wurde doch vor mehr als 350 Jahren von seinen Bewohnern verlassen. Dafür kommen heute die Ausflügler umso zahlreicher hierher, um die romantische Kulisse zu genießen. Ménerbes zieht sich mit romanischer Pfarrkirche und dem Herrensitz Le Castellet zu Füßen des alten Friedhofs auf einem Felsgrat in die Länge und zählt wie viele Dörfer des Luberon zum Kreis der »schönsten Dörfer Frankreichs«. Peter Mayle hat viele Jahre im Schatten des Bergfrieds gelebt und über den Dorfalltag den Bestseller *Mein Jahr in der Provence* geschrieben. An der Place de l'Horloge widmet sich die Maison de la Truffe et du Vin den Weinen der Côtes-du-Luberon und einer anderen Spezialität, den Trüffeln.

Bergdörfer mit Panorama

Oberhalb von Lacoste thront die Ruine der Burg des Skandalschriftstellers Marquis de Sade. Modeschöpfer Pierre Cardin hat das Château, das nach der Französischen Revolution zum Steinbruch wurde, sanieren lassen und ein sommerliches Theater- und Opernfestival in Leben gerufen. Die Rue de la République windet sich durch das zauberhafte Bergdorf Bonnieux, vorbei an stolzen *Hôtels particuliers* und einladenden Café-Terrassen. Eine steile, mit Kieselsteinen gepflasterte Gasse führt zur Pfarrkirche, von deren Platz man auf Lacoste und das Calavon-Tal schaut. Über das winzige Buoux geht es nach Saignon. Am Dorfrand des enggestauchten Bergdorfs stürzt der Blick vom kahlen Rocher de Bellevue in die Tiefe. Bei Céreste ist die Grenze vom Vaucluse ins Département Alpes-de-Haute-Provence überschritten. Das Dorf an der antiken Via Domitia hütet mit einer römischen Brücke eins der wenigen Überbleibsel der römischen Fernstraße. Von der Brücke führt ein Sträßchen zum Prieuré de Carluc, ein einsam gelegenes Benediktinerkloster, von dem die romanische Kirche und eine aus dem Fels gehauene Grabgalerie erhalten geblieben sind. Kastanien reihen sich im angenehm unaufgetakelten Reillane aneinander, an dessen Hauptplatz die Zeit still zu stehen scheint.

Der raue Charme der Hochprovence

An der Straße nach Mane taucht rechts das barocke Château de Sauvan auf. Das als »Versailles der Hochprovence« bezeichnete Schloss kann besichtigt werden. Nächster Stopp beim Prieuré de Salagon: Neben der romanischen Klosterkirche mit ihren grandiosen Fresken sind Themengärten mit über 2500 Pflanzen entstanden. In Mane kann die Burg zwar nicht besichtigt werden, aber der Charme rumpeliger Gassen verfängt sofort. Was auch für den rauen Charme von Forcalquier gilt. Montags verwandelt sich das Städtchen zum bedeutendsten Markt der Hochprovence mit mehr als 400 Händlern. Wahrzeichen von Forcalquier ist die frühgotische, wie eine Burg wirkende Kathedrale Notre-Dame-du-Bourguet. Schilder weisen zur Citadelle, dem höchsten Punkt der Stadt, wo es zwar keine Zitadelle mehr gibt, dafür jedoch einen fantastischen Blick über das gebirgige Pays de Forcalquier.

↑ Anders als die Ausschilderung glauben lässt, thront keine Zitadelle, sondern diese Kapelle über Forcalquier.
← Eng stauchen sich die Dörfer auf der Nordflanke an den dicht bewaldeten Walfischbuckel des Luberon. In der Calavon-Ebene zu Füßen des Gebirgszugs leuchtet der Klatschmohn.

TIPP

FORÊT DES CÈDRES

Ein botanischer Lehrpfad erschließt den kraftstrotzenden Zedernwald auf einem 700 Meter hohen Plateau südlich von Bonnieux. Die ersten Setzlinge stammten aus dem mittleren Atlasgebirge in Algerien und wurden ab 1861 gepflanzt. Durch natürliche Samenstreuung ist der Wald weiter und weiter gewachsen. Der Forêt des Cèdres ist heute 250 Hektar groß und erstreckt sich über eine Länge von fünf Kilometern. Dank der Höhe und des Baumschattens ist der Wald auch im Sommer ein angenehm kühler Ort.
www.parcduluberon.fr/geosite/foret-des-cedres-portalas

UNIVERSITÉ EUROPÉENNE DES SAVEURS ET SENTEURS

Das aus dem 13. Jahrhundert stammende ehemalige Cordeliers-Kloster von Forcalquier ist heute Sitz der Université Européenne des Saveurs et Senteurs. Zur »Universität der Geschmäcker und Düfte« gehört das Artemisia Museum, das sich der Kräuter-, Heil- und Duftpflanzenvielfalt im Pays de Forcalquier widmet. Angeboten werden Workshops zu traditionellen Genusshandwerkszweigen wie der Imkerei oder der Seifensiederei, und in der Boutique gibt es Produkte mit dem Label der UESS.
www.artemisia-museum.fr, www.uess.fr

Bories heißen die aus Natursteinen, ohne Mörtel aufgeschichteten Schutzhütten, in denen Schäfer bei Unwetter Zuflucht suchten.

4

DIE SÜDFLANKE DES LUBERON

ALLES IM FLUSS

Die Durance gibt die Richtung vor. Der Fluss umrundet die Ostspitze des Luberon, um nach Westen abzubiegen und die Südflanke des Luberon zu begleiten. Die Hänge sind sanft und mit Weinreben oder Obstbäumen bedeckt. Vom Trubel, der in einigen gehypten Dörfern an der Nordflanke herrscht, keine Spur. Das Leben an der Südflanke ist ein langer, ruhiger Film.

Zurück nach Mane, von wo es über die Passstraße zum Col de la Mort Imbert nach Manosque geht. Die größte Stadt des Départements Alpes-de-Haute-Provence zählt ganze 22 000 Einwohner. Manosque ist die Heimat des Provence-Schriftstellers Jean Giono (1895–1970). Sein Wohnhaus Lou Paraïs kann besichtigt werden. Im Centre Jean Giono, einer Dauerausstellung in einem spätbarocken Bau, wird Gionos literarisches Werk vorgestellt. Zu sehen gibt es zudem die mittelalterliche Porte de La Saunerie, enge Gassen, nette Plätze und die ehemalige Kathedrale Notre-Dame-de-Romigier aus dem 10. Jahrhundert mit davorgesetztem Renaissanceportal.

Film ab!

Die Tropfen der kleinen AOC Pierrevert stammen von Reben, die auf bis zu 600 Höhenmetern gedeihen. Macht ein ideales Terrain für die von der Rhône bekannte Rebsorte Viognier. Das Dorf selbst ist verbummelt und könnte als Kulisse einer Giono-Verfilmung dienen. La Bastide-des-Jour-

dans steht ganz im Zeichen seiner Burg und eines imposanten Uhrturms. Das benachbarte Grambois war zweimal Drehort für einen Roman von Marcel Pagnol, dem anderen großen Schriftsteller der Provence. Ein schmiedeeiserner Campanile krönt die romanische Kirche des auf einen Felsen gepfropften Dorfs. Das Renaissanceschloss von La Tour-d'Aigues wurde in der Französischen Revolution niedergebrannt. Geblieben ist eine gewaltige Ruine, die am 14. Juli, dem Revolutionstag, glutrot beleuchtet wird.
Um das bilderbuchhübsche Ansouis breiten sich die Weinberge aus. Das prachtvolle Renaissanceschloss mit Terrassengarten verblüfft durch ein monumentales Treppenhaus, Barockstuck und den Lottercharme des Ancien Régime. In Cucuron, wie Ansouis »eines der schönsten Dörfer Frankreichs«, spielt das Leben am Étang, dem von Platanen beschatteten und von Cafés gesäumten großen Wasserbassin. Mittelalterliche Mauern sorgen dafür, dass Cucuron Figur hält. Jean-Paul Rappeneau hat mit Cucuron die ideale Kulisse für die Verfilmung von Gionos Novelle *Der Husar auf dem Dach* gefunden. Am Ortsrand von Vaugines ließ der Filmregisseur Juliette Binoche vor der romanischen Kirche dem Husar schöne Augen machen.

Ein wenig Hype muss sein

Lourmarin ist das Dorf, das als Erstes im Luberon dafür steht, eine Art 21. Arrondissement von Paris zu sein. Denn *tout Paris* und dazu eine Unzahl Provence-süchtiger Ferienhausbesitzer träumen davon, ein Haus in Lourmarin zu besitzen, darunter auch Peter Mayle, der hier bis zu seinem Tod 2018 gelebt hat. Kann man alles verstehen. Lourmarin ist zauberhaft, das Château eine Augenweide, und auf dem Friedhof liegt Albert Camus begraben. Hinzu kommt die Lage am südlichen Ausgang der Combe de Lourmarin. Der enge Taleinschnitt trennt den Petit vom Grand Luberon und ist die einzige Nord-Süd-Passage des Luberon.
In Lauris ist der Hype schon wieder vorbei. Alle Gassen führen vor die von einer schmiedeeisernen Haube gekrönte Pfarrkirche von Lauris. Unter dem Dorf fließt die Durance. Zum Fluss ausgerichtet sind die barocken Gartenterrassen des Schlosses, auf denen sich ein in Europa einzigartiger Schaugarten für Färbereipflanzen ausbreitet. Im Jardin Conservatoire des Plantes tinctoriales blühen etwa leuchtendrotes Pusztagold und lilablauer Färberknöterich. Auch Erlen dürfen nicht fehlen, aus denen schwarzer Farbstoff gewonnen wird. Über dem Durance-Dorf Mérindol versteckt sich der Ruinenhaufen von Vieux Mérindol, dem verlassenen alten Dorf. Auf der Höhe von Cheval-Blanc bricht der Luberon abrupt über der Ebene von Cavaillon ab.

↑ Wasser ist der eigentliche Reichtum der Provence. In jedem Dorf sprudelt es aus dem Brunnen.
← Was denn, was denn, Wolken über dem Luberon? Lange kann es nicht dauern! Schon ist die Sonne wieder auf dem Vormarsch und schüttet ihr Gold über den Dörfern aus.

TIPP

DOMAINE DE LA CAVALE
Das hypermoderne Weingut etwas außerhalb von Cucuron empfängt mit Boutique, netter Terrasse und Wein-Ateliers. Der Bau von Stararchitekt Jean-Michel Wilmotte katapultiert die Südflanke des Luberon ins 21. Jahrhundert.
www.domaine-lacavale.com

MOURRE NÈGRE
Der Aufstieg zum höchsten Gipfel des Luberon (1125 m) ist nicht ohne. Von Cucuron geht es über die Fernwanderwege GR9 und GR97 zum Gipfel (ca. 24 km hin und zurück). Wer in Cabrières d'Aigues über den GR92 startet, verkürzt die Strecke um knapp die Hälfte.
www.luberon-sud-tourisme.fr/equipement/rando-le-mourre-negre-depuis-le-sud-luberon

LA FERME DE GERBAUD
Wenige Kilometer nördlich von Lourmarin bewirtschaftet Paula Marty auf sechs Hektar ihres Hofs Aroma- und Heilpflanzen wie Lavendel, Rosmarin, Thymian, und das ganz ohne Chemie. Auf einer Führung erfährt man alles über die Heilkräfte der Pflanzen, in der Boutique gibt es Honig, *huiles essentielles*, Kräuter …
www.plantes-aromatiques-provence.com

MELONEN FÜR BÜCHER

»Die Cavaillon-Melone braucht ein kräftiges Terroir«, erklärt Serge Nalet, seines Zeichens Maître Melonnier und größter Melonenbauer in den steinigen Alpes-de-Haute-Provence. Monsieur Nalet weiß daher, wovon er spricht. Für Sandböden, auf denen die Frucht etwa in der südwestfranzösischen Charente angebaut wird, hat der Provenzale nur ein Schulterzucken übrig.

Das Terroir der Cavaillon-Melone erstreckt sich auf fast die gesamte historische Provence, von der Rhône im Westen über den Mont Ventoux im Norden bis zum Tal der Durance im Osten und bis zu den Gebirgszügen der Sainte-Victoire und der Sainte-Baume im Süden. Über 2800 Sonnenstunden im Jahr sorgen für den hohen Zuckergehalt der honigsüßen Melonen, die von Mai bis September geerntet werden können.

Als Namensgeber kam Cavaillon, wo der Anbau erstmals 1495 urkundlich erwähnt wird, erst im 19. Jahrhundert ins Spiel. Im Luberon-Städtchen mit einem der bedeutendsten Großmärkte der Provence wurden die Melonen in die Güterzüge nach Paris verladen, wo sich bald der Name *Melon de Cavaillon* als eine Art Qualitätslabel verbreitete. Dank des Siegeszugs der Eisenbahn kam bald ganz Frankreich in den Genuss der an Vitamin A äußerst reichen Frucht, die bald auch in ganz Frankreich als *Melon de Cavaillon* angeboten wurde.

Die erste Imagekampagne für die Cavaillon-Melone lancierte schließlich kein Geringerer als der Romancier Alexandre Du-

← Melonenkunst, bigger than life.
↙ Kunstvoll zurechtgeschnitzt schmeckt die Cavaillon-Melone doppelt so gut, garantiert!
↓ Diese Melonen am Band zählen zu den edelsten Früchten der Provence. Jetzt fehlt nur noch der Adelsschlag durch eine *Indication Géographique Protégée.*

mas. Als Gegenleistung für die Gesamtausgabe seines literarischen Œuvres, das Dumas 1864 der Stadtbibliothek von Cavaillon vermachte, verpflichtete sich der Stadtrat zu einer jährlich nach Paris zu liefernden Leibrente von zwölf Melonen.

Erfolgsgeschichte auf der Zielgeraden

Es war der Anfang einer Erfolgsgeschichte, die aktuell auf eine geplante *Indication Géographique Protégée*, kurz IGP und zu gut deutsch »Geschützte Herkunftsbezeichnung« zuläuft. Die von Monsieur Nalet verabscheuten Sandböden – »eine Melone muss kämpfen, damit sie schmeckt!« – kommen bei der Festsetzung der IGP-Anbauzone selbstverständlich nicht in Betracht. Das Dossier haben die Melonenbauern des Syndicat des Maîtres Melonniers de Cavaillon längst eingereicht. Nun mahlen die bürokratischen Mühlen zu Paris. In zwei, vielleicht drei Jahren könnte der Traum der 50 *maitres melonniers* zählenden Bruderschaft der Cavaillon-Melone in Erfüllung gehen. Was fortan als Cavaillon-Melone etikettiert werden dürfte, müsste von den Feldern eines klar begrenzten Gebiets rund um die Kleinstadt stammen. Die Melonen müssten zudem nach den Regeln der Zunft in aller Herrgottsfrühe geerntet und von Hand nach Größe und Qualität selektiert werden.
Im vergangenen Jahr gingen stolze 2500 Tonnen mit dem bereits bestehenden Label *Melon de Cavaillon* in den Handel. Die unterschiedlichen Sorten erkennen nur Fachleute wie Serge Nalet. Bei den Melonen mit glatter Haut führen die Sorten Méhari, Lunastar und Cézanne, bei denen mit geriffelter Haut sind es Hugo und Anasta. Den größten Anteil aber macht noch immer die vermutlich aus Armenien stammende Sorte Cantaloupe, die ihren Weg nach Italien gefunden hat und im späten Mittelalter aus den Gärten der päpstlichen Sommerresidenz in Cantalupe bei Rom ins päpstliche Exil nach Avignon und damit in die Provence gelangte.

Melonenwahl mit Anleitung

Einen Tipp zum Aussuchen einer reifen Melone hat Monsieur Nalet noch. Erstens muss der Stengel sich bewegen lassen können, zweitens muss die Frucht schwer und fest sein, drittens soll sie gelb, aber mit grünen Adern überzogen sein, viertens soll sie nach Honig duften, fünftens *Bon Appétit*!
www.melondecavaillon.com

KORSIKA EN MINIATURE

Cap Corse ist Korsika im Kleinformat: ein Gebirge im Meer mit schroffen Felsküsten im Westen und Badestränden im Osten, wehrhaften Genuesertürmen, Weinbergen, Olivenhainen, Fischerhäfen und Bergdörfern. 40 Kilometer lang und höchstens zwölf Kilometer breit, reckt es sich im Inselnorden ins Mittelmeer.

Starten Sie die große Runde durch Korsikas Norden in **1 Bastia**. Dicht an der Küste entlang bringt die D80 Sie zur katholischen Chjesa di Lavasina, die als das Lourdes von Korsika gilt. Seit mehr als drei Jahrhunderten kommen die Korsen hierher, um zur Gottesmutter zu beten. Wer gerne wandert, macht vom Küstenstädtchen Lavasina auf der D54 einen Schlenker nach Pozzo. Dort beginnt der fünfstündige Aufstieg zum Monte Stello, mit 1307 Metern der höchste Gipfel des Cap Corse. Die Mühen des Aufstiegs belohnt eine atemberaubende Rundumsicht nach Saint-Florent im Westen, zum Hochgebirge im Süden und zur Insel Elba im Osten. Nach dem Abstecher in die Berge führt die D54 zurück zur Küste und die D80 hinein nach Erbalunga. Das Fischerdorf ist berühmt für seine Karfreitagsprozessionen. Bei der morgendlichen *cerca* (Suche) tragen Männer und Frauen sieben Kilometer lang schwere Kreuze von Kapelle zu Kapelle. Am Abend formt sich die Granitola-Prozession, dabei ziehen die Gläubigen mit Fackeln in der Hand und Kapuzen über dem Kopf im Dunkel der Nacht durch das Dorf.

INFO

Start und Ziel: Bastia
Länge: 220 Kilometer
Dauer: 2–3 Tage
Beste Reisezeit: Mai–September

Das kleine Fischerdorf Erbalunga ist berühmt für seine Karfreitagsprozession.

5 km
N
Cap Corse
Île de la Giraglia
Capo Grosso
Tour de Tollare
Tour d'Agnello
Baie de Capandola
Capo Bianco
Monte Maggiore 359
Acqua Tignese
Tour Sta. Maria
Santa Maria
Îles Finocchiarola
Moulin Mattei
Col St-Nicolas 303
Baie de Tamarone
Cannelle
Centuri-Port
Île de Centuri
Centuri
Bettolacce
Macinaggio
Monte Di à Funa 444
Meria
Tour de Meria
Marina di Meria
Monte Fornello 576
Golfe d'Aliso
St-François
Tour de Sénèque
Pino
Lissandru
Luri
Punta di Stintinu
Monte Grofiglieta 837
Couvent d'Oveglia
MITTELMEER
Monte Alticcione 1139
Bocca di San Rocco 377
Tour de l'Osse
Cap
Monte Cucaru 935
Canari
Pietracorbara
Marine de Pietracorbara
Punta di Canelle
Cima di e Follicie 1324
Tour de Castellare
San Martinu
Santa Catalina
Corse
Marina di Sisco
Monte Merizatodio 778
Tour de Sacro
Monte Stello 1307
Nonza
Pierragu
Notre-Dame-des-Neiges (Santa Maria di e Nevi)
Monte Capra 1266
Brando
Erbalunga
Pozzo
Lavasina
Golfe de St-Florent
Monte Pruno 1238
Miomo
Punta di Mignola
Plage de Saleccia
Punta di Curza
Plage de Loto
San-Martino-di-Lota
Cima di Gratera 1033
Tour de Mortella
Etang du Loto
Liscu
Algа
Punta Vecchiaia
Ville di Pietrabugno
Sainte-Lucie
Tour de Toga
Cima d'Ortella 413
Désert des Agriates
Anse de Fornali
Patrimonio
Église St-Martin
Serra di Pignu 960
Saint-Florent
Santa Maria Assunta
BASTIA
Monte Genova 421
Cima d'Ifana 479
Suarella
Buggiu
Monte St Angelo 353
TYRRHENISCHES
Bocca di Vezzu 311
Dolmen de Monte Revincu
Col de Teghime 536
Piobetta
Monte a Mazzola 229
Monte â Torre 852
MEER
Cima di Pedi Pilato 597
Nebbio
Bocca d'Alzia
99
Ruaghiola
Cima di u Zuccarello 955
Aliso
Monte di Tuda 340
Oletta
Biguglia
141
Bocca di Campi Tostari
Cima a Muzelli 1300
Santo Pietro di Tenda
Église San Pietro
Col de San Stefano 368
Bevinco
Pièvе
Monte Torricelle 835
Novella
San Michele
Monte Astu 1535
Monte Pietescu 702
Murato
Menhir
Monte Buggientone 1077
Ostriconi
Cima di Taffooni 1117
Borgo
Cima di Mutereno 605
Aéroport de Bastia-Poretta
Bocca di Campu 451
Monte Reghia di Pozzo 1469
Lucciana
Cima di Tanoria 1224
San Parteo
La Canonica
Monte Maggiore 1102
Campitello
Golo
Navaccia
Cima di Luda 904
1
2
3

Die gesamte korsische Küste ließ Genua mit wehrhaften Türmen schützen: den Genuesertürmen.

Von Sandstränden und Freiheitshelden

Bei der Fahrt auf der D80 weiter gen Norden säumen Genuesertürme und Kieselstrände die Küste. Mit diesen wehrhaften *tours gênoises* schützte Genua ab 1510 die Insel vor den Osmanen und Sarazenen, die sie regelmäßig überfielen. Besonders gut erhalten ist die Tour de Losse (in Privatbesitz). Wer baden möchte, sollte bis Macinaggio warten. Sein von feinem Sand gesäumter Stadtstrand gehört zu den schönsten und größten Stränden von Cap Corse. Mit 600 Liegeplätzen ist der Hafen von Macinaggo der größte des Kaps – und schrieb sogar Geschichte. Am 14. Juli 1790 segelte Korsikas Freiheitsheld Pasquale Paoli von Macinaggio aus ins Exil nach England. 1814 landete Napoleon Bonaparte bei seiner Rückkehr von seiner Verbannung auf der Insel Elba dort im Hafen. Auf einem kurzen Spaziergang erreichen wir vom Col de la Serra den Moulin Mattei. Von der weiß getünchten alten Windmühle eröffnen sich weite Blicke bis hin zu den toskanischen Inseln. Die Silhouette der Mühle ziert das Etikett des berühmten Cap-Corse-Likörs. 1872 hatte Louis-Napoléon Mattei den Insel-Aperitif erfunden und auf den Markt gebracht. Sein Stammhaus in Bastia ist heute ein Concept Store, der an der Place Saint-Nicolas nicht nur die eigenen Produkte, sondern auch ein großes Sortiment anderer korsischer Weine präsentiert. Probieren könnte man den Aperitif auch bei einem Dîner in Centuri-Port, wo am kleinen Hafen beliebte Lokale wie Le Langustier die leckeren Langusten des Kaps fangfrisch servieren – meist fahren die Köche noch selbst hinaus und fangen die Krustentiere. Die Dächer des kleinen Naturhafens sind mit grünem Serpentinstein gedeckt – ein reizvoller Kontrast zu den pastellfarbenen Fassaden! Nach Centuri-Port schlängelt sich die D80 an der Westküste gen Süden. Abenteuerlich und wild ist die Landschaft, und nur wenige Buchten wie am Weiler Pino erlauben, einmal anzuhalten.

Wenige Kilometer weiter sind links der Straße die Reste der Asbestmine von Canari zu sehen – bis 1965 war sie europaweit das größte Abbaugebiet für den krebserregenden Faserbaustoff. Ihr Abraum bescherte Nonza seinen berühmten schwarzen Sandstrand. Eine steile Treppe mit 260 Treppen führt hinab. Baden ist hier wegen der starken Strömung nicht ganz ungefährlich. Immer wieder führen Stichstraßen von der Steilküste hin zu kleinen Kapellen. Nonza ist berühmt für seine heilige Julia, die 303 n. Chr. dort gekreuzigt wurde. Seither entspringt dort eine Doppelquelle mit wundertätigem Wasser. Zu Ehren der Märtyrerin wurde die Barockkirche Église Sainte-Julie errichtet, alljährlich am 22. Mai Ziel einer Wallfahrt. Die D80 führt nach Nonza hinein in die beste Weinregion Korsikas: **2 Patrimonio**. Die Weinberge am Nordhang des Nebbio bilden seit 1946 die älteste Appellation der Mittelmeerinsel. Durch die Weinberge, Olivenhaine und Weiden des Nebbio geht es auf der D81 zurück zur Küste nach **3 Saint-Florent**, der Hauptstadt des Nebbio. D61 und D62 bringen uns zur imposanten Barockkirche von Santo Pietro di Tenda. Neben der Dorfkirche von Piève erheben sich seit der Steinzeit die drei Menhirstatuen Murello, Bucentone und Mutola. Immer tiefer windet sich die D62 ins Nebbio. Auf einem Hügelkamm erhebt sich dort nahe der Kreuzung mit der D5 seit 1280 die Kirche San Michele de Murato. Das schönste Gotteshaus der Pisaner schmückt eine gestreifte Fassade aus weißem Kalkstein und dunkelgrünem Serpentin aus dem Bevinco-Tal. Beim Defilé de Lancone hat sich der Bevinco im Laufe der Jahrhunderte 120 Meter tief in das Schiefergestein eingegraben. Auf der D5 zurück zur Kreuzung folgt die D62 der wildromantischen Schlucht hinab bis Biguglia. Sein zehn Kilometer langer, aber nur ein Meter tiefer Lagunensee ist ein Refugium für Kormorane, Flamingos und andere Zugvögel. Ein Naturlehrpfad zeigt seinen Vogelreichtum. In den Uferlokalen des Étang de Biguglia werden die köstlichen Austern serviert, die dort gezüchtet werden. In der Nähe des Südufers erhebt sich in Lucciana die Kathedrale Santa Maria Assunta, ein Musterbeispiel der pisanischen Frühromanik auf Korsika. Die Korsen nennen sie La Canonica. Von dort führt die D107 auf der Nehrung zwischen Lagune und Mittelmeer vorbei an breiten Sandstränden zurück nach Bastia.

RESTAURANTS / ÜBERNACHTUNGEN

EINKEHREN

LA RHUMERIE
An der Place Galetta serviert die sympathische Bar Rum in allen Geschmacksrichtungen: pur, als Planter's Punch, als Shot oder Longdrink, begleitet von Tapas und cooler Musik vom DJ.
http://larhumeriebastia.unblog.fr

A CASARELLA
Das Terrassen-Restaurant von Andy Caravel in der Zitadelle von Bastia gehört zu den Schlemmer-Adressen, die auch Einheimische aufsuchen. Die Küche ist frisch, Fisch und Meeresfrüchte prägen die Karte.
www.facebook.com/pages/A-Casarella/438852552849101

LA GALÈRE
Moules frites sind das Nationalgericht an Frankreichs Küsten. In diesem Bistro am Jachthafen von Macinaggio gibt es zu den Miesmuscheln die Fritten nicht nur klassisch, sondern auch als knusprige Süßkartoffelsticks.
www.facebook.com/LA.GALERE.MACINAGGIO

LE LANGOUSTIER
Kap-Langusten! Seit mehr als 40 Jahren holt sie Fernand Sker vor der Haustür aus dem Meer. Gegrillt oder gekocht kommen sie zum Paradeblick auf Frankreichs führenden Langustenhafen Centuri auf den Teller.
www.lelangoustier.com

STEAKHOUSE LE GRILL
Das beliebteste Fisch- und Steak-Restaurant von Saint-Florent bezieht sein Gemüse aus eigenem Anbau. Die Terrasse liegt direkt am Hafen mit Blick auf die Jachten.
www.facebook.com/steakhouse.legrill

ÜBERNACHTEN

SUD HÔTEL
Das junge Ökohotel verbindet Originalität und Geselligkeit mit Nachhaltigkeit – im lauschigen Innenhof wie auf der Dachterrasse, wo ein Bio-Garten das Hotel-Restaurant mit Gemüse, Obst und Kräutern versorgt. Die Kategorien der 24 Zimmer reichen von *low cost* und *cosy* bis zum Schlafraum für Großfamilien.
www.sudhotel-bastia.com

CAMPING A CASAIOLA
In einem Wald aus Korkeichen und Erdbeerbäumen versteckt sich dieser Campingplatz, nur fünf Minuten zu Fuß vom Meer bei der Marina von Sisco entfernt.
www.camping-acasaiola.com

LE VIEUX MOULIN
Die alte Mühle von Centuri-Port hat sich in ein Wohlfühlhotel verwandelt, das mit nostalgischem Komfort und lokaler Küche die typisch korsische Lebensart zelebriert.
www.le-vieux-moulin.net

U SANT AGNELLU
Hoch über der Küste haben aus Amerika zurückgekehrte Korsen in einem Olivengarten eine Villa mit Hotel-Restaurant erbaut, das dem Gast weite Ausblicke beschert. Die Zimmer sind schlicht, aber dennoch komfortabel; die Küche ein wahrer Genuss.
www.hotel-usantagnellu.com

HÔTEL SANTA MARIA
Das moderne Hotel in Saint-Florent offeriert 27 Zimmer und drei Junior-Suiten, teilweise mit Balkon. Empfang und Service sind recht charmefrei, Haus und Zimmer aber ungewöhnlich sauber.
www.hotel-santa-maria.com

Auf Cap Corse ist die Küste gespickt mit herrlichen Aussichtspunkten.

1

BASTIA

KORSIKAS TOR ZUR WELT

Bastia ist eine Miniausgabe von Marseille oder Hamburg, eine typische Hafenstadt, ein Mikrokosmos der Kulturen, in denen Gegensätze aufeinanderprallen: Menschen und Kulturen, Palazzi und Beton, Erbe und Moderne, Grandezza und Patina. Bastia ist Nordkorsikas Perle zu Füßen des Monte Pigno.

Doch vor allem ist Bastia Korsikas Tor zur Welt. Bis zu 15 Fähren aus Italien und vom französischen Festland machen täglich in seinem Hafen fest. Haushoch stapeln sich die Container an der Kaikante. Jenseits des rauschenden Verkehrs auf der Territoriale 11, die als breite Verkehrsschneise den Hafen von der Stadt trennt, hat Bastia seine typisch korsische Beschaulichkeit bewahrt. Dicht an dicht stehen die Stühle und Tische der Terrassen an der Place Saint-Nicolas. Im Schatten der Platanen genießen Gäste und Einheimische gleichermaßen den ersten Kaffee oder einen Absacker. Vom Sockel blickt Kaiser Napoleon im Römerlook hinab auf die Passanten. Bei der Bar L'Empire beginnt die Rue Napoléon. Seit ihrer Sanierung als Fußgängerzone gilt die längste Straße der Stadt als Champs-Élysées von Bastia. Gleich an ihrem Beginn befindet sich das Oratoire Saint-Roch. Vor dem Eingang der Kapelle wurde aus Flusssteinen ein Mosaik gelegt. Wunderschön ist auch das Innere: Marmor, Gold und unzählige Engel – was für eine göttliche Pracht für Sankt Rochus, der links vom Eingang steht. Alle drei Jahre am 16. August wird der Heilige der Pestkranken feierlich durch die Gassen getragen. Vor dem Oratoire de l'Immaculée Conception, der Kapelle der Unbefleckten Empfängnis, zeigt das Bodenmosaik aus Feldsteinen in Rot, Schwarz und Weiß eine riesige Sonne. Das Innere dominiert typisch genuesischer Barock. Die Wände sind mit rotem Damast und Samt bespannt. Fresken schmücken das Gewölbe, illusionistische Malerei die Marmorkanzel. Alljährlich am 8. Dezember trägt die Gemeinde ihre Marienstatue zur Église Saint-Jean-Baptiste.

Alle Genüsse der Insel

Zu ihren Füßen hat auf der Place du Marché de Ville ein Wochenmarkt seine Stände aufgeschlagen. Bestückt wird er fast ausschließlich von lokalen Produzenten. Was sie anbieten, beinhaltet die Aromen der Insel – von der *charcuterie corse* mit Prisuttu-Schinken und Figatelli-Würstchen über Käse von Ziege und Schaf bis zur Konfitüre mit Früchten und Pflanzen der Macchia. So schmeckt Korsika! Die Pfarrkirche mit ihren weithin sichtbaren Doppeltürmen bildet das Herz der Terra Vecchia, der Altstadt der Fischer und kleinen Leute. Mit engen Gassen und steilen Treppen, hohen Häusern und kleinen Läden säumt sie den Hang über dem Porto Cardo. Der alte Hafen von Bastia dient heute als Marina für unzählige Segelboote und Jachten. Bis an ihr Südufer reicht der Jardin Roumieu, der seit den 1870er-Jahren den alten Hafen mit der Zitadelle verbindet. Unterhalb der Festung hat der österreichische Architekt Dietmar Feichtinger im Winter 2020 eine atemberaubende Brücke an die Felsküste gehängt. Aldilonda heißt die fünf Meter über dem Meeresspiegel gelegene Promenade, was im Korsischen so viel bedeutet wie »über dem Wasser«. Auf ihr lässt sich die gesamte Felsküste unter der Festung erkunden. Land und Meer durchdringen sich dabei auf dem Steg. Unter dem Gitterrost flutet das Meer. Bei hoher Brandung schlagen die Wellen durch den Rost. Das bremst die Kraft des Wassers und verhindert das Fortschreiten der Erosion am Felsen. Im Innern der befestigten Oberstadt hatten sich ab 1453 die Statthalter Genuas im Palais des Gouverneurs verschanzt. Heute birgt der sonnengelbe Bau das Stadtmuseum. Mitten im Gewirr der schmalen Gassen der Zitadelle versteckt sich ein kulturhistorisches Kleinod: die reichschmückte Rokokokapelle Sainte-Croix. Bei Konzerten erklingt dort die *Paghjella*. Der uralte Gesang der korsischen Männer gehört seit 2009 zum Weltkulturerbe. Musikgenuss mit Gänsehaut!

↑ Eine Sonnenuhr schmückt den Gouverneurspalast der Zitadelle, heute Sitz des Stadtmuseums.
← Der alte Hafen von Bastia bildet heute als Porto Cardo die Marina der Sportboote.

TIPP

FESTA DI A SAN GHJUVÀ

Eintauchen in das Leben der Korsen und die Seele von Bastia hautnah erleben: Das gelingt am besten bei einem der vielen Feste – und besonders gut bei der »Festa di a San Ghjuva«, einem riesigen nächtlichen Volksfest im Herzen der alten Stadt. Land und Meer, Himmel und Erde vereinen sich bei dieser faszinierenden Sonnenwendfeier alljährlich am 23./24. Juni. Das Spektakel beginnt mit einer nächtlichen Prozession zum Vieux-Port. Zum Glockengeläut der Église Saint-Jean-Baptiste wird im Schatten der Zitadellenmauer am Südkai eine imposante Ansammlung von Kisten, Latten und anderen Holzresten angezündet. Das Freudenfeuer funkelt auf den Fluten, die Menge jubelt. Dann spielt auf der Place du Marché ein Orchester auf, und Bastia tanzt bei einer *Bal Musette* bis in den Morgen. Die Ursprünge des Johannisfestes reichen Jahrtausende zurück. Früher war es heidnisch und mit dem Sonnenkult und der Sommersonnenwende verbunden, weshalb es zwischen dem 21. und dem 25. Juni stattfand. Die heidnische Feier wurde von der katholischen Kirche assimiliert und als Feier zu Ehren von Johannes dem Täufer umgewidmet. Seitdem finden die Messen am 24. Juni und das Feuer am Abend des 23. Juni statt.

VON DER SONNE VERWÖHNT, VON DEN MENSCHEN WIEDERBELEBT

Nur ein Prozent der Rebfläche Frankreichs wird von Korsika gestellt. Doch das, was in die Flaschen kommt, ist in den letzten Jahren immer besser geworden. Für eine Revolution beim korsischen Wein sorgen neun Appellations d'Origine Controllées, 135 unabhängige Winzer, vier Kooperativen und drei Rebsorten, die nur auf Korsika zu finden sind.

Der Niellucciu, der in Italien Sangiovese heißt, ist der rote Star von Patriminio. Der rote Sciaccarellu gedeiht auf dem Granit des Westens. Die Weißweine werden von der alten mediterranen Rebsorte Vermentinu geprägt. Die Trauben reifen unter einem Himmel, von dem an durchschnittlich 2750 Stunden im Jahr die Sonne scheint. Auf die Insel kamen die Weinstöcke unter der Herrschaft Genuas. Von 1284 bis 1768 war Korsika Teil seines Reiches. 1572 verpflichteten die Italiener alle korsischen Familien, mindestens vier Rebstöcke anzupflanzen. Damit begann die zweite Blüte des Weinanbaus, den die Römer in der Antike auf die Insel gebracht hatten. Außerhalb Frankreichs wird korsischer Wein gern mit billiger Pantsche assoziiert. Schuld am schlechten Ruf sind die einfachen Massenweine von den Monokulturen der Ostküste, die zwei Drittel der jährlichen Weinproduktion ausmachen. Kaum bekannt jedoch ist, dass die Insel auch neun AOC-Regionen besitzt – Ajaccio, Corse, Calvi, Muscat und Coteaux du Cap Corse, Figari, Patrimonio, Porto-Vecchio und Sartène. Dort produzieren engagierte Winzer hervorragende Tropfen, die keinen Vergleich mit anderen Quali-

← Hochwertige Rotweine werden auf Korsika meist im Barrique (Eichenfass) ausgebaut.
↙ Klasse statt Masse: Korsischer Wein ist heute ein Hochgenuss.
↓ Weinstube und Feinkost-Boutique in einem: Das ist Tempi Fà im Herzen von L'Île-Rousse.

tätsweinen scheuen müssen. So wie Julie und Philippe Farinelli vom Weingut Saparale, das zu den ältesten Korsikas gehört. Sein Gründer war eine der schillerndsten Persönlichkeiten seiner Zeit: Philippe de Rocca. 1845 war der Korse als Diener der ägyptischen Königsfamilie nach Afrika gegangen, hatte den schwarzen Kontinent auf dem Rücken eines Elefanten bereist und war dann ins südkorsische Vallée de l'Ortolo zurückkehrt, wo er mit dem Geld aus Afrika seinen Lebenstraum verwirklichte.

Weinpioniere von gestern und heute

Er verwandelte 100 Hektar Wildnis in einen Garten Eden – mit Weinberg, Olivenhain, Zitrus- und Obstgarten, Unterkünften für seine Arbeiter, Werkstätten und Lager. Saparale war damals ein kleines Dorf, selbstversorgend und autark. Seine Weine wurden im Jahr 1900 in Paris mit der Goldmedaille ausgezeichnet. Doch dann kam die winzige Phylloxera-Reblaus nach Korsika und zerstörte innerhalb weniger Jahre die Weinberge. 60 Jahre lang war Saparale sich selbst überlassen. 1995 kamen Julie und Philippe Farinelli, pflanzten neue Weinstöcke an, restaurierten die Gebäude und leiteten die Renaissance von Saparale ein. Ihre Geschichte ist typisch für die Wiederbelebung des korsischen Weins.
Zu seinen Pionieren gehört auch Richard Spurr. Seine Mutter war Irin, sein Vater Brite, und Richard, der mit seinem Ohrring, tätowierten Armen, Dreitagebart und Strubbelhaaren eher wie ein Rockstar aussieht, der erste ausländische Winzer Korsikas. Der einstige Wasserpolo-Profi hatte zuvor das nötige Rüstzeug als Winzer auf Weingütern der AOC Faugères und an der Universität von Montpellier erworben. Letztere verließ er ohne Diplom, aber mit einer Dame – Marjolie. Heute ist die Önologieprofessorin seine Gattin. Während eines Urlaubs verliebten sich beide in die Umgebung von Calvi, erwarben dort einen verlassenen Weinberg und nannten ihr Weingut Enclos des Anges. Seit 2021 ist es ein zertifizierter Bio-Betrieb.
Ein Quereinsteiger ist auch Nicolas Mariotti Bindi. In Bastia als Sohn eines Rechtsanwalts geboren, war Bindi zunächst auch in die Fußstapfen des Vaters getreten, hatte an der Sorbonne Jura studiert – und in Paris erkannt, dass die Liebe zum Wein stärker war als zur Juristerei. Er machte Praktika im Beaujolais, wurde Manager des Weingutes Domaine Leccia und erwarb 2007 vom Patrimonio-Winzer Henri Orenga de Gaffory die ersten fünf Hektar eigenen Landes. Heute sind seine Rebflächen bei Cantina di Torra bei Oletta auf 15 Hektar angewachsen. Der überzeugte Bio-Winzer baut dort nur autochthone Sorten an: weißen Vermentinu und dunklen Niellucciu, fermentiert mit selbst hergestellter Biohefe.
www.vinsdecorse.com

2

Patrimonio kann sich rühmen, das berühmteste Weindorf der Insel zu sein.

PATRIMONIO

WEINDORF MIT VIELFALT

Auf halbem Weg zwischen der Hafenstadt Bastia und dem mondänen Saint-Florent liegt malerisch das Winzerdorf Patrimonio. In seinen Weinbergen erklingt alljährlich im Juli acht Nächte lang Gitarrenmusik.

Patrimonio ist als Hochburg des korsischen Weinbaus Weinliebhabern in aller Welt ein Begriff. Die Königstraube seiner kalkhaltigen Böden ist die einheimische Rebsorte Niellucciu, die elegante wie kraftvolle Rotweine hervorbringt. Sie waren die ersten, die auf der Insel die kontrollierte Herkunftsbezeichnung (AOC) erhielten.
Inmitten der Weinberge erhebt sich die Pfarrkirche Saint-Martin aus dem 16. Jahrhundert. Alljährlich am 11. November wird dort der heilige Martin als Schutzpatron der Winzer gefeiert. Anfang Juli trifft sich in Patrimonio die Gitarrenwelt. Seit 1989 präsentiert das »Festival des nuits de la guitare« die Vielseitigkeit des Instruments – von der Balalaika bis zur elektrischen Gitarre. Das Festival gastiert im Théâtre du Verdure. Das Freilufttheater schmückt eine 2,30 Meter hohe Menhir-Statue aus der Bronzezeit, die die beiden Brüder Antoine und Charles Gilormini 1969 in der Nachbargemeinde Barbaggio zwischen den Weinstöcken der Nativu-Parzelle entdeckt hatten. Sie staunten nicht schlecht, als sie im Kalkblock ein menschliches Antlitz entdeckten. Um circa 1400 v. Chr. waren Augen, Nase und Mund in den Stein gemeißelt und Rippen eingeritzt worden. An der Stelle des Brustbeins jedoch ist ein T-förmiges Motiv zu sehen.
U Nativu gibt den Betrachtern bis heute Rätsel auf.

TIPP

WEINE VERKOSTEN

Die Cave des Vignerons de Patrimonio bietet ganzjährig Verkostungen an. Einziger Nachteil: Die Winzergenossenhaft ist nur werktags geöffnet: von Montag bis Freitag von 8 bis 12 sowie 14 bis 18 Uhr. Das Gros der privat geführten Weingüter öffnet ihre Kellertür nur von Juni bis September.

3

Blick auf Saint-Florent, die Hauptstadt des Nebbio

SAINT-FLORENT

DAS SAINT-TROPEZ VON CAP CORSE

Tief im Süden von Cap Corse säumen feinsandige Strände eine weite Bucht. Im Hafen dümpeln teure Jachten, und malerisch drängt sich die winzige Altstadt auf einer Halbinsel: Wen wundert es da, dass Saint-Florent als »korsisches Saint-Tropez« gerühmt wird.

Kaum zu glauben, dass der Landstrich, in dem seit der Prähistorie Menschen gelebt hatten, durch Malaria so stark verseucht war, dass er zwei Jahrhunderte lang nahezu unbewohnt war. Die Keimzelle von Saint-Florent befand sich einst einen Kilometer landeinwärts. Doch im 13. Jahrhundert zerstörten die Sarazenen den alten Handelsplatz der Römer und mittelalterlichen Bischofssitz. Einziges Überbleibsel der einstigen Hauptstadt des Nebbio ist die Kirche Santa Maria Assunta. Das Gotteshaus, das als Musterbeispiel der pisanischen Romanik auf Korsika gilt, wurde 1140 auf den Fundamenten einer römischen Kultstätte erbaut. In einem gläsernen Sarkophag ruht, den Mund halb geöffnet, den Kopf mit einem kunstvollen Blütenkranz geschmückt, seit 1771 der heilige Saint-Florent als Mumie auf rotem Samt. Er starb um 303 n. Chr. während der Christenverfolgung unter Kaiser Diokletian den Märtyrertod. Das Fischerdorf an der versumpften Mündung des Aliso verlagerte Genua 1439 auf die Felsküste, befestigte es mit einer Zitadelle – und kapitulierte 1667 doch vor der Malaria. Erst, als Napoleon III. die Sümpfe trockenlegen ließ, blühte Saint-Florent wieder auf. Seine pastellfarbenen Häuser überragen heute den Jachthafen, und in den Cafés der Place des Portes wird mediterranes Savoir-vivre zelebriert.

TIPP

SEABOB-SPASS

Über das Mittelmeer sausen wie im Jet-Ski? Sich kraftvoll durch das Wasser ziehen lassen? Oder doch lieber hinab in die Tiefe tauchen? Mit dem Seabob wird der Mensch beinahe zum Fisch – und kann das neue Trendgerät beim Wassersportverleih Neptune in Saint-Florent testen.

ROUTE 11: OKZITANIEN

AM CANAL DU MIDI VON TOULOUSE NACH SÈTE

Die Route führt nicht immer am Ufer des Canal du Midi lang, der sich über Strecken nur vom Treidelpfad begleitet, durch die Weite Okzitaniens zieht. Weithin sichtbar markieren Platanen links und rechts des Kanals seinen Lauf. Auf die Boomtown Toulouse folgt der Besuchermagnet Carcassonne, und darauf folgt die Stille der Provinz. Dann ist das Mittelmeer erreicht.

Die Stadt **1 Toulouse** lässt niemanden so einfach los, und das nicht nur, weil einem die boomende Hauptstadt Okzitaniens nach dem Besuch nicht aus dem Kopf gehen will. Es dauert auch ansonsten etwas, bis man die bis an die Grenzen des zutiefst ländlichen Lauragais ausufernde Stadt verlassen hat. Bis Montferrand bedrängt die Autobahn das linke Ufer des Kanals – wir wählen als Alternative die stillere Route Départementale 813, die zwar nicht nahtlos am Kanal verläuft, dafür durch ein paar nette Straßendörfer und Städtchen wie Villefranche-de-Lauragais führt.

INFO

Start: Toulouse
Ziel: Sète
Länge: 270 Kilometer
Dauer: 4 Tage
Beste Reisezeit: Mai–Oktober

Bei Montferrand markiert ein zu Ehren von Paul Riquet, dem Erbauer des Canal du Midi, errichteter Obelisk die Wasserscheide des Atlantik und Mittelmeer verbindenden Kanals, der Seuil de Naurouze. Im Nordwesten baut sich der tiefgrüne Kamm der Montagne Noire auf. Riquet, königlicher Steuerbeamter aus Béziers, Hobbyingenieur, Laiengeologe und auto-

Das Leben auf dieser Route ist ein langer, ruhiger Kanal, bewacht von Platanen.

didaktischer Hydrologe, hatte angeblich bei einem Ausflug in das wasserreiche Mittelgebirge die Idee, die Häfen des Mittelmeers mit denen des Atlantiks durch einen Kanal zu verbinden, den Canal entre deux mers. Riquets Plan sah zudem vor, die zu grabende Kanalrinne mit dem Wasser aus den aufgestauten Bergbächen und -flüssen der Montagne Noire aufzufüllen.

In Versailles fand Riquet beim Sonnenkönig zwar Gehör, bis auf ein paar Steuerprivilegien jedoch keine nennenswerte finanzielle Unterstützung. Riquet ließ sich davon aber nicht beirren, verkaufte sein Hab und Gut, nahm Schulden auf und ging ans Werk. 1666 erfolgte der erste Spatenstich. Die Arbeiten am 240 Kilometer langen Kanal, der einmal Canal du Midi heißen sollte, dauerten 15 Jahre. Riquet beschäftigte zeitweise an die 12 000 Arbeiter. Zu seinen Ingenieursleistungen gehören Talsperren, der Ausbau des Hafens von Sète, über 60 Schleusen, 126 Brücken, sieben Brückenkanäle und 55 Aquädukte. Zehntausende Platanen wurden links und rechts der Fahrrinne gepflanzt. Am Ende standen 15 Millionen auf der Rechnung, und Riquet war ruiniert. Erst seine Erben wurden reich durch die Gebühren, die die Schiffer zu entrichten hatten. Lange währte der finanzielle Segen nicht.

Endstation Mittelmeer:
Bei Sète erreicht der Kanal die Küste.

Mit dem Bau der Eisenbahn verlor die Schifffahrt auf dem für große Kähne obendrein zu schmalen und zu flachen Kanal dramatisch an Bedeutung.
Dafür entdeckten Hobby- und Hausbootkapitäne die trägen Wonnen des Canal du Midi, der seit 1996 zum UNESCO-Weltkulturerbe gehört. Viele der Platanen, die einen schattigen Tunnel über der Fahrrinne bilden, stammen noch aus der Bauzeit des Kanals, auch wenn ein Pilz Tausende der Baumriesen seit 2006 zerstört hat. Neu ist *Ceratocystis platani* nicht. Forscher gehen davon aus, dass der Pilz mit amerikanischen Munitionskisten im Zweiten Weltkrieg eingeschleppt wurde. Jetzt wird gefällt, um die Ausbreitung einzudämmen und mit pilzresistenten Baumarten wie Kermeseichen und Maulbeerbäumen nachgepflanzt.

Stolze Städte, heimelige Dörfer

Castelnaudary hat nicht nur ein einladendes Hafenbecken, sondern verpflichtet auch als »Hauptstadt des Cassoulet« zu einem Zwischenstopp. Dann geht es hoch her. In **2 Carcassonne** sind die mittelalterlichen Mauern hoch, Türme, Pechnasen, Erker zahlreich, die Besucher noch zahlreicher. Der Kanal hat die Ebene der Aude erreicht, die ihn in gebührendem Abstand durch die Weinberge des Minervois und der Corbières begleiten wird. Wie der Fluss windet sich der Kanal an Bilderbuchdörfern wie dem malerischen Somail, dem bei Hausbootskapitänen beliebten Capestang und dem von einem Château überragten Argens-Minervois vorbei. Immer wieder beeindrucken Riquets Ingenieursleistungen. Beim Kanaldorf Colombiers verschwindet der Canal du Midi im 163 Meter langen Tunnel von Malpas. Mit dem siebenstufigen Schleusenwerk Écluses de Fonséranes ist die Bischofsstadt, Rugby- und Stierkampfmetropole Béziers erreicht. Herz der Altstadt sind die Allées Riquet, eine Flaniermeile, unter deren Platanendach ein Denkmal zu Ehren des Erbauers des Canal du Midi steht.

Seeluft in der Nase

Das Meer ist nicht mehr weit. Kurz vor der Küste trifft der Kanal auf den Fluss Hérault. Bei der von Griechen gegründeten Hafenstadt Agde, deren Altstadt aus schwarzem Lavastein gebaut ist, mündet der Canal du Midi schließlich in den Étang de Thau, einer durch einen Dünenkamm vom Mittelmeer abgetrennten Lagune. Die Route folgt dem Nordufer des Étang. In Uferdörfern wie Marseillan, Mèze oder Bouzigues laden die Muschel- und Austernzüchter zu einer Einkehr ein. Dazu gibt es *tielle*, eine Art Flan mit einer Füllung aus Tintenfisch, Tomaten und Thymian. Man isst sie kalt oder warm, aber immer auf der Hand. Ein Glas trockener Picpoul de Pinet passt gut dazu.
Ankunft in **3 Sète**. Unter Ludwig XIV. und der baulichen Leitung durch Riquet begann der Ausbau von Sète zum wichtigsten Fischereihafen am französischen Mittelmeer. Als die Kassen der Reeder später dank des Fischfangs und der Fähren nach Nordafrika klingelten, füllten sich die Kais mit pompösen Belle-Époque-Fassaden und dem eleganten Art-déco-Palais der Seekonsuln. Die Rolle als wichtigster Fischereihafen hat heute Le Grau-du-Roi weiter nordöstlich übernommen. Aber noch immer riecht Sète ebenso sehr nach dem Diesel der Trawler im Hafen wie nach dem Sonnenöl auf der Haut der Badegäste, die sich am Sandstrand von Sète bis Marseillan-Plage aalen.

RESTAURANTS / ÜBERNACHTUNGEN

EINKEHREN

AU PÈRE LOUIS
1889 gegründete Weinstube in Toulouse, folglich so alt wie der Eiffelturm, wie dieser unter Denkmalschutz und noch immer keine Web-Seite.
45, rue des Tanneurs, Tel. 05 61 21 33 45

LE GENTY MAGRE
Zeitgenössische Terroirküche wie das *cassoulet* mit *confit* machen den Ruf des Bistrots in Toulouse mit seinen lachsroten Ziegelsteinwänden aus.
www.legentymagre.com

BRASSERIE À 4 TEMPS
Brasserie im Stil der Zeit in Carcassonne, mit viel frischem Wind in den renovierten Wänden und den Klassikern des Midi in neuer Leichtigkeit und bio.
www.brasserie4temps.com

COMTE ROGER
In Carcassonne: eine Institution im neuen Look. Zur *cuisine du marché* gehört auch ein vegetarisches Menü, zu genießen im lauschigen Patio oder im modern gestylten Saal.
www.comteroger.com

CHEZ LANCHOIS
Joshua Choukroun setzt Tintenfischsalat mit geräucherten Chilischoten, Thunfisch »zubereitet wie auf Tahiti« oder Barschtatar mit Mangos auf die Schiefertafel. »Globe Trotter-Küche« nennt der Patron des coolen Uferrestaurants in Sète seinen Stil.
www.facebook.com/lanchois.sete

LE ST. BARTH
Hippe Austernbar am Ufer des Étang de Thau. Den Sundowner-Blick auf die Salzlagune gibt es zum Gläschen Picpoul inklusive.
www.lestbarth.com

ÜBERNACHTEN

OURS BLANC-WILSON
Bau aus den 1930er-Jahren, dessen Art-déco-Bug sich zum Place Wilson vorschiebt. Originaler Aufzug und ordentliche Zimmer, zentrale Lage in Toulouse.
www.hotel-oursblanc.com

HÔTEL SAINT-SERNIN
Charmanter Belle-Époque-Bau in Toulouse mit Rezeption im ersten Stock. Für Kunstfreunde: kleine, feine Zimmer, vier davon mit Blick auf den romanischen Chor von Saint-Sernin.
www.hotelstsernin.com

LES TROIS COURONNES
Modernes Haus in Carcassonne, unweit des Pont Vieux. Zimmer mit Balkon und wunderbarem Blick auf die nächtlich beleuchtete Cité.
www.hotel-destroiscouronnes.com

HÔTEL DE L'OCTROI
Frisches Design, knallige Farben, hippe Klientel, entspannter Service – in perfekter Lage zwischen Carcassonnes mittelalterlicher Cité und seiner quirligen Unterstadt gelegen.
www.hoteloctroi.com

CAMPÉOLE LA CITÉ
Netter Campingplatz mit viel Komfort auf einem terrassierten Hügelgelände in den Weinbergen etwas außerhalb von Carcassonne.
www.campingcitecarcassonne.com

LOU LABECH
Netter, familiär geführter Campingplatz direkt am Étang de Thau, mit schattigen Plätzen und komfortablen Bungalows. Ins Dorf Bouzigues sind es nur wenige Schritte zu gehen..
www.lou-labech.fr

Castelnaudary ist nicht nur die Hauptstadt des *Cassoulet*, sondern auch ein beliebter Ankerplatz.

LA VILLE EN ROSE

Rosa ist die Farbe von Toulouse. Im Laufe des Tages steigert es sich von einem morgendlichen Lachsgrau zu einem bei Sonnenuntergang goldgetränkten Zyklam. Am eindrucksvollsten lässt sich das Farbenspiel an den Ufern der Garonne verfolgen, wo die Breite des Flusses den Blick frei fürs Ganze gibt.

Wenn die Sonne morgens an der Place de la Daurade noch kraftlos über den Platanen auftaucht, schimmert auf dem gegenüberliegenden Garonne-Ufer die Kuppel des ehemaligen Hôtel-Dieu in zaghaftem Graurosa. Abends hat die Sonne das Ufer gewechselt und beleuchtet nun von Westen die Altstadtsilhouette. Kirchen, Renaissancehöfe und barocke *Hôtels particuliers* strahlen im satten Rot der Ziegelsteine, aus denen ganz Toulouse gebaut ist. Anfang der 1990er-Jahre hat die Stadt ein Reinigungsprogramm für die von dunklen Flechten abgestumpften Fassaden aufgelegt. Grauweiße Putzschichten, mit denen man die Fassaden im 19. Jahrhundert zukleisterte, wurden abgeschlagen, die Steine sandgestrahlt und versiegelt. Es war die Wiedergeburt der *ville rose*, als die sich Toulouse vor gut 300 Jahren bereits gefeiert hat.

Eine Stadt hebt ab

»Die Lage im Süden und die Sanierung der Altstadt sind das eine. Hinzu kommt, dass man von Toulouse nur zwei Autostunden an den Atlantik, eineinhalb ans Mittelmeer und eine Stunde zu den Skipisten der Pyrenäen braucht«, zählt Philip-

1

↑ Die Jakobinerkirche birgt die Reliquien des Heiligen Thomas von Aquin.
↙ Rosa wie einst im Ancien Régime ist auch heute die Farbe von Toulouse. Dafür mussten allerdings erst die Fassaden vom Grauschleier der Jahrhunderte befreit werden.

pe Nau weitere Standortvorteile auf. Monsieur Nau organisiert die Besichtigungen auf dem Airbus-Gelände. Die Halle im Werk Jean-Luc Lagardère ist fast einen halben Kilometer lang und wirkt so aseptisch wie ein OP-Saal. Kein Staub, nirgendwo Schmiere, dafür ein Hauch von Hochsicherheitstrakt. Markierungen auf dem blitzblanken Beton schreiben Besuchern jeden Schritt vor. Rein kommt man auch zur angemeldeten Führung nur dann, wenn man den Personalausweis mitbringt.
Die Leidenschaft fürs Fliegen hat in der *ville rose* eine lange Geschichte. In den späten 1920er-Jahren startete Antoine de Saint-Exupéry von Toulouse für die Aéropostale als Postpilot nach Nordafrika. Noch vor der abenteuerlichen Ära der Aéropostale-Flieger wurden in Toulouse die ersten Flugzeuge gebaut. Am Anfang waren es Doppeldecker. Es folgte die Caravelle, später die Concorde. Heute kann jedes Kind in der Stadt die Silhouette eines A320 von der eines A340 am Himmel unterscheiden. Airbus hat die Stadt erweckt, heißt es in Toulouse.

Ein Masterplan für den Genuss

Für den Rest sorgte ein umfassender urbaner Neustart. Die Metropole Okzitaniens, die sich vom alten Fassadenputz befreite und zum Nabel des europäischen Flugzeugbaus wurde, engagierte zu Anfang des neuen Jahrtausends den katalanischen Städteplaner Joan Busquets, der als führender Kopf des Masterplans Hypercentre den historischen Stadtkern von Toulouse neu ordnete.
Dazu gehörte auch die Umgestaltung des Viertels um die sanierte Victor-Hugo-Markthalle. Der Verkehr ist nicht verschwunden, wurde aber auf schmale Spuren zurückgedrängt. Neuangepflanzte Bäume beschatten die verbreiterten Trottoirs. Von den 80 Ständen in der Halle, die offiziell *loges* heißen, werden viele über Generationen von derselben Familie geführt. Chrom, Edelstahl, Designleuchten signalisieren, dass bei aller Tradition die Zeichen der Zeit erkannt wurden. Geblieben sind die vier Bars im Erdgeschoss, je eine pro Zugang, und in der ersten Etage fünf ineinander übergehende Restaurants mit so programmatischen Namen wie Le Magret, die Entenbrust, oder L'Impériale. Mittags werden sie zur Kantine der Altstadt. Wer dort keinen Platz mehr findet, darf auf das Angebot eins tiefer hoffen: An gefühlt jedem zweiten Stand werden Tapas, Tortilla, Austern und ein Glas Wein im Stehen gereicht. Glückliches Toulouse!

TIPP

AIRBUS
Organisierte Besichtigung der Airbus-Werke, Besichtigung einer Concorde, Einstieg in einen A400M, Boutique mit Airbus-Fanartikeln wie Flugzeugmodellen. Ausweis mitbringen!
www.manatour.fr/airbus

MARCHÉ VICTOR HUGO
Die Feinkosthandlung des französischen Südwestens! In der Fromagerie Betty gibt es 250 perfekt gereifte Käsesorten, in der Maison Garcia stammen die über der Theke baumelnden Bellota-Schinken vom andalusischen Jamón-Papst Juan Pedro Domecq. Die Rindercarrés der Boucherie Marty hängen bis zu 80 Tage ab. Und für die *foie gras*, *magrets* oder *cassoulets* der Maison Samaran stehen die Kunden Schlange. Mittwochs finden mehrmals im Jahr *Nocturnes* statt, zu der die Winzer des *Midi toulousain* Pop-up-Vinotheken eröffnen und stadtbekannte Köche regionales Streetfood servieren.
www.marche-victor-hugo.fr

SAINT-SERNIN
Der Schlüsselbau der Languedoc-Romanik gehört zum Welterbe der UNESCO. Chor und Altar der Basilika stammen aus dem Jahr 1096, reich gestaltetes Tympanon, Krypten, Kapitelle, Fresken aus dem 12. Jahrhundert.
www.toulouse-tourismus.de

2

Mauern, Türme, Zinnen: Caracassonne

CARCASSONNE

ÜBER DIESE ZINNEN MUSST DU GEHEN!

Kinder hauen Plastikschwerter durch die Luft. Ein Barde greift in die Saiten einer Laute. Ritter eilen in voller Montur und mit der Dose Bier in der Hand zur nächsten Mittelalterinszenierung. In Carcassonne wird der Traum vom Mittelalter wahr.

Sage und schreibe 52 Türme, drei Kilometer lückenlose Stadtmauer, stattliche Tore, krumme Gassen, Pechnasen und eine gräfliche Burg küren die Cité genannte Altstadt zu Europas besterhaltener Festungsstadt des Mittelalters. Wie berückend schön die zum Weltkulturerbe der UNESCO zählende Cité ist, begreift man erst mit etwas Distanz. Von der Porte Narbonnaise, dem einer Burg ähnlichen Hauptportal, sind es nur ein paar Fußminuten durch die ersten Weinberge von Carcassonne. Unterwegs taucht die zinnengekrönte Cité über den Gärten und Weinbergen auf. Aus der Entfernung verwandelt sich die Wanderhure prompt in eine keusche Schöne. Na also, geht doch.
Dabei ist Carcassonnes makellose Silhouette weder selbstverständlich noch ganz authentisch. Im 19. Jahrhundert wurde der Abriss der halb zerfallenen Cité erwogen. Verhindert hat das Vorhaben Eugène-Emmanuel Viollet-le-Duc. Der Architekt, Denkmalschützer und Oberaufseher aller Sakralbauten Frankreichs ließ sanieren und hier und da eine Zinne oder Pechnase anfügen. Fertig war die Märchenkulisse, auf die man den schönsten Blick vom Pont Vieux hat, der als Passage von der Ville Basse, der Unterstadt, in die Cité dient.
Der weitaus größere Teil der Einwohner lebt heute in der Ville Basse, die von Aude und dem Canal du Midi umflossen wird. Nirgendwo ein Ritter, dafür buntes Leben, ein quirliger Markt, Cafés unter Platanen – auch das ist Carcassonne.

TIPP

PONT VIEUX
Von der Brücke aus dem 14. Jahrhundert mit ihren acht Bögen ist der Blick auf die Cité überwältigend.
www.tourismus-carcassonne.de

3

Kanäle, Boote, Kais: Sète

SÈTE UND ÉTANG DE THAU

EIN FISCH WIRD KOMMEN

Die Insellage zwischen dem Étang de Thau und dem Mittelmeer macht Sète zum »Venedig des Languedoc«. Die Kanäle im Stadtbild tun ein Übriges. An den Kais reihen sich pompöse Belle-Époque-Fassaden, darunter die des stuckbeladenen Grand Hôtel und des Palais der Seekonsuln.

Nachmittags gegen Vier treibt es Touristen und Einheimische zur *Criée aux poissons*, wo sich die Kühllastwagen bereits drängeln. Männer mit Zugang zu einem der festen Plätze in der Fischversteigerungshalle bahnen sich ihren Weg. Von den Plätzen kann man per Knopfdruck den Kauf von Doraden, Barsch, Thunfisch besiegeln. Und von Schalentieren aus dem Étang de Thau. Die Lagune im Südwesten von Sète ist das wichtigste Zuchtbecken für Austern und Muscheln im Languedoc. Das Wasser ist reich an Nährstoffen, und es gibt keine Gezeiten, die die Nahrungsaufnahme unterbrechen. Einer, der seinen Austern Bodybuilding verordnet, hat es zum Kult-Austernzüchter gebracht. Tarbouriech-Austern sind riesig, teuer und heißen nach ihrem Erzeuger: Florent Tarbouriech. Er hatte die Idee, mit von Solarkraft betriebenen Geräten die Austern aus dem Wasser zu hieven. Mit dem Manöver wird das Spiel von Ebbe und Flut imitiert. Die Austern öffnen und schließen sich zum Schutz vor Sonne und Wind entsprechend oft und werden auf Diät gesetzt: Das Fleisch wird fester, die Schale dicker, und das Perlmutt schimmert porzellanweiß mit Rosatönen.

TIPP

MIT DEM AUSTERNZÜCHTER AUFS BOOT

Austernzüchter Bertrand David heißt in Bouzigues an Bord der *Bleu Marin* zur Tour über den Étang de Thau willkommen. An den Austerntischen genannten Gestellen, die im tintenblauen Wasser stehen, baumeln Seile. Bertrand zieht ein Seil hoch: Daran sind Jungaustern geheftet. Als Kleber dient ein spezieller Zement. www.promenade-bouzigues.fr

Einen alten, zum Hausboot umgebauten Kahn müsste man haben.
Und dann im Schatten der Platanen am Canal du Midi ankern.

LIGHT GEHT NICHT!

Mit 40 Prozent Marktanteil ist Cassoulet das in Frankreich meistverkaufte Fertiggericht, nur noch überrundet von Ravioli aus der Büchse. Was nicht nach einem Thema für Feinschmecker klingt, wurde von der New York Times als gastronomischer Trend vorgestellt und hat die japanische Nudelsuppe Ramen als Lieblingsgericht der New Yorker abgelöst.

Mehr noch: Anfang Januar wird der deftige Eintopf in Amerika mit einem »National Cassoulet Day« geehrt. Die Initiative ging vom Bistro Benoît in Manhattan aus – hinter dem Starkoch Alain Ducasse steht. Der kalorienschwere Eintopf geht auch über Amerika hinaus auf internationalen Erfolgskurs. Kürzlich reiste ein Koch aus Castelnaudary, das als Wiege des *Cassoulet* gilt, nach Osaka, um in der Feinkostabteilung des japanischen Luxuskaufhauses Hankyu 3000 Portionen der heimatlichen Spezialität zu servieren. Seitdem wissen auch die Japaner: »Cassoulet light« geht nicht.

Es geht um die Wurst

Was allein wegen der Zutaten ein Unmögliches wäre. Rein gehören die *véritable saucisse de Toulouse*, eine grobe, mit nichts als Salz und Pfeffer gewürzte Schweinswurst, Schweineschwarte, dicke Rippe, Entenfett, *confit de canard* – butter-

← Dose für Dose ein Genuss – *Cassoulet* aus Castelnaudary
↙ In der Poterie Not wird die *Cassole*, in der das *Cassoulet* schmurgelt, noch von Hand getöpfert.
↓ Von nun an lasst fahren alle Eitelkeit! Denn es geht um die Wurst. Die hat viele Kalorien, wie alle anderen Zutaten auch.

zarte, im eigenen Schmalz eingelegte Keulen und Bruststücke von der Ente. Etwas Fleischloses darf es auch noch sein, als da wären Knoblauch und Zwiebeln. Nicht zu vergessen die über Nacht eingeweichten *Lingots de Castelnaudary*. Die weißen Bohnen zeichnen sich durch eine besonders zarte, somit flatulenzreduzierende Hülse aus.

Das alles gibt es im Lauragais, einem landschaftlich nicht besonders aufregenden Landstrich am linken Ufer des Canal du Midi, der wegen seiner fruchtbaren Böden als Kornkammer des Languedoc gilt. Äcker rollen in behäbigen Hügelwellen bis zum Horizont davon. Nach Westen macht sich bei klarer Sicht der Kamm der Pyrenäen wichtig. Nach Osten verriegeln die dunklen Waldflanken der Montagne Noire den Horizont. Castelnaudary, Hauptstadt des Lauragais und Hafenstadt am Kanal, liegt auf ungefähr halber Höhe zwischen der brummenden okzitanischen Metropole Toulouse und der von Besucherscharen zu jeder Jahreszeit belagerten Festungsstadt Carcassonne. Die gotische Stiftskirche Saint-Michel beherrscht die Stadtsilhouette. Es gibt ansonsten keine herausragenden Monumente, kein bedeutendes Museum, dafür viel provinzielle Trägheit.

Alles in einen Topf

Dass Castelnaudary in Frankreich jedoch in aller Munde ist, verdankt die Stadt dem Ruf als »Wiege des Cassoulet«. Dessen Name geht auf einen trichterförmigen, innen lasierten Tontopf zurück, der *cassole*. Das Rezept soll aus der Zeit des Hundertjährigen Kriegs zwischen England und Frankreich (1337–1453) stammen. Ende des 14. Jahrhunderts war Castelnaudary von englischen Truppen umringt. Hinter den Stadtmauern herrschte der Hunger, entsprechend geschwächt waren die Reihen der Verteidiger. In ihrer Not sollen die *Chauriens* genannten Einwohner ihre letzten Vorräte in einen Tontopf geschmissen haben, um daraus ein die Moral der verteidigenden Soldaten hebendes Gericht zu kochen.

Die in der Legende überlieferten Zutaten entsprechen der anfangs aufgezählten Liste. Bis auf eine Ausnahme: Statt der *Lingots de Castelnaudary* kamen damals derbe Saubohnen ins *Cassoulet*. Am wackeren Einsatz der durch den Eintopf gestärkten Verteidiger änderte es nichts. Die Engländer wurden in die Flucht getrieben. Castelnaudary aber hatte sein emblematisches Gericht, das es zur französischen Nationalspeise schlechthin bringen sollte. 1836 wurde die erste *Cassoulet*-Konservenfabrik in Castelnaudary eröffnet. Weitere folgten. Heute stammen 90 Prozent aller hochwertigen *Cassoulets*, die in Frankreich verkauft werden, aus Castelnaudary.
www.confrerieducassoulet.com

LANDPARTIE IM NATURPARK

Mit doldenförmigen Blüten in Sonnengelb wächst er überall am Wegesrand: wilder Fenchel. Er gab diesem uralten Landstrich, in dem schon vor 450 000 Jahren Menschen siedelten, seinen Namen. Seine Einzigartigkeit schützt seit 2021 Frankreichs jüngster Naturpark: der PNR Corbières-Fenouillèdes.

Start und Ziel ist der Marktflecken **1 Saint-Paul-de-Fenouillet**, den der Aussichtsturm Chapitre-Collégiale überragt. Gen Süden hat der Fluss Agly sich eine Passage in den Kalkriegel gegraben und die Clue de la Fou geschaffen. In der windumtosten Schlucht entspringt eine Quelle, die vor mehr als 100 Jahren Saint-Paul-de-Fenouillet zum Thermalort machte. Heute füllen die Einheimischen dort ihr Trinkwasser ab. Nachdem die D619 die Klamm durchquert hat, biegt links die D19 ab und windet sich hinauf nach Lesquerde. Am Ortseingang bietet ein kleiner Parkplatz weite Blicke bis zum 2785 Meter hohen Pic du Canigou. Der heilige Berg der Katalanen, meist von einer Schneekappe

Seit Römertagen überspannt eine Steinbrücke die Clue de la Fou von Saint-Paul-de-Fenouillet.

bekrönt, zeigt sich von dort in seiner ganzen Pracht. Ringsum wurde jahrhundertelang Gipsspat, Eisen und Silber abgebaut. 1933 wurden die Stollen geschlossen, Gips, das weiße Gold des Fenouillèdes, wird in Lesquerde allerdings weiterhin abgebaut. »Rotes Gold« hingegen wächst auf den Weinbergen: die kraftvollen Reben der AOP Côtes du Roussillon Village de Lesquerde. Mitten durch das Weinbaugebiet windet sich malerisch die D19. Bevor sie zum Winzerdorf **2 Maury** hinabführt, bieten sich herrliche Blicke über die Synklinale des Fenouillèdes. Die Senke schuf kein Fluss, sondern der Zusammenprall der Kontinentalplatten Europas und Afrikas. Mitten durch den vier Kilometer breiten Korridor zwischen Maury, Saint-Paul-de-Fenouillet und Caudiès-de-Fenouillèdes führen die D117 und die Gleise der Touristenbahn *Train Rouge du Fenouillèdes*. Wir folgen dem Verlauf dieses Unikums auf der D117, bis vor Estagel die D9 nach Latour-de-France abzweigt,

INFO

Start und Ziel: Saint-Paul-de-Fenouillet
Länge: 110 Kilometer
Dauer: 1–2 Tage
Beste Reisezeit: Mai–Oktober

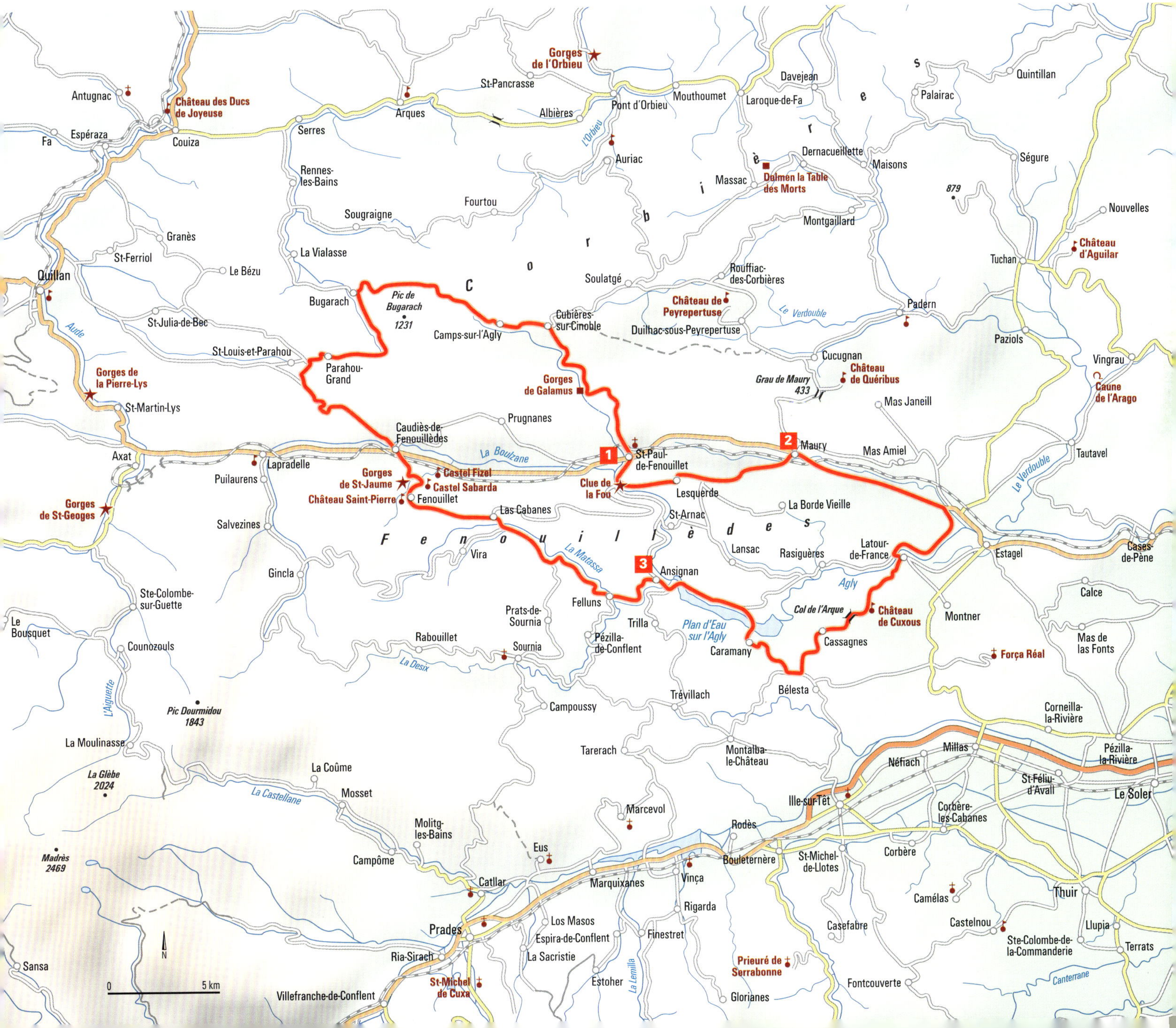

Der *Train Rouge*, der rote Zug, fährt von Rivesaltes nach Axat durch den Fenouillèdes.

einem Burgdorf an der Grenze von Roussillon und Fenouillèdes. Von dort führt uns die D17 durch das Tal des Coumo de Mérens zum Col de l'Arque (331 m). Kurz vor der Passhöhe erhebt sich zur Linken das Château de Cuxous, dessen Wurzeln bis ins 11. Jahrhundert zurückreichen. Die Burg sicherte einst die im Vertrag von Corbeil festgelegte Grenze zwischen Frankreich und Aragón. Vorbei an Cassagnes stößt die D7 auf die D21. Wer für den Roadtrip durch den Fenouillèdes zwei Tage Zeit hat, biegt nach links ab und erreicht auf der D21 den kleinen Ort Bélesta mit seinem Dino-Museum und der Domaine de Riberach. Die örtliche Winzerkooperative hat ihre einstige Kellerei in eines der besten Hotels Okzitaniens verwandelt. Seine elf Zimmer befinden sich in den früheren Arbeitsräumen des Küfers. Die Hotelterrasse überblickt einen Bach, der den Naturpool des Hotels speist. Und die Küche ist das Reich des jungen Küchenchefs Julien Montassié, der die Gäste mit seiner kreativen Regionalküche begeistert und verwöhnt.

Auf den Spuren der Vergangenheit

Wer nur einen Tag Zeit hat für die große Runde durch den Fenouillèdes folgt gen Nordwesten der D21 nach Caramany. In den alten Kopfsteingassen des Orts drängen sich die alten Feldsteinhäuser mit geschmückten Fassaden um die wuchtige Kirche und ihren Glockenturm. Zu Füßen des Dorfes wurde 1994 der Agly aufgestaut. Vor dem Bau förderten archäologische Grabungen eine Nekropole aus dem Neolithikum zutage. Bereits um 4300 v. Chr. hatten dort Menschen im Tal gelebt. Heute lockt die weite Wasserfläche des Plan d'Eau sur l'Agly vor allem Angler an. Im Netz landen neben Karpfen Regenbogenforellen, Flussbarsch, Döbel, Gründling und Aal. Wir überqueren die D21 und folgen dem rechten Ufer des Agly. Am Westende überquert die Uferstraße nun als D9 den Stausee, dann den kleinen Fluss Deisix. Scharf rechts führt kurz darauf eine schmale Stichstraße hinab zu einem Parkplatz an der Wassermühle am Agly. Von dort führt ein Wanderweg durch Wein- und Kleingärten zum Aquädukt von **3 Ansignan**. Nach der Besichtigung des Monuments aus der Römerzeit geht es zurück auf die D9, hinein ins Dorf Ansignan und auf der D619 weiter ins Winzerdorf Feilluns. Das Dörfchen drängt sich um einen kleinen Platz mit Feldsteinkirche und Bushaltestelle. Ihn schmückt eine Platane, die als »Baum der Freiheit« an das Jahr 1848 erinnert. Damals war bei der Abfassung der Verfassung die Devise »Freiheit, Gleichheit, Brüderlichkeit« zum Grundsatz der Republik erhoben worden. Noch älter ist die Buche, die sich im Wald von Le Vivier versteckt. Mehr als 600 Jahre soll die majestätische *Fajas d'en Baillette* (Rotbuche) in der Forêt de Boucheville zählen! Über dem Dorf erhebt sich die Ruine einer Burg, die zum Verteidigungsgürtel an der Grenze des Königreichs Frankreich gehörte. Am Westende des Staatswaldes von Boucheville thront Fenouillet 530 Meter hoch an einer Kreuzung alter Handelswege. Diese strategische Lage sicherten das Château Saint-Pierre und die beiden Nebenburgen Castel Fizel und Sabarda. Bei der Fahrt auf der D9 hinab nach nach Caudiès-de-Fenouillèdes eröffnen sich immer wieder schöne Ausblicke auf den Pic de Bugarach, mit 1231 Metern der höchste Gipfel der Corbières, und die gotische Wallfahrtskirche Notre-Dame-de-Laval. Die D9 passiert das kleine Dorf Caudiès und windet sich dann in großen Kehren hinauf zur Passhöhe des Col Saint-Louis, der die Grenze zwischen den Départements Pyrénées-Orientales und Aude markiert. Vorbei an Camps sur l'Agly, in dessen Nähe der Agly in einer Grotte entspringt, erreichen Sie die spektakulären Gorges de Galamus, die tiefe Schlucht des jungen Agly mit Weinbergen an seinen Flanken. Sanft führt die D7 hinab zu seiner »Hauptstadt« Saint-Paul-de-Fenouillet.

RESTAURANTS / ÜBERNACHTUNGEN

EINKEHREN

RESTOCAVE LE PICHENOUILLE
Laurent Vidal ist der charmante wie kundige Patron dieses gemütlichen Wein-Bistros von Maury, das seit 1917 Schaufenster der örtlichen Weine ist.
www.facebook.com/restocavelepichenouille

LA MAISON DU TERROIR
Eine echte Schlemmeradresse ist dieses traditionsreiche Restaurant in Maury. Die neuen Pächter haben die kühle Eleganz von einst eingetauscht gegen ein Flair mit trendigem *Cosy*-Faktor – im großen Speisesaal wie an der Bar und auf der Terrasse mit ihren Tischen unter großen alten Olivenbäumen. Erstklassig sortiert mit den besten Weinen der Winzer vor Ort ist die Boutique der Maison du Terroir.
www.facebook.com/maurylamaisonduterroir

LA GARRIGUE
Wie die Flora ringsum, die die Hänge des Fenouillèdes bedeckt, heißt das gutbürgerliche Lokal der charmanten Auberge Le Relais des Corbières. Marie und Eric bieten schmackhafte lokale Küche und neun kuschelige Zimmer am Ortseingang von Saint-Paul-de-Fenouillet.
www.lerelaisdescorbieres.com

LE P'TIT CHAPÎTRE
Lachstatar, Entenfilet oder Dorade aus der Pfanne: Was bei José Quesada aus der Küche kommt, ist klassisch und gut. In seinem Café auf der Place Saint-Pierre von Saint-Paul-de-Fenouillet kann man auch E-Bikes mieten.
https://le-ptit-chapitre.eatbu.com

LA FABRIQUE
Schulkantine und Bistrot de Pays mit topfrischer Regionalküche verbindet La Fabrique in Latour-de-France – bei gutem Wetter auch draußen auf der Terrasse.
www.lafabrique66720.com

CAFÉ CARTON
Kaufladen, Bar und Bühne: Kristof hat das Café Carton von Caramany seit 2017 zu einer der hippsten Locations im Fenouillèdes gemacht.
www.facebook.com/kristof66720/posts_to_page

ÜBERNACHTEN

CHÂTEAU DE PEYRELADE
Véronique und Xavier Maury laden auf ihrem Anwesen inmitten der Garrigue bei Saint-Paul-de-Fenouillet zu Urlaubstagen ein, die bei ihren *séjours œnologiques* oder *culinaires* den Wein und die Küche in den Vordergrund stellen.
www.chateaudepeyralade.fr

HÔTEL LE CHÂTELET
Das Zwei-Sterne-Haus befindet sich etwas außerhalb von Saint-Paul-de-Fenouillet direkt an der D117 mit 14 Zimmern, guter Küche und Außenpool inmitten der Weinberge.
www.hotelsaintpauldefenouillet.com

DOMAINE RIBERACH
Sternstunden für alle Sinne in Bélesta: im Restaurant La Coopérative, im Spa, in den Zimmern – und der herrlichen Landschaft ringsum mit Wein und Garrigue.
www.riberach.com

Bei Caramany hat der Wein auch die Arbeitshütten der Winzer erobert. *Casot* heißen sie im Fenouillèdes.

OUTDOOR UND KULTUR

Die Hauptstadt des Fenouillèdes ist die 1800 Einwohner große Kleinstadt Saint-Paul-de-Fenouillet. Vor mehr als 100 Jahren war der Marktflecken ein beliebtes Kurbad, dessen Thermalwasser sogar adlige Gäste aus dem fernen Russland anlockte.

Bis 1914 war das Thermalbad in Betrieb. Doch das schwefelhaltige Mineralwasser fließt noch immer – selbst im Winter mit 24 °C – in das gefasste Becken der Quelle. Die Einheimischen schwören auf seine heilende Wirkung und füllen das Wasser für daheim in große Kanister ab. Das einstige Kurbad mit eigenem E-Werk zur Stromversorgung ist heute das Domizil des belgischen Malers Patric Marquet. Das Gewirr der Gassen im Herzen der alten *bourg* von Saint-Paul-de-Fenouillet überragt die markante Silhouette des Chapitre-Collégiale. Heute birgt das frühere Priesterseminar ein sehenswertes Heimatmuseum und wird für Kulturveranstaltungen genutzt. Im Sommer finden im Innenhof Freilichtkonzerte und Open-Air-Kinoaufführungen statt. Das Innere der Kirche ist mit kunstvollen Stuck-Reliefs geschmückt – nicht nur an der Decke, sondern auch an allen Wänden. Sie bilden die Kulisse für winterliche Konzerte und

1

↑ Gorges des Galamus – die Schlucht ist ein Natur- und Wanderparadies.
↙ Benediktinermönche gründeten das Chapitre von Saint-Paul-de-Fenouillet.

die Ausstellungen der Reihe »Chapitr'arts«. Zu den Öffnungszeiten des Heimatmuseums lässt sich der Turm besteigen. Er eröffnet weite Ausblicke über die breite Schneide der Synklinale von Saint-Paul-de-Fenouillet und deren Antiklinale, die zwei markante Schluchten schuf. Im Süden entstand die windumtoste Clue de la Fou. Eine romanische Brücke überspannt dort den Agly. Wind und Wasser haben Hohlräume in den Fels gewaschen. »Töpfe der Riesen« heißen einige von ihnen. Laut einer Legende wuschen dort einst die Feen ihre Wäsche. Im Norden von Saint-Paul-de-Fenouillet klettert eine kurvige Landstraße die Kalkhänge hoch zu einer der schönsten Schluchten der Corbières: den Gorges de Galamus. Als tiefer, schmaler Canyon verbindet sie die Départements Aude und Pyrénees-Orientales. Buchsbaum, Agaven und duftende Kräuter wie Thymian und Rosmarin haben die zerfurchten Hänge erobert. Wilder Knoblauch wächst am Wegesrand. Zikaden zirpen, und die Sonnenhitze lässt die Luft flirren. Königsadler kreisen am Himmel. Schwarzdrosseln huschen zwischen Buchsbäumen umher. Gämse und Steinböcke klettern am Fels. Die Schlucht ist ein Naturjuwel – und eines der Highlights des 2021 gegründeten Naturparks Parc Naturel Régional Corbières-Fenouillèdes.

Meisterwerk der Ingenieurskunst

Um eine Straßenverbindung zwischen den beiden Départements zu schaffen, waren Sprengarbeiten in den Felsen nötig, dort, wo einmal ein uralter Saumpfad verlief. Nach zweijähriger Bauzeit (1892–1894) wurde die Straße feierlich eröffnet: Poeten wie Léonce Rives priesen das Meisterwerk in ihren Gedichten. Um Unfällen vorzubeugen, wird heute während der Saison ein Richtungsverkehr eingerichtet, und ein Elektroshuttle bringt Ausflügler und Wanderer zu ihrem Ziel. Beim Parkplatz am Südende der Schlucht weist ein verwittertes Holzschild den Weg zur einer Einsiedelei, die förmlich am Felsen zu kleben scheint. Zu ihr führt ein einfacher Wanderweg. In der Naturgrotte haben seit dem 15. Jahrhundert Eremiten gelebt. Dort, wo eine Grotte Wasser barg, bauten sie eine Kirche in den Hang und weihten diese dem heiligen Antonius, der als Vater der Mönche gilt. Ein Schwein ruht zu seinen Füßen. Denn Antonius ist auch der Schutzpatron der Bauern, Schweinehirten und Metzger. Am Eingang der Grotte befindet sich das Grab des Franziskanermönchs Père Joseph Chiron. Einsam und verlassen ist er im kalten Winter 1870 dort verstorben. Die Grotte ist im Sommer ein Besuchermagnet. Tunnel und Treppenwege führen am Nordausgang zurück zur Straße. Dort könnte man weiter in die Schlucht wandern, in ihren Gumpen baden – oder Wanderwegen hinauf auf die Bergkämme folgen.

TIPP

LA PANORAMIQUE

Die aussichtsreiche Via Ferrata beginnt am südlichen Ortsrand bei der Clue de la Fou. Die Fou-Schlucht ist das kleine geologische Gegenstück zu den Gorges de Galamus. Sie durchschneidet südlich des Dorfs die Lesquerde-Kette. Die Kletterpartie endet in schwindelerregender Höhe mit Blick von der Chaîne de Lesquerde auf die tonpfannengedeckten Häuser von Saint-Paul-de-Fenouillet. La Panoramique ist Nervenkitzel in Reinform und nichts für Kletterneulinge! Man muss trittsicher und schwindelfrei sein. Familienfreundlicher ist die zweite Seilstrecke: La Pichona (ab acht Jahren). Dritte im Bunde der Klettersteige ist eine mittelschwere Route mit schönen Ausblicken auf das Hochtal der Aude.

CANYONING IN DEN GORGES DES GALAMUS

Die sommerliche Wasserwanderung beginnt am Südende der Schlucht und gibt im Bett des spektakulären Canyons völlig neue Eindrücke von den grandiosen Landschaften der Kalksteinschlucht. (Dauer der Wanderung: ca. 3 Std.). Schutzkleidung vom Neoprenanzug bis zum Helm wird gestellt. Wer mitmachen möchte, muss in der Hauptsaison mindestens sieben, sonst zwölf Jahre alt und ein guter Schwimmer sein, eine solide Kondition besitzen und darf nicht mehr als 125 Kilogramm wiegen.

GOLD IM GLAS

Die Winzer von Maury fangen die Sonne des Südens in ihren Süßweinen ein. Aus roten Edel-Rebsorten wie dem Grenache stellen sie im Schatten hoher Kalksteinklippen ihre Vins Doux Naturels her. Doch nur, wenn die Weinstöcke in Form eines gobelet (Trinkbecher) geschnitten sind, dürfen die natürlichen Süßweine das Qualitätssiegel des AOC Maury tragen.

Elf Kilometer lang und drei Kilometer breit ist das Weinbaugebiet von Maury. Es beginnt 30 Kilometer westlich von Perpignan in der Ebene von Estagel und endet vor Toren von Saint-Paul-de-Fenouillet. Seine Weinberge liegen auf kleinen Hügeln in einer Senke, die im Norden und Süden von hohen ausgemergelten Kalksteinklippen begrenzt sind. Auf einem dieser Bergrücken thront die Katharerburg Queribus. Dieser Landstrich ist das Reich der Rebsorte Grenache Noir. Sie ist richtig hart im Nehmen, kann Dürre ebenso gut wie monsunartige Regenschauer vertragen und widersteht der kalten *Tramontane*, einem Wind, der 200 Tage pro Jahr mit Geschwindigkeiten von bis zu 140 Kilometern pro Stunde über die Weinberge fegt. Ihre mittelgroßen, fleischigen Beeren bunkern viel Saft und sorgen für säurearme, fruchtige und sehr alkoholreiche Weine. Diese widerstandsfähige Kämpferin stellt 80 Prozent der Rebstöcke und prägt den Charakter des roten AOC Maury. Für dessen Abrundung werden Grenache Blanc und Gris, Muscat und Macabeau ebenfalls auf den 507 Hektar der AOC angebaut. Die Böden der Weinberge sind steinig und bestehen fast ausschließlich aus schwarzem Schiefer. *Amarioles* heißen die dunklen Steine in der Sprache des Südens. Der Volksmund verschluckte

← Der alte Keller des Mas Amiel hat für die Verkostung einen modernen Anbau erhalten.
↙ Im Weinbaugebiet von Maury dürfen die *Vins Doux Naturels* in Glasballons unter freiem Himmel reifen.
↓ In den Sonnenstoffen der Katalanen verpackt: der Süßwein aus Maury

ein paar Silben und gab dem Dorf so seinen Namen: Maury, »schwarze Erde«.

Die Kunst des Destillierens

Auf den ersten Blick ähnelt der Maury dem Portwein. Doch während bei Portwein der Grundweinalkoholgehalt nicht festgelegt ist und bis zu 20 Prozent Branntwein beigefügt werden dürfen, gelten für den Maury genaue Vorschriften. Seine Grundweine müssen mindestens 15 Prozent Alkohol besitzen. Zudem dürfen dem AOC Maury höchstens zehn Prozent *eau de vie* (Branntwein) hinzugefügt werden. Dadurch bleiben Teile des unvergorenen Zuckers, die natürliche Süße und die Naturaromen der Traube erhalten. Dieser Vorgang wurde bereits im Mittelalter entdeckt. Im Jahr 1285 übernahm Arnau de Vilanova, Rektor der Universität Montpellier und Hofarzt der Könige von Mallorca, von den Arabern die Kunst des Destillierens. Im Königspalast von Perpignan bemerkte er, dass die Zugabe von Destillat die Gärung des Weinmostes stoppt. Die *mutage*, zu Deutsch »das Stummmachen«, war erfunden. Beim weiteren Experimentieren und reichlichen Verkosten merkten die Winzer, dass diese kräftigen und alkoholreichen Weine immer besser wurden, je länger sie lagerten.
Nach der Mazeration der Trauben reifen die *Vins Doux Naturels* (VDN) in 1000 Liter fassenden Holzfässern, in 225 Liter großen Barriquefässern aus Eiche und unter freiem Himmel in Glasballons. Die Temperaturschwankungen und die Sonneneinstrahlung beschleunigen draußen die Oxidation und damit den Alterungsprozess der Weine. Neun bis zwölf Monate lang reifen die natürlichen Süßweine im Freien. Danach werden sie auf Flaschen gezogen oder im Keller anderen, in Tanks oder im Holz gelagerten Weinen beigefügt, um langsam weiter zu reifen. Nach fünf Jahren darf solch ein AOC Maury den Zusatz *hors age* auf der Flasche tragen.

Welche Farbe der Süßwein hat, verraten die Bezeichnungen *blanc*, *ambré*, *grenat* oder *tuilé*. Der AOC Maury Blanc und AOC Maury Ambré werden aus Grenache Gris, Grenache Blanc, Macabeu und maximal 20 Prozent Muscat komponiert. Überraschend frisch, mit zarten Aromen von Zitrusfrüchten, zeigt sich der AOC Maury Blanc. Die Ambré-Süßweine leuchten altgolden im Glas. Sie bergen Aromen von kandierten Früchten und werden gerne zum Dessert genossen. Die roten Maury-Süßweine enthalten mindestens 75 Prozent Grenache Noir und maximal zehn Prozent Macabeu sowie Grenache Gris oder Blanc. Beim tiefroten Grenat wecken die Aromen Assoziationen an Kirschen, dunkle Beeren und tiefen Wald. Die ziegelfarbenen Tuilés verwöhnen mit Aromen von Pflaume, Orange und Röstnoten, die in Richtung Kakao gehen. Le Maury: alle Farben der Sonne, vereint in einem Apéritif.
www.maury-aop.fr

2

Am Fuß des Passes Grau de Maury erstrecken sich die Weinberge von Maury.

MAURY

REINSTER GENUSS

Maury ist das berühmteste Winzerdorf des Fenouillèdes. Alljährlich Anfang Juni feiert es ein landesweit einzigartiges Frauen-Musikfestival. Und im Herbst messen sich Laufbegeisterte beim Trail und Marathon durch die Weinberge.

Malerisch liegt Maury im Schatten des Grau de Maury, den die Katharerburg Quéribus bekrönt. Dicht an dicht haben die Parzellen mit Grenache, Shiraz und Co. die Hänge überzogen und die ursprüngliche Garrigue verdrängt. »MA« leuchtet es kalkweiß aus dem Grün. Mas Amiel gehört zu den wenigen Kellern, die mitten im Anbaugebiet zu finden sind. Thunevin-Calvet hat seinen imposanten Stammsitz direkt an den östlichen Ortseingang gesetzt. Mit Marcel Bühler, Hervé Bizeul und Dimitri Glipa sind weitere Topwinzer Frankreichs im Dorf vereint. Ihre Schaufenster sind die hauseigenen Keller – und die Maison du Terroir mit ihrer gut sortierten Weinbar und Boutique. Im Herzen des alten Dorfes erzählen Trompe-l'œil-Malereien des Künstlers Bernard Gout vom einstigen Alltag in Maury. Fast alles dreht sich dort um Wein – sogar beim Sport! Doch Anfang Juni lädt Madame Chivilo zu einem Musikfest, das starke Frauen zeigt. Beim Festival »Voix de Femmes« sind nur Frauen als Solistinnen, Musikerinnen, im Chor oder in der Band zugelassen. Von mittags bis Mitternacht bringen sie mit ihren Songs und Melodien die Bühne zum Beben.

TIPP

SENTIER BOTANIQUE DE ROUBIALS

Beim Picknickplatz der D19 Richtung Cucugnan beginnt ein aussichtsreicher Rundweg durch Garrigue und Pinienwald. 90 Minuten lang zeigt der rund drei Kilometer lange »Sentier Botanique de Roubials« die typische Vegetation der mediterranen Garrigue: Rosmarin, Steineichen, Immortelle, Erdbeerbaum und Zistrose.

3

Unverkennbar ein Erbe der Römerzeit: das Aquädukt

ANSIGNAN

GENAU IN DER MITTE

Ein kleines Schild am Straßenrand verrät es stolz: Ansignan ist – zumindest geografisch – das Zentrum des Fenouillèdes. Gerade mal 160 Einwohner leben in dem Bergdorf hoch über einer Sehenswürdigkeit, die einzigartig ist in Okzitanien: die Aquäduktbrücke.

Nur wenige Meter von der Mündung des Desix in den Agly errichteten die Römer zwischen 220 und 270 n. Chr. diese ungewöhnliche Konstruktion. Sie besteht aus zwei Ebenen: Die untere ist eine Tunnelbrücke, die obere dient als Aquädukt, durch den noch immer das Wasser fließt. Das 170 Meter lange gallorömische Bauwerk besteht aus 29 Bögen unterschiedlicher Größe, von denen der größte – hochwassersicher – den Fluss Agly überspannt. Die Aquäduktbrücke wurde vermutlich erbaut, um das römische Gut Ansinius, das sich dort befand, wo heute das Dorf Ansignan liegt, mit Wasser zu versorgen. Der Bau wurde im Laufe der Jahrhunderte immer wieder verändert. Von seinem römischen Ursprung sind noch die Reste eines aus Ziegelsteinen errichteten Bogens am rechten Flussufer erhalten. Solche Ziegel wurden im Mittelalter nicht mehr verwendet. Im 9. Jahrhundert n. Chr. erhielt die Brücke ihren Straßentunnel in Form einer Galerie, die an den Enden fünf Meter hoch und zwei Meter breit war. Durch seitliche Öffnungen wird der Tunnel unter dem Kanal des Aquädukts beleuchtet. Damals entstanden auch die Verlängerungen am Ufer, die dem Aquädukt seine heutige Größe verliehen. Im Spätsommer verwandelt sich die Brücke in eine Pop-up-Galerie. Dann stellen heimische Künstler dort ihre Werke aus: große Bronzen, Ölbilder, Aquarelle, Fotografien, Keramik und Schmuck.

TIPP

DOLMEN DE LA ROUYRE

Der Fenouillèdes ist reich an Zeugnissen aus der Jungsteinzeit. Zu den schönsten gehört der Dolmen de la Rouyre. Er besteht aus sechs Steinplatten: fünf seitlich aufgestellten Felsbrocken und einem massiven Deckstein.

WIE PERLEN AN EINER SCHNUR

Weite Strände und steile Klippen, die Brecher des Atlantiks und die Bergspitzen der Pyrenäen: Ein Roadtrip entlang der baskischen Küste punktet mit grandioser Natur, malerischen Dörfern, pulsierenden Städten und typisch baskischer Lebensart.

Zwischen der Mündung des Adour und dem Hauptkamm der Pyrenäen erstreckt sich im Südwesten von Frankreich das Baskenland. Euskadi nennen die Basken ihre Heimat, die sich jenseits der Grenze in Spanien fortsetzt. Die Frage, woher das Volk stammt, ist bis heute Anlass für die wildesten Spekulationen. Einige behaupten sogar, sie seien die Nachfahren des mythischen Inselreiches Atlantis. Ihre Kultur und ihre Küche sind bis heute eigenständig und quicklebendig – vom Nationalsport Pelote bis zum *Piment d'Espelette*, dem schärfsten Chili Frankreichs.

INFO

Start: Bayonne
Ziel: Hendaye
Länge: 40 Kilometer
Dauer: 2–3 Tage
Beste Reisezeit: Mai–September

Der Roadtrip entlang der Côte Basque beginnt in 1 **Bayonne**, der alten Hauptstadt des Pays Basque, am Zusammenfluss von Adour und Nive. Stürzen Sie sich in das Gewirr der alten Gassen von Grand Bayonne rund um die Kathedrale und stärken Sie sich vor der Abfahrt mit einer heißen Schokolade bei Cazenave – schön schaumig aufgeschlagen ist sie seit vielen Generationen Kult bei den Einheimischen. Folgen Sie dann der Avenue des Adours und dem Fluss bis zur Mündung an der feinsandigen Plage de la Barre von Anglet. Der Badeort, der heute mit Bayonne und Biarritz eine Großkommune bil-

Nördlich von Bidart versteckt sich dieses Naturjuwel: die Plage d'Erretegia

det, gilt als »kleines Kalifornien« des Baskenlandes. Vier Kilometer lang säumt sein Sandstrand die Küste – ein Paradies für Sonnenanbeter und Surfer!
Im Süden der Bucht versteckt sich in den Klippen die legendäre Grotte »Chambre d'Amour«. Dort sollen sich vor ewigen Zeiten der arme Waisenjunge Laorens und die reiche Bauerstochter Saubade gegen den Willen des Vaters getroffen und ewige Liebe geschworen haben. Eines Tages jedoch tobte ein Sturm im Golf von Biskaya, und das Meer stieg schneller an als sonst. Die Wellen rissen die Liebenden in den Tod. Doch das Unglück verhindert leider nicht, dass bis heute die Liebeskammer die Pärchen anlockt ... In einer zweiten Grotte entdeckten Archäologen 1998 Feuerspuren, Knochen, Spuren von Töpfen und andere Reste eines Gelages, das dort vor 3000 Jahren stattgefunden haben muss.

Leuchttürme, Fischerdörfer, Wellenreiter

Über der Höhle erhebt sich der Leuchtturm von **2 Biarritz**, zu dem 248 Stufen hinaufführen. Besonders abends, wenn die Sonne glutrot im Meer versinkt, ist das Felskap mit seinem Turm ein beliebter Aussichtspunkt. Biarritz war einst

Strandglück mit Staketenzaun: Uhabia. Kaum eine Bucht der Côte Basque besitzt so feinen Sand wie diese Strandperle südlich von Bidart.

ein Walfängerort, ehe es im 19. Jahrhundert zum Tummelplatz der Prominenz aufstieg, und Kaiserin Eugénie vom milden Winterklima in Biarritz schwärmen ließ. Sieben Kilometer südlich an der D911 hat Bidart den Charme eines alten baskischen Dorfes bewahrt und thront mit rot-weißen Häusern hoch auf den Klippen über dem Atlantik! Von der Chapelle Sainte-Madeleine auf der Steilklippe bieten sich traumhafte Ausblicke auf die Côte Basque und ihr Hinterland. Tief unten tanzen als schwarze Punkte unzählige Surfer auf den Brechern des Atlantischen Ozeans. Badevergnügen für jeden Geschmack bescheren sechs Strände. Vier Kilometer südlich folgt an der D810 das alte Fischerdorf Guéthary, seit fast 100 Jahren eine beliebte Sommerfrische von Künstlern und Prominenten. 1929 traf sich hier der Maler Paul Klee mit seinem russischen Kollegen Wassily Kandinsky. 1962 erlernte die junge Cathérine Deneuve in Guéthary das Wellenreiten. Sein alter Walfängerhafen ist nicht nur der kleinste, sondern auch der malerischste der baskischen Küste. Wie einst werden die Boote aus dem Wasser an Land gezogen. Den größten Hafen der baskischen Küste erreichen wir auf der D810 nach nur sechs Kilometern: Saint-Jean-de-Luz. Der alte Hafen der Wal- und Thunfischfänger verwandelt sich im Sommer in einen mondänen Badeort. 1660 schrieb das Städtchen Geschichte, als König Ludwig XIV. die Infantin Maria Teresa von Spanien heiratete, eine Verbindung, die Spaniens Allianz mit Frankreich besiegelt. Ort der Trauung war die größte Kirche des Baskenlandes: Mit ihrer dreigeschossigen Galerie, dem vergoldeten Retabel, den Fresken und Schiffsmodellen ist die Église Saint-Jean-Baptiste auch das schönste Gotteshaus des Pays Basque. Ludwig XIV. logierte in der Maison Louis XIV, heute ein sehenswertes Museum zur Stadtgeschichte. Vor dem Museum verlocken die Bars und Cafés der Place Louis XIV zur Pause mit baskischem Bier und *chipirons*, jungen Tintenfischen, frittiert oder eingelegt in eine scharfe baskische Soße mit Paprika und Piment. Nur eine Brücke trennt Saint-Jean-de-Luz von **3 Ciboure**, der volkstümlicheren und ruhigeren Schwester am Ufer der Nivelle, die dort in den Atlantik mündet. In Ciboure verlassen wir die D810 und folgen nun der D912, die als Corniche Basque bis nach Hendaye, auf elf Kilometern zur Panoramafahrt an einer ganz besonderen Küste einlädt. Denn hier liegt Flysch offen zu Tage. Diese unterseeischen Sedimente, die rund 5000 Meter dick sind, wurden beim Zusammenprall der Iberischen Halbinsel mit der Europäischen Kontinentalplatte wie die Pyrenäen aus dem Innern der Erde hochgeschoben – ein einmaliges geologisches Ereignis!

Kurz vor Hendaye halten wir am Château Abbadia. Elefanten und Sterngucker in Stein schmücken das verspielte Schlösschen, in dem einst der in Irland geborene Baske Antoine Abbadia versuchte, die geheimnisvollen Wurzeln seines Volkes freizulegen. Unsere Fahrt endet an der Grenze zu Spanien in einer Stadt, die zwei Gesichter hat: Hendaye – Hendaye Plage, ein Badeort am drei Kilometer langen Strand, und Hendaye-Ville, die kleine Altstadt am Ufer des Bidassoa.

RESTAURANTS / ÜBERNACHTUNGEN

EINKEHREN

CHEZ MARTIN
Lionel Elissalde saß in der Jury der Kochshow »Master Chef« von TF1. Wie gut er selbst kochen kann, beweist er im Herzen der Altstadt von Bayonne mit bester Bistronomie, die tief verwurzelt ist im Baskenland.
https://chezmartin-restaurant.com

MIGUEL CAFÉ
Vinyl und Vintage der 1950er- und 1960er-Jahre: Die beliebte Bistro-Bar in Biarritz ist seit Jahren Kult. Zu Rum, Wein oder süffigem Bier werden Forelle nach baskischer Art oder Bœuf bourguignon aufgetischt.
www.facebook.com/lemiguelbiarritz

CHEZ JÉRÔME
Fangfrische Meeresfrüchte direkt vom Austernzüchter in der Markthalle von Biarritz – wuselig am Tresen oder etwas ruhiger an den Tischen im Obergeschoss.
www.facebook.com/chezjeromebtz

HÔTEL-RESTAURANT ELISSALDIA
Der traditionsreiche Gasthof am Dorfplatz von Bidart ist berühmt für seine *taloas*, gefüllte Maispfannküchlein, die die Basken gerne zwischendurch einmal genießen.
www.hotel-elissaldia.com

CHEZ MATTIN
Ttorro heißt die traditionelle Fischsuppe von Ciboure. Erfunden hat sie der Großvater des heutigen Küchenchefs, Michel Niquet.
www.chezmattin.fr

ÜBERNACHTEN

HÔTEL DES BASSES-PYRÉNÉES
Das älteste Hotel Bayonnes hat die Reste der Stadtmauer und der Tour de Sault in seine Architektur integriert und so einen charmanten Mix aus Historie und Neuzeit geschaffen. Die 27 Zimmer sind geräumig und mit schallisolierten Fenstern ausgestattet.
www.hotel-bassespyrenees-bayonne.com

HÔTEL DU PALAIS
Das einzige Palace Hotel der baskischen Küste (in Biarritz) verwöhnt mit Fünf-Sterne-Plus-Luxus in 86 Zimmern, darunter 56 Suiten. Im Sternerestaurant La Rotonde steht der junge Küchenchef Aurélien Largeau am Herd.
www.hyatt.com

AUBERGE KOSKENIA
Krämerladen, Café-Bar-Restaurant und Hostel in einem ist die Auberge von Christine Larralde direkt am Hauptplatz des alten Bidart.
www.aubergekoskenia.com

CAMPING ERROMARDIE
Zu den wenigen Campingplätzen entlang der baskischen Küste, die tatsächlich am Strand liegen, gehört diese Vier-Sterne-Anlage der Ferme Erromardie nur wenige Kilometer nördlich von Saint-Jean-de-Luz.
www.camping-erromardie.com

HÔTEL VALENCIA
Das traditionsreiche Strandhotel von Hendaye ist seit 2016 komplett saniert, hat Schallschutzfenster erhalten, den Komfort erhöht – und so den Status eines Drei-Sterne-Hotels erlangt.
www.hotel-valencia-hendaye.com

Patxi Tambourindeguy fertigt per Hand *Chistura*-Schläger für die *Cesta-Punta*-Variante des Pelote-Spiels.

DIE HAUPTSTADT DER BASKEN

Die alte Hafenstadt am Zusammenfluss von Adour und Nive ist der wirtschaftliche Hotspot des französischen Baskenlandes. In seinem Herzen jedoch hat Bayonne das Mittelalter bewahrt und lädt genussvoll zu einer Zeitreise mit Schoko und Schinken ein.

Sein alter Stadtkern Grand Bayonne ist so kompakt, dass er sich gut zu Fuß entdecken lässt. Aus dem Gewirr der Gassen und Dächer ragt die Cathédrale Sainte-Marie mit ihren 85 Meter hohen Türmen in den Himmel. Das monumentale Gotteshaus der Gotik ist Station der Pilger am Jakobsweg und UNESCO-Welterbe. Nach dem Sieg Frankreichs im 100-jährigen Krieg errichtete sie ein unbekannter Meister aus der Champagne als ersten gotischen Sakralbau südlich der Loire. Der Kreuzgang des angrenzenden Klosters ist einer der größten Frankreichs und eine Oase der Ruhe im Trubel der Innenstadt. Viele Straßen wurden zu Fußgängerzonen umgestaltet, und hier die Schaufenster zu betrachten ist ein wahres Vergnügen. Zudem sind 87 Prozent aller Läden inhabergeführt – und keine Ketten. In der Markthalle stapeln sich die Genüsse der Region: Tomaten, Paprika und Piment, Käse und Hartwürste, *foie gras*, Federvieh und Wein. Die Rue Port-Neuf ist fest in der Hand der

1

↑ Die Altstadt »Grand Bayonne« hat in ihren Gassen das mittelalterliche Fachwerk bewahrt.
↙ Der im Flamboyant-Stil erbaute Kreuzgang der Kathedrale Sainte-Marie in Bayonne

Schokoladenhersteller. Ein Muss dort ist ein *chocolat mousseux* bei Cazenave, eine aufgeschlagene Trinkschokolade mit imposanter Schaumkrone. Wenig weiter locken Schinkenproduzenten wie Pierre Ibaïalde und Pierre Oteiza mit Kostproben. Tiefer in die Lebenswelt der Basken entführt das Musée Basque am Südufer der Nive. Das nahe Musée Bonnat-Helleu wird bis 2024 ausgebaut – als wichtigstes Kunstmuseum zwischen dem Louvre und dem Prado.

TIPP

AB IN DIE UNTERWELT

Bayonne ist wie ein Schweizer Käse durchlöchert. Hinter unscheinbaren Haustüren führen steile Treppen hin zu riesigen Gewölben. 138 solcher mittelalterlichen Läden und Lager hat Bayonne bereits wiederentdeckt. Führungen stellen die drei schönsten *caves médievales* vor.

2

Der Hauptstrand von Biarritz begeistert das ganze Jahr hindurch die Surfer mit seiner Brandung.

BIARRITZ

VON WELLEN UND VILLEN

Biarritz war ein alter Walfängerort am Atlantik, bevor es zum mondänen Seebad avancierte und vor rund 100 Jahren ein Dorado der Surfer wurde. Auf riesigen Wellen reiten sie vor der malerischen Felsküste und vielen Zuschauern am Strand auf dem weiten Atlantik.

Biarritz gilt als Wiege des Wellenreitens in Europa. 1959 wurde dort mit dem Waikiki-Club der erste Surfclub des europäischen Kontinents gegründet. Heute ist die Grande Plage der Hotspot der Surfer aus aller Welt. Bei gutem Wind wird es auf den Brechern so voll, dass Anfänger glattweg das Nachsehen haben und »weggenagelt« werden. Die Show auf den Wellen ist ein Spektakel, das an den Stränden mit Begeisterung beobachtet und kommentiert wird. Die schönsten Ausblicke auf die berühmte Bucht von Biarritz hat man vom nördlichen Kap mit dem Biarritzer Leuchtturm und vom Felsinselchen Rocher de la Vierge. Zu Füßen seiner Marienstatue reicht der Blick bis nach Saint-Jean-de-Luz im Süden der Bucht. Trotz einiger Betonbauten ist auch die Aussicht auf die Belle-Époque-Villen von Biarritz beeindruckend. Ein Panoramaweg führt von dort zum winzigen Vieux-Port, dem alten Hafen mit seinen weiß getünchten *crambottes*, den Hütten der Fischer. Das Herz des Seebades pulsiert rund um seine Markthalle mit ihren 40 Ständen und Fischbars wie Chez Jérôme. Naschkatzen pilgern zur Konditorei Maison Miremont, die seit 1872 an der Place Georges Clemenceau zur Torten-Reise durch Frankreich einlädt: vom gefüllten *Gâteau Basque* bis zur *Tarte Tatin*.

TIPP

MEER ERLEBEN

Bereits 1933 eröffnete das Aquarium von Biarritz, das die Unterwasserwelt des Golfe de Gascogne, des Nordatlantik, des Indischen Ozeans und der karibischen See vorstellt. Am südlichen Stadtrand lädt das Erlebnismuseum Cité de l'Océan ein, die Weltmeere virtuell und interaktiv entdecken.
www.aquariumbiarritz.com, www.citedelocean.com

3

Von der Tour de Bourdagain bieten sich 360°-Blicke auf Cibourne und die nahen Pyrenäen.

CIBOURE

CHARME IN ROT-WEISS

Eine Brücke verbindet Ciboure mit Saint-Jean-de-Luz. Und trennt zwei ungleiche Schwestern. Am rechten Ufer der Nivelle herrscht Trubel, und Touristen bevölkern Saint-Jean-de-Luz. Am linken Ufer verläuft das Leben beschaulicher. Und volkstümlicher.

Beide Dörfer verbindet der Fischfang. Auch Ciboure mit seinen 6250 Einwohnern war schon immer auf das Meer ausgerichtet. Bis ins letzte Jahrhundert hinein bildeten Fischfang und Fischkonservenherstellung die Lebensgrundlage der gesamten Bevölkerung. Das Meer prägt bis heute das Leben und die Geschichte des Dorfes und seiner Bewohner. Am 7. März 1875 wurde in der Maison San Estebenia der Rue Pocalette ein Mann geboren, dessen Werk *Bolero* bis heute ein Welthit der Klassik ist: Maurice Ravel. In der nahen Église Saint-Vincent wurde der Komponist noch im gleichen Jahr getauft, verrät eine Inschrift über dem Taufstein.
Die Kirche ist ein Musterbeispiel für traditionelle baskische Gotteshäuser. Ihre hölzernen Galerien waren Männern vorbehalten, die der Jungfrau Maria als Votivgabe kleine Boote schenkten. Am Standort der einstigen Kirche Notre-Dame de Bordagain erhebt sich heute die Tour de Bordagain. Im 14. Jahrhundert wurde der Turm Teil einer Verteidigungsanlage, die Hafen und Stadt schützte. Bei Führungen des Office de Tourisme lässt sich im Sommer das Seezeichen besteigen. Von seiner Galerie eröffnen sich herrliche 360-Grad-Blicke auf den Atlantik, die Bucht von Saint-Jean-de-Luz, den Aussichtsgipfel der Rhune und die Bergspitzen der Pyrenäen am Horizont.

TIPP

PINTXO POTE

Neben dem Rathaus von Ciboure erhebt sich mit dem Fronton die Spielwand für Pelota. Von September bis Juni laden die Wirte der dortigen Bars und Cafes jeden Donnerstag zum *Pintxo Pote*. Zu jedem gekauften Getränk gibt es dann kostenlos köstliche Tapas.

WEIN AUS DEM MEER

Früher war Emmanuel Poirmeur ein Weinbauer wie viel andere und stand mit beiden Beinen fest auf dem Boden. Heute zieht er den Taucheranzug an, um seine Tropfen zu kontrollieren. Monsieur ist der erste Winzer Frankreichs, dessen tiefer Keller das Meer ist.

Neben der Maison des Blocs, dem kantigen Stammsitz von Egiategia im Hafen von Socoa, fließt der kleine Untxin in den Atlantik, der die Bucht von Saint-Jean-de-Luz umspült. Wie eine Nabelschnur verbindet das kanalisierte Flüsschen das Meer mit den Hügeln von Urrugne am Horizont, wo tiefe Wolken die Stöcke der Weinberge berühren. Genau hier hat Emmanuel Poirmeur 2008 sein ungewöhnliches Experiment begonnen. Der gebürtige Pariser, im Herzen aber Baske durch und durch, nutzt das Meer als Kellermeister für seine Weine.

Auf die revolutionäre Idee war Emmanuel Poirmeur in Argentinien gekommen, wo der junge Hochschulabsolvent für Moët et Chandon Weine nach der Champagner-Methode produzierte. 2007 meldete er für sein neuartiges Herstellungsverfahren das Patent an. In Socoa, wo er als Kind seine Sommerferien beim Großvater verbracht hatte, fand er den perfekten Standort, um seinen Traum zu realisieren. Egiategia, Werkstatt der Wahrheit, nannte er sein Weingut. Anders als einige marketingbegeisterte spanische Winzer, die ihre Flaschen einfach auf den Meeresboden stellen, lässt Mon-

← Emmanuel Poirmeur kontrolliert seine Weine beständig auf gute Qualität.
↙ Die Baie de Saint-Jean-de-Luz: Hier ist der Wein versenkt.
↓ In diesen Plastikfässern wird der Wein zur zweiten Fermentation im Atlantik versenkt.

sieur Poirmeur als erster Winzer in Frankreich seine Weine vom Meer tatsächlich verarbeiten.

Die Kraft des Ozeans

Anfangs zunächst in Betoncontainern, heute in weißen Polymerballons, lässt er per Boot rund 20 Fässer mit einem Volumen von 300 bis 400 Litern an der baskischen Küste ins Meer, wo sie Taucher in 15 Metern Tiefe verankern. »Da Wein leichter ist als Wasser, war dies anfangs kein leichtes Unterfangen«, erklärt der Unternehmer, der für seinen Wein die Trauben aus den verschiedensten Gebieten Frankreichs und dem nahen Spanien kauft.
In den Fässern wird vor dem Versenken im Meer der natürlich vergorene Traubensaft mit den klassischen Zutaten für die zweite Gärung, Zucker und Hefe, vermischt. Rund drei Monate lang bearbeitet der Atlantik den Wein. Tide und Temperatur – von kühlen 6 °C im Winter bis zu 21 °C im Sommer – verändern den Druck auf das Fass. »Dies entspricht dem Rütteln per Hand beim Champagner«, erklärt Emmanuel Poirmeur.

Das Prickeln der Tiefe

Nach drei Monaten kommt es zur Schaumbildung und bildet sich Kohlendioxid im Fass. »Der stille Wein wird zum Schaumwein und reichert sich mit verschiedenen Aromen an«, erklärt der Winzer. Vorsichtig lässt Emmanuel Poirmeur im Keller von Egiategia das Gas ab. Laut zischend entweicht es aus dem Verschluss. Im Wein verbleibt ein leichtes Perlen. So kommt er – als Rotwein, Rosé und Weißwein – in die Flasche. Im Showroom über dem Keller wird die ungewöhnliche Herstellung den Besuchern im Video und auf Tafeln erklärt.
Rund 30 bis 50 Prozent teurer als an Land ist die Weinherstellung unter Meer. Doch dafür ist er einzigartig, schwärmt Emmanuel. Und freut sich, dass seine Tropfen nicht den strengen Auflagen kontrollierter Ursprungsbezeichnungen (AOC) unterliegen. Statt holziger Barrique-Noten besitzen seine Weine blumige und mineralische Aromen. Ein kaum merkliches Prickeln belebt seine Tropfen. Ihre Farben sind vibrierender, fast übernatürlich intensiv. Verkostet wird auf der Terrasse der Kellerei. Stolz zeigt Emmanuel Poirmeur auf die Stelle, an der der nächste Jahrgang im Rhythmus des Meeres entsteht. Wer dorthin paddelt, sieht die Weinfässer im Blau der Tiefe hell leuchten.
www.egiategia.fr

DEFILÉ DER GEBIRGSPÄSSE IN DEN PYRENÄEN

Hinter der schönsten Panoramastrecke durch die Pyrenäen steckt Napoleon III. Denn der französische Kaiser wollte mit seiner Pyrenänen-Thermalstraße den Tourismus in den Kurorten der Pyrenäen neu beleben. 1859 wurde die »Badestraße der Berge« eingeweiht.

Die Pyrenäen! Dort hatte Hortense, die Mutter von Napoleon III., bei der Wanderung von Cauterets nach Gavarnie echte Freiheit erlebt, dort kurte Eugénie, Napoleons Ehefrau, in Eaux-Bonnes, ihr Gemahl in Luchon. Mit dem Bau der Route des Col erlebten die Badeorte während der Belle Époque einen Boom. Heute ist die Route des Col jeden Sommer die Bühne der Tour de France. Die 911 Kilometer lange Strecke führt über 34 Pässe und durch alle sechs französischen Pyrenäen-Départements: Pyrénées-Atlantique, Hautes-Pyrénées, Haute-Garonne, Ariège, Aude und Pyrénées-Orientales. Für ihre 16 000 Höhenmeter braucht man einige PS unter der Haube.
Start ist in Hendaye an der Grenze zu Spanien. Wir folgen der D810 vorbei am typisch baskischen Dorf Urrugne nach

Ein Belle-Époque-Juwel: die Esplanade des Œufs von Cauterets

Saint-Jean-de-Luz, einem beliebten Badeort mit Sandstrand. Hier können Sie das letzte Mal den Atlantik mit allen Sinnen erleben – danach geht es auf der D918 landein nach Ascain. Dort führen D504 und D4 hinauf zum Col de Saint-Ignace (169 m), Startpunkt für Bergtouren hinauf zur Rhune. Aus 905 Metern Höhe eröffnet sie Paradeblicke über die baskischen Pyrenäen und den Atlantik. Zehn Kilometer weiter auf der D4 wartet Ainhoa, eines der schönsten Dörfer Frankreichs, nur drei Kilometer von der spanischen Grenze entfernt, wo es auf der N121-B hinauf zum Col d'Otxondo (574 m) und in Arizcun auf der NA-2600 über den Col d'Ispéguy (671 m) zurück nach Frankreich geht. Die D949 bringt uns aussichtsreich hinab nach Saint-Étienne-de-Baïgorry, die D15 ins Weinland von Irouléguy. Dort reift die Power-Rebe Tannat: Keine andere Traube entwickelt so viel Procyanidin und beugt so Herz- und Kreislauferkrankungen vor. Die D15 endet in Saint-Jean-Pied-de-Port.

INFO

Start: Hendaye
Ziel: Cerbère
Länge: 911 Kilometer
Dauer: Mindestens 1 Woche
Beste Reisezeit: Juni–September

Auf den *estives*, den Sommerweiden der Pyrenäen, finden Pferd und Rind, Schaf und Ziege bestes Futter.

Das malerische Städtchen vibriert unter den Schritten der Pilger, die dort die Passage über die Pyrenäen beginnen. Die Route des Col strebt als D18 auf den Col de Burdincurutcheta (1135 m) und erreicht Iraty. 2000 Schafe ziehen dort jedes Jahr mit Glockengeläut auf die Sommeralmen und liefern die Milch für den einzigen AOC-Käse der Pyrenäen: den Ossau-Iraty. Nach einer Genusspause wird Strecke gemacht: Auf der D918 geht es bis Arette, von dort auf D341 und D241 zum Col d'Ichère (674 m), hinab zur N134 und gen Norden nach Escot, wo die D294 mit bis zu 13 Prozent Steigung auf den Col de Marie-Blanque (1035 m) führt, dem Scheitelpunkt zum Val d'Ossau.

Atemberaubende Ausblicke

In Laruns beginnt der spektakulärste Abschnitt der Route des Col. Über sechs legendäre Tour-de-France-Pässe geht es durch den Pyrenäen-Nationalpark mit seinen Bergriesen. Alte Dörfer mit Steinhäusern und Schieferdächern klammern sich an die Hänge. Berühmte Thermalbäder locken im Tal. Von Laruns folgen wir der D918 vorbei am Mini-Kurbad Eaux-Bonnes und der Skischaukel Gourette den Kurven hinauf zum Col d'Aubisque (1739 m). Zehn Kilometer weiter beginnt am Col du Soulor (1474 m) Okzitanien. Als erster Halt an der D918 empfiehlt sich das alte Dorf Aucun. Ein markierter Rundweg blättert dort bäuerliches Leben auf. In Argelès-Gazost biegen wir ab auf die D921. Wer Zeit hat, macht auf der D920 einen Abstecher nach Cauterets und genießt das nostalgische Flair des kaiserlichen Kurbades. Danach folgen wir der D921 bis Luz-Saint-Sauveur und nehmen die D918 als Auffahrt zum höchsten Pass der Pyrenäenquerung: dem **1 Col du Tourmalet** (2115 m). Hier sollten Sie etwas verweilen und von La Mongie mit der Seilbahn hinauf zum **2 Pic du Midi** schweben. Runter nach Campan, rauf zum Col d'Aspin (1489 m), runter nach Arreau, rauf auf der D25/225 zum Col d'Azet (1580 m), runterschrauben nach Estarville und auf der D618 hoch zum Col de Peyresourde (1569 m): Das ist Fahrspaß pur – besonders auf dem Motorrad! Im Caravan kann dieses Teilstück fordernd sein. Erholung bietet Bagnères-de-Luchon mit seinem Naturhamam: einem Sauna-Stollen im Berg, beheizt von den Thermalquellen der Pyrenäen! Von Luchon reisen wir auf der D618A über den Col du Portillon (1292 m) ins Val d'Aran, das einzige Tal der spanischen Pyrenäen nördlich des Hauptkamms. Auf der N230 geht es zurück nach Frankreich, auf der N125 im Hochtal der Garonne nach Saint-Béat-Lez, wo die D44E zum Ritt über die hohen Pässe der historischen Grafschaft Comminges einlädt: Col de Menté (1349 m), Col de Portet-d'Aspet (1069 m), Col de la Core (1395 m), Col de Latrape (1111 m), Col d'Agnès (1570 m) und Port de Lers (1517 m). Sie brauchen eine Atempause? Die Altstadt von Tarascon-sur-Ariège am Ufer der Ariège wartet! Der Parc de la Préhistoire lädt ein, in das Leben des Cro-Magnon-Menschen einzutauchen. Die N20 bringt uns nach Ax-les-Thermes, wo es heiß aus den Brunnen dampft! Die D613 leitet uns über den Col du Chioula (1431 m) und zwei weitere Pässe ins Département Aude, wo die D613 schnurgerade das Hochplateau des Pays de Sault durchquert; bei Belcaire gibt es direkt am Badesee einen Campingplatz! Südlich von Quillan hat die Aude entlang der D118 tiefe Schluchten gefräst. Hinter Font-Romeu wartet der letzte hohe Pass auf uns: Col de la Perche (1581 m). Begleitet vom heiligen Berg der Katalanen Canigou sausen wir auf der N116 im Tal der Têt bis zum Stausee von Vinça, schrauben uns durch das grüne Roussillon ins Tal des Tech – und erblicken Segelboote. An der Purpurküste fallen die Pyrenäen steil ins Meer. Ein Bummel durch **3 Banyuls**, und schließlich Cerbère: Welch ein furioses Finale!

RESTAURANTS / ÜBERNACHTUNGEN

EINKEHREN

LES 9 CAVES
Bioweine im Laden, entspannter Genuss im gemütlichen Lokal, Livemusik und Ausstellungen: Wer nach einem Abend in den neun Kellern von Banyuls bleiben möchte, kann in einer der drei Fewos auf dem Dach nächtigen.
https://9caves.com

LE FANAL
Seeteufel, Meerforellen und Seafood mit Paradeblick auf den Hafen von Banyuls: Dafür ist Sternekoch Pascal Borell berühmt. Wer deftigeres Essen liebt, kann knusprigen Kaninchenbraten mit Schnecken kosten.
www.pascal-borrell.com

LE CHALET
An den wilden Wassern des Oriège von Ax-les-Thermes verwöhnen Magalie und Frédéric Debèves seit 1998 mit raffinierter Lokalküche und Wein aus Ariège.
www.le-chalet.fr

CHEZ LOUISETTE
Skiteller oder Spanferkel, *foie gras* oder feinstes Lamm mit Engelwurz und Ehrenraute? In der Berghütte von Louisette auf 1600 Metern Höhe, die um 1905 noch eine einfache Sennhütte war, schmeckt alles köstlich!
https://chezlouisettebareges.com

PAXKAL OILLARBURU
Lammbries mit *Chorizo*, Kohlsuppe und Forellen aus dem Iraty-Fluss: Die Küche des einfachen Terrassenrestaurants von Saint-Jean-Pied-de-Port ist tief in der Region verwurzelt. Jakobspilger schmausen gerne hier – und freuen sich über die großen Portionen.
Tel. 05 59 37 06 44

ÜBERNACHTEN

CAMPING SUNÊLIA
Von Glamping im Safarizelt bis zu Naturcamping, von Mobile home bis zur Hütte reicht das Angebot der Unterkünfte des Viersternecampingplatzes mit eigenem Wasserpark.
www.camping3vallees.com

HÔTEL DES TEMPLIERS
Generationen von Künstlern haben im Zwei-Sterne-Haus von Collioure Kost und Logis mit eigener Kunst bezahlt – ihre Gemälde schmücken heute die Gaststuben und Gästezimmer.
www.hotel-templiers.com

CASTEL DE LA PIQUE
Gegenüber von den Thermen von Luchon und nur 100 Meter vom Park entfernt, haben Solange und Alain in einer Belle-Époque-Villa zehn Gästezimmer eingerichtet – wer länger bleibt, kann Halbpension buchen.
www.castel-pique.fr

MERCURE SENSORIA HOTEL
In diesem beliebten Hotel von Saint-Lary-Soulan schätzen die Gäste vor allem drei Dinge: den komfortablen Standard der Zimmer, den integrierten Thermen-, Spa- und Badebereich und die Nähe zu den Liften.
https://all.accor.com

HÔTEL ARCÉ
Seit sechs Generationen heißt Familie Arcé in ihrem traditionell baskischen Anwesen am Ufer der Nives des Aldudes in Saint-Etienne-de-Baïgorry ihre Gäste in 22 Zimmern willkommen. Die Küche von Pascal ist sterneverdächtig!
www.hotel-arce.com

Das Tal von Bethmale ist berühmt für seine Schnabelschuhe.

1

COL DU TOURMALET

DIE LEGENDE

Er gilt als schwerster Aufstieg der Tour de France: der 2114 Meter hohe Col du Tourmalet. Die ersten Radrennfahrer mussten den berüchtigten Pass noch auf einem schmalen Pfad erklimmen. Heute führt die gute ausgebaute Route des Cols hinauf.

Drei Wochen lang im Sommer wird seit 1903 jährlich das härteste Radrennen der Welt ausgetragen. Streckenführung und Etappenorte der Tour de France wechseln jedes Jahr. Doch eines bleibt gleich: Die Entscheidung über den Toursieger fällt im Hochgebirge. Und das heißt nicht immer in den Alpen, sondern oft: an den Pässen der Pyrenäen. Die Grenzberge zu Spanien steigen überraschend abrupt aus dem sanft gewellten Vorland auf. Schmal ist der 450 Kilometer lange Riegel aus Kalk und Granit, und steil sind seine Pässe. Zu den vier »heiligen« Pässen des härtesten Radrennens der Welt gehört seit 1910 die Passage über den Col du Tourmalet. Damals suchte ihr Gründer Henri Desganges für die siebte Ausgabe seines Rennens neue Sensationen – und fand sie in den Pyrenäen. Entsetzt kehrten die dorthin auf Erkundungstour gesandten Mitarbeiter zurück. Es gäbe keine Straßen, lauter wilde Tiere und ebenso wilde Bewohner, die statt Französisch fremde Laute von sich gäben – Gaskognisch und Okzitanisch, berichteten sie. Welche Herausforderung, dachte sich Desgranges – und integrierte die Pyrenäen in den Tourverlauf. Am 19. Juli 1910 starteten die Fahrer von Perpignan nach Luchon und erklommen den Col de Port, den Portet d'Aspet sowie den Col des Ares. Um 3.30 Uhr morgens eine noch härtere Bergetappe Richtung Bayonne: Peyresourde, Aspin, Tourmalet und Aubisque – 325 Kilometer lang eine einzige Quälerei.

Ihr seid Mörder!

Am Col du Tourmalet musste Tagessieger Octave Lapize absteigen. Er war am Ende seiner Kräfte. Auch am Col d'Aubisque ging er zu Fuß den Berg hinauf. »Vous êtes des assassins – Ihr seid Mörder«, soll er damals den Veranstaltern an den Kopf geworfen haben. 14 Stunden später triumphierte Lapize in Bayonne. Die Legende des Tourmalet war geboren. Überlebensgroß erinnert ein Denkmal, das den radelnden Champion zeigt, auf der Passhöhe an den Bronzemedaillen-Gewinner der Sommerspiele 1908 und Sieger der siebten Tour de France 1910. Ganz vorn hatte 1913 auch Eugène Christophe bei der Tour de France gelegen. Doch bei der Abfahrt vom Col du Tourmalet brach die Gabel seines Rades. Zu Fuß marschierte er 14 Kilometer weit zur nächsten Schmiede und flickte zwei Stunden lang die Gabel. Helfen lassen durfte er sich dabei nicht. Weil jedoch ein Junge den Blasebalg bedient hatte, bekam der Rennradler eine Strafminute aufgebrummt. Der Sieg war dahin. Eugène Christophe musste sich mit Platz sieben begnügen. Das Volk jedoch feierte ihn – und verlieh ihm den Beinamen »Le vieux Gaulois«, der alte Gallier. Auch 1919 beendete ein Gabelbruch seine Hoffnungen auf einen Sieg. Doch schweißen konnte der Ausnahmesportler inzwischen schneller – und schaffte es auf Platz drei. Der Col du Tourmalet ist der meistbezwungene Pass der Tour de France. Fast 80-mal hat ihn die Tour seit ihrer Gründung in die Streckenführung eingeplant. Dreimal befand sich auf der Passhöhe das Ziel. Wer dort als Erster über den Pass fährt, reiht sich in die Tradition all jener großen Fahrer ein, die hier in der Poleposition vorbeigefahren sind. Von Fausto Coppi im Jahr 1949 über Federico Bahamontes (1954) bis hin zu Eddy Merckx 1969, der den Col du Tourmalet mit acht Minuten Vorsprung auf den Zweitplatzierten überquerte. In »Le Tour des Géants« im nahen Pau sind die Helden der Tour de France mit gelben Info-Säulen für jeden Fahrer in einem Memorial-Park vereint.

↑ Nur die Leittiere einer Schafherde tragen in den Pyrenäen Glocken.
← Ein Hingucker: die Skulptur zu Ehren des Radrennfahrers Octave Lapize am Col de Tourmalet

TIPP

DAS RADEL-DIPLOM

Wer einmal selbst erleben will, welche Strapazen Größen wie Jan Ullrich, Lance Armstrong, Alberto Contador & Co. auf sich genommen haben, kann mit dem eigenen Rad oder Leihrädern die Passstrecken der Pyrenäen selbst abstrampeln. Die Auffahrt zum Col du Tourmalet beginnt in Sainte-Marie de Campan in 847 Metern Höhe. Bis zum Pass überwindet die Départementstraße D918 auf 17,2 Kilometern Länge 1268 Höhenmeter. Die ersten vier Kilometer steigt sie zunächst gering an. Zwei Kilometer Steigung weist das Schild aus. Doch dann lässt die Bergstrecke den Schweiß fließen. Erst mit 7,4 Prozent Steigung, dann zehn Prozent, auf den letzten 300 Metern sogar 18 Prozent! Kaum weniger anstrengend ist der Westanstieg zum Pass von Luz-Saint-Sauveur. Neben dem Col du Tourmalet warten 14 weitere Pässe auf Freizeitsportler. Wer sie alle per Rad bezwungen hat, kann sich stolz das »Brevet Cycliste Haut Pyrénéen« an die Wand hängen. Die Auszeichnung vom Conseil Général des Départements wird verliehen in Bronze (6 Passfahrten), Silber (7 bis 11 Passfahrten) und Gold (12 bis 15 Passfahrten). Nähere Auskünfte erteilen die Offices de Tourisme vor Ort, die jede Passfahrt mit einem Stempel beglaubigen müssen.

HEISSE QUELLEN

THERMALFREUDEN DANK TEKTONIK

Nördlich des Pyrenäen-Hauptkammes sprudelt es allerorten warm aus der Tiefe. Schuld daran ist der Zusammenprall von zwei großen tektonischen Platten. Die Kontinentalkollision vom Mikrokontinent Iberia mit der Eurasischen Platte hat vor rund 55 Millionen Jahren die Pyrenäen aufgefaltet. Der Crash machte den Weg frei für das Wasser der Tiefe, sehr gesund und wohlig warm.

Einige Quellen sind eingefasst als Badestellen in der Natur. Andere Quellen sprudeln in Badetempeln der Belle Époque oder Thermalbädern, die im ganzen Land und oft über Frankreich hinaus berühmt sind. Wie an einer Perlenkette reihen sich in den Pyrenäen Heilbäder und Badeorte auf: Cauterets, Luchon, Vernet-les-Bains, Amélie-les-Bains und viele mehr.

Entspannung auf höchstem Niveau bietet Barèges, mit 1250 Metern das höchst gelegene Kurbad Frankreichs. 42 °C warm sprudelt das Thermalwasser nach seiner Passage durch uraltes Granitgestein in Brunnenschalen und die Reihe der Wannen und Becken im Untergeschoss. Das Obergeschoss des Kurbades nimmt Ciéléo ein, ein sprichwörtlich himmlischer Wellnesspool unter dem nachempfundenen Firmament der Pyrenäen, dessen Sternbilder in immer neuen Farben funkeln. Auch in Cauterets wird bereits seit Jahrhunderten gekurt. Wer Leiden lindern möchte, sucht die mit sechs Marmorsäulen und majestätischer Eingangstreppe bestückte César-Therme auf. Dort bringt der bis zu 60 °C heiße, schwefelhaltige Schlamm die Kurgäste zum Schwitzen.

← Wasser-Reich: das Hochtal des Pont d'Espagne bei Cauterets
↙ In Ax-les-Thermes sprudelt es heiß aus allen Brunnen.
↓ Eaux-Bonnes: der bevorzugte Thermalkurort von Kaiserin Eugénie

Wer jedoch nur Warmwasserfreuden genießen möchte, pilgert zum einstigen Kindersanatorium, heute als Bains du Rocher ein Wellnesstempel vom Feinsten: mit Natursteinwänden, die schneeweiße Kiesel schmücken, Jademosaik auf dem Fußboden und trendigen Umkleidekabinen in Weiß und Lindgrün. In Ax-les-Thermes sprudelt und dampft es allerorten – sogar in den öffentlichen Brunnen. Und so ziehen sich die Wintersportler nach ihren Schwüngen im Schnee am Brunnenrand die Stiefel aus und lassen sich vom 40 °C warmen Wasser wieder so richtig durchwärmen.

Heiß im Berg

Reichskanzler Bismarck, aber auch Gustave Flaubert und selbst die Tänzerin und Spionin Mata Hari zog es in ein Heilbad, das vor einer schneefunkelnden Kette von 13 majestätischen Dreitausendern den mondänen Glanz der Belle Époque aufleben lässt: Bagnères-de-Luchon, von den Einheimischen nur Luchon genannt. Seit der Antike – damals hieß das Heilbad noch Ilixo – locken die stärksten Schwefelquellen der Pyrenäen Gäste aus aller Welt an, die im einzigen Natur-Hamam Europas beim Spazieren schwitzen. 150 Meter lang ist das Vaporarium in den Felsen gebaut und setzt in unterirdischen Felswänden von Gängen mit gefiltertem Thermalwasser eine berauschende Wärme von 38 bis 42 °C frei. Bereits in der Antike nutzten die Römer die Bains Romains de Dorres für ein wohltuendes Bad. Auf 1450 Metern Höhe sprudelt die Thermalquelle von Dorres mit 40 bis 42 °C heißem, schwefelhaltigen Wasser aus der Tiefe. Nicht nur die Wärme und die Wirkung des Wassers sind grandios, sondern auch das Pyrenäen-Panorama! Zum Greifen nah reckt sich der Puigmal (2910 m) aus der Hochebene der Cerdanya in den Himmel. Die Quellen der Bains de Llo sind besonders reich an Schwefel und Mineralien, sorgen bei Haut und Körper für eine Osmose und verleihen neue Energie. Alle Thermalbäder kosten Eintritt. Doch am Fuße der Pyrenäen gibt es auch wilde Wasser, die ganz warm und umsonst sind. Leicht zu erreichen sind die warmen Quellen von Canaveilles. Mit fast 60 °C sprudelt das heiße Wasser aus der Tiefe. Zu erreichen über einen Wanderweg von der Brücke in Thuès über die Têt. In der Nähe der Thermalquelle der Bains Saint-Thomas sprudelt bei Prats Balaguer eine Quelle mit fast 70 °C aus dem Berg. Ihr kleiner Bach wird in mehrere Becken aus geschichteten Steinen umgeleitet. So kann sich jeder die für sich passende Badetemperatur auswählen!

2

Nervenkitzel mit atemberaubender Aussicht am Pic du Midi

PIC DU MIDI

DEN STERNEN SO NAH

Auf dem 2877 Meter hohen Pic du Midi verschmelzen Himmel und Erde. Von der Sternwarte eröffnen sich traumhafte Panoramablicke auf die Bergkette der Pyrenäen. Am Firmament vollführen die Sterne der Milchstraße ihren leuchtenden Tanz.

In 15 Minuten schwebt die Gondel von der Skistation La Mongie zur mystischen Spitze Okzitaniens: dem Pic du Midi. Durch seine ungewöhnliche Lage, die dem Hauptkamm vorgelagerte Position, ist der markante Berg *der* Aussichtsgipfel in den Pyrenäen, auch wenn es in der Nähe einige höhere Berge gibt. Bei guter Sicht lässt sich von dort oben etwa ein Sechstel der Fläche Frankreichs überblicken sowie rund 300 der insgesamt 450 Kilometer der Pyrenäenkette. Für Adrenalinkicks beim Schauen sorgt Le Ponton. Der zwölf Meter lange Metallsteg mit verglastem Ende hängt über dem Nichts. 1000 Meter tief reicht der Blick ins Leere, unendlich weit ist die Aussicht über das Wolkenmeer und das Bergland ringsum. Das im 19. Jahrhundert angelegte Planetarium auf dem Pic du Midi ist das höchstgelegene Europas. In seiner Kuppel – der ältesten der Welt – werden Filme zu Themen aus dem All gezeigt. In der Sternwarte können Besucher selbst Fotos von Galaxien und Nebelflecken machen. Am besten lassen sich die Sterne im Sommer beobachten, dann ist die Erdneigung am stärksten und der Himmel am schönsten. Zu sehen sind dann auch viele südlich stehende Konstellationen und unzählige Sternschnuppen: während eines Perseiden-Meteorsturms bis zu 60 in einer Stunde!

TIPP

GIPFELNACHT
Auf dem 2877 Meter hohen Gipfel des Pic du Midi sind die Nächte geradezu himmlisch. Eine Gondel bringt Sie zum Planetarium, wo zum Sonnenuntergang die Pyrenäen wie Purpur leuchten. Nach dem Diner holt der Blick durchs Teleskop die funkelnden Sterne hautnah heran: einfach magisch!
https://picdumidi.com

3

Beliebt: das Seebad Banyuls-sur Mer an der Côte Vermeille

BANYULS

FRANKREICHS SÜDLICHSTES SEEBAD

An der Côte Vermeille fallen die östlichsten Ausläufer der Pyrenäen steil ins Mittelmeer. Dieser natürlichen Barriere, die den alten Winzer- und Fischerort vom kalten Tramontane-Wind schützt, verdankt Banyuls heute seinen Ruf als Frankreichs südlichstes Seebad.

Abermillionen Kiesel säumen dort eine weite Bucht, die der Baillaury-Bach teilt. Nördlich davon erstreckt sich der Strand der Anse du Fontaulé, südlich davon der Hafen. Im Gewirr der Altstadtgassen wurde 1861 der französische Bildhauer Aristide Maillol geboren. Ein Themenweg folgt dort den Spuren des Künstlers. Mit 20 Jahren ging er nach Paris, wurde als Maler Mitglied der Künstlergruppe Nabis und arbeitete als Bildhauer. Im Sommer kehrte Maillol nach Banyuls zurück. Sein Atelier im Tal der Rovira dient heute als Museum.

Die geschützte Lage von Banyuls begeisterte auch den Biologen Charles-Victor Naudin (1815–1899). Er holte Johannisbrotbaum, Eukalyptus und diverse Palmenarten an die nordkatalanische Küste und »exportierte« im Gegenzug die exotischen Baumarten von Banyuls aus an die Côte d'Azur. Die klaren, fischreichen Küstengewässer vor der Purpurküste führten zur Gründung des Laboratoire Arago der Universität Paris VI, die in Banyuls das älteste Aquarium des Mittelmeers eröffnete. Von der Glasfront im ersten Stock bieten sich weite Ausblicke auf den Hafen von Banyuls. Dieser hat den Autor Werner Köhler zu seinem Roman *Tödlicher Tramontane* inspiriert. Unter dem Pseudonym Yann Sola hat der Kölner bereits vier Krimis über seine zweite Heimat verfasst.

TIPP

SCHNORCHELPFAD FÜR ENTDECKER

Vor Cerbère und Banyuls erstreckt sich Frankreichs erstes Meeresschutzgebiet am Mittelmeer. Seine Unterwasserwelt stellt ein Schnorchelpfad in der Bucht von Peyrefite vor. Im Juli und August lassen sich dort rote Korallen, Krustentiere und Küstenfische wie der Zackenbarsch entdecken.

Nächtliches Himmelsflimmern über dem Lac Roumassot im Nationalpark Pyrenäen.
Und nur der 2884 Meter hohe Pic du Midi d’Ossau – links – schaut zu.

REGISTER

AUTORIN: Die Journalistin Hilke Maunder ist als Korrespondentin in Frankreich tätig. Auf ihrem Blog »Mein Frankreich« stellt sie jede Woche Reise- und Gastrotipps, Nettes und Neues aus ihrer zweiten Heimat vor.
Textbeiträge S. 14, Route 2, 5, 7, 10, 12, 13, 14

AUTOR: Klaus Simon ist als Autor und Journalist mit dem Schwerpunkt Frankreich tätig. Er hat zahlreiche Reisebücher und Bildbände über Paris, Bretagne, Normandie, Côte d´Azur, Provence und vieles mehr verfasst.
Textbeiträge S. 16, Route 1, 3, 4, 6, 8, 9, 11

IMPRESSUM

Verantwortlich: Maren Langendorff, Carola Holzer
Redaktion: Rosemarie Elsner
Bildredaktion: Nadine Stritzke, Maren Langendorff
Schlusskorrektur: Christiane Gsänger
Layout und Producing: BUCHFLINK Rüdiger Wagner
Repro: LUDWIG: media
Kartografie: Kartographie Huber, Heike Block
Herstellung: Alexander Knoll
Printed in Turkey by Elma Basim

★★★★★

Sind Sie mit diesem Titel zufrieden? Dann würden wir uns über Ihre Weiterempfehlung freuen.
Erzählen Sie es im Freundeskreis, berichten Sie Ihrem Buchhändler, oder bewerten Sie bei Onlinekauf. Und wenn Sie Kritik, Korrekturen, Aktualisierungen haben, freuen wir uns über Ihre Nachricht an Bruckmann Verlag, Postfach 40 02 09, D-80702 München oder per E-Mail an lektorat@verlagshaus.de.

Unser komplettes Programm finden Sie unter

www.bruckmann.de

In diesem Buch wird aus Gründen der besseren Lesbarkeit das generische Maskulinum verwendet. Weibliche und anderweitige Geschlechteridentitäten werden dabei ausdrücklich mitgemeint, soweit es für die Aussage erforderlich ist.

Empfehlung der Redaktion
Sie sind auf der Suche nach weiterführender Literatur? Dann empfehlen wir Ihnen den Titel »Secret Citys Frankreich« von Hilke Maunder und Klaus Simon.

Umschlagvorderseite: Die Route des Crêtes, eine malerische Küstenstraße von Cassis nach La Ciotat an der französischen Mittelmeerküste.
Umschlagrückseite oben v.l.n.r.: Ausflugslokal in Avignon direkt an der Rhône (Hilke Maunder); lila blüht die Heide in der Bretagne; Fachwerkhäuser in Riquewihr
Umschlagrückseite unten: Straße im Massif du Vercors (look photos / Hemis)
S. 2/3: Blick auf den Hafen von Saint-Jean-de-Luz, einem beliebten Ferienort an der Côte Basque
S. 6/7: Nostalgische Badekabinen in Pastellfarben säumen die Strandpromenade von Saint-Aubin.
S. 190–191: An der Fontaine de la Rotonde beginnt der Cours Mirabeau, die Flaniermeile von Aix-en-Provence

Die Deutsche Nationalbibliothek verzeichnet diese Publikation in der Deutschen Nationalbibliografie; detaillierte bibliografische Daten sind im Internet über http://dnb.d-nb.de abrufbar.

2. aktualisierte Auflage

Infanteriestraße 11a, 80797 München

ISBN: 978-3-7343-2645-5

BILDNACHWEIS

Hilke Maunder: 2/3, 5, 6/7, 8 l., 8 r., 10 l., 10 r., 11, 16/17, 18, 34, 36, 37, 38, 39, 41 u., 42, 43, 68, 70, 71, 75, 76 o., 76 u., 79, 87, 91 u., 92, 95, 104, 106 o., 106 u., 112, 113, 123, 135, 136, 137, 139 o., 139 u., 141, 142, 145, 146, 147, 154, 156, 157, 158, 159, 160, 161 o., 161 u., 162, 163, 164, 166, 167, 169, 170, 171, 172, 173 o., 173 u., 174, 176, 177, 178, 180, 181 o., 181 u., 183, 190/191;

Look photos: 9 l., 12/13, 15 u., 20, 22, 51, 54, 61, 72, 78, 80, 97, 111, 118, 128, 132, 148 (Hemis), 14 l., 25, 102/103 (ClickAlps), 28 u., 96 (Eiben, Hans Georg), 31, 120, 140 (age fotostock), 41 o., 182 (Saga Photo), 44/45, 108 (Photononstop,), 46, 48 (Schreck, Ben), 50 (Maier, Norbert L.), 88 (travelstock44), 100, 184/185 (Strauß, Andreas), 105 (Jungk, Werner), 110 (Stankiewicz, Thomas), 121 (Richter, Jürgen), 126/127 (Martin Siering);

Shutterstock: 9 r. (Sergey Dzyuba), 14 r. (The Talented Bee), 15 o. (Tommy Larey), 15 M. (elena_aldonina), 23 (Guillaume FREY), 24 (elitravo), 26 (Sabine Klein), 27, 28 o. (Daniel Schoenen), 30 (Alexander Sorokopud), 90 (HUANG Zheng), 33 o. (Hadrian), 33 u. (Gayane), 40 (Traveller70), 49 (eric laudonien), 52 (Captblack76), 53 (Joaquin Ossorio Castillo), 55 o. (Remi Deleplanque), 56, 59 (Daan Kloeg), 58 (Eudyptula), 60 (Nigel Jarvis), 62 (Henryk Sadura), 63 (Svetlana Bondareva), 64 (Boris Stroujko), 65, 66/67 (Pernelle Voyage), 73 (Tanja Midgardson), 74 (Yuri Turkov), 82 (Honza Hruby), 83, 85 (Richard Semik), 84 (koka55), 89 (Romas_Photo), 91 o. (GIACOMO MORINI), 94 (Flystock), 98, 99 o. (Francesco Bonino), 99 u. (Szabolcs Magyar), 101 o. (EnricoAliberti ItalyPhoto), 101 u. (cornfield), 114 (Ulrike Haberkorn), 115 (LongJon), 116 (Iurii Dzivinskyi), 117 (Kiev.Victor), 122 (Pierre Jean Durieu), 124, 125 (Marina VN), 129 (Nikolay Dimitrov – ecobo), 130 (Flegere), 131 o. (EQRoy), 131 u. (Andri wahyudi), 134 (RnDmS), 138 (bensliman hassan), 144 (Picturereflex), 149 (FredP), 150/151 (thieury), 153 o. (Julia Kuznetsova), 153 u. (nito), 168 (Sergey Dzyuba), 179 (Vaclav Volrab);

Mauritius images: 55 u. (Alamy Stock Photos / Stefan Rotter), 86 (Alamy Stock Photos / Alpineguide), 152 (Alamy Stock Photos / Georg Berg);

Weitere: 32 (Les diVINes d'Alsace)